관료제 권력구조

- 이명박 정부의 41개 정부부처 실증연구 -

오 재 록

도서출판 대영문화사

서 문

인간을 포함한 모든 사회적 존재(개인, 집단, 조직, 단체, 국가 등)는 자신이 아무런 힘도 행사하지 못할 때 무력감(powerlessness)을 느끼게 된다. 무력감은 힘이 없다는 느낌(incompetency, inability, incapacity)으로 비참하다(squalid, wretched), 무기력하다(torpid, lethargy, unnerving)는 느낌과 직결된다. 조직에서도 "목표를 달성하지 못하는, 즉 아이디어와 의사결정을 이행하지 못하는 무능력"이 존재한다(Pfeffer, 1992). 그래서 모든 개인이나 조직은 이러한 상태에서 벗어나기 위해 필사의 노력을 다한다. 심지어 아이들조차 무력감 혹은 무기력으로부터 벗어나기 위해 주변 사람들의 관심을 끌기 위한 원초적 행동에 돌입하는 경우가 많다. 어른들의 세계에서 무력감을 느끼고 그것 때문에 무척 힘들어 하기 때문이다(Elffers & Greene, 1998).

그런데 모든 사회적 존재가 이러한 무기력과 무능력 상태에서 어느 정도 벗어난 후 자신에게 필요한 만큼의 적정량의 힘(power)만 보유하고 있으면 좋으련만, 이로부터 한 걸음 더 나아가 남들보다 더 많은 힘을 얻기 위해, 혹은 최고의 권력을 차지하기 위해 치열하게 경쟁하고 투쟁하려 한다는 데에서 문제가 발생한다. 이로 인해 권력이라는 용어는 지배, 착취, 부패, 마키아벨리즘 등과 같은 부정적인 뜻을 지닌 말로 인식되곤 한다.

하지만, 사회적 관계에서 '권력' 또는 '힘'이라고 하는 것은 이를 멀리하고 부정한다고 해서 멀어지거나 부정되는 것이 아니다. "권력과 영향력이라는 엄연한 사회적 현실을 무시한다고 그 힘들을 멀리 사라지게 할 수"는 없는 것이다(Pfeffer, 1992). 권력은 우리가 인식하든 못하든 우리 곁에서 기능하게 마련이며, 잘 보이지는 않지만 언제나 가까이서 작동되고 있는 중요한 사회적 동력(social engine)이자, "상호의존적인 체계에서 목표를 관철하기 위해서 빈번하게 요구되는 중요한 사회적 과정"이다(Pfeffer, 1992).

우리는 이 사실을 곧잘 간과한다. 그로 인해 '권력'이라는 하나의 건전하고 필수불가결한 '프레임'을 놓치는 경우가 많다. 즉, 권력이라는 프레임을 통해 우리의 존재와 사회적 관계를 면밀히 들여다보려는 노력을 상대적으로 소홀히 하고 있다. '무력(無力, powerlessness)'에서 '절대 권력(absolute power)'에 이르기까지 넓게 펼쳐진 권력 스펙트럼에서, 우리는 의도적으로 후자 쪽을 부각시켜 보려는 경향이 있고, 그마저도 부정적인 관점이 많다. "권력과 정치가 존재함을 알고, 심지어 그것이 성공에 필수적인 요소임을 마지못해 인정하면서도," 이를 달갑게 받아들이려 하지 않는 것이다(Gandz & Murray, 1980; Pfeffer, 1992). 흥미롭게도 우리는 권력을 자기 스스로 사용할 때는 그것을 좋은 힘으로 여기고 더 많이 가지기를 바라지만, 남이 자신에게 불리하게 그것을 사용할 때, 특히 우리의 목표나 포부를 좌절시키는 데 그것을 사용할 때 그것을 악으로 여기는 이중적인 경향을 보인다(Pfeffer, 1992).

이러한 관점에서 이 연구는 권력 연구에 대한 건전한 사회적 관심을 환기시키고, 사회과학의 필수불가결한 하나의 프레임으로서 권력이 가지는 중요성을 새삼 부각시키려는 뜻을 담고 있다. 저자는 필생을 두고 권력 연구에 매진하고자 하며, 관료제 권력을 포함한 국가 권력에 대한 연구는 저자가 전략적 대상으로 삼은 첫 번째 과제다. 저자는 2006년 처음으로 정부부처들(45개)의 권력지수를 산출한 바 있는데(박사학위 논문), 당시 적지 않은 관심을 받으면서 우리 사회가 이러한 정보를 꼭 필요로 하고 있다는 사실을 알게 되었다. 그래서 5년 단임 대통령제를 취하고 있는 우리나라의 상황을 감안하여 5년을 주기로 정부부처들의 권력지수를 지속적으로 산출하여 현실을 가감 없이 기술하고 설명하는 것을 일차적 과제로 삼기로 했다. 이 책은 그러한 과정에서 나온 두 번째 성과물이다. 특히 이러한 연구는 모피아, 토건족 등 관료제 내부의 실질 권력(관료 권력)을 파헤치는 사전 단계로서 의미도 지닌다. 우리 사회와 민주주의에 실질적인 위해가 될 수도 있는 관료집단들에 대해 주의를 기울이고 경계·견제할 필요가 있음을 환기시키려는 취지인 것이다.

그런데 저자는 아직 역량이 부족할 뿐만 아니라 여러모로 부족한 데가 많은 신진 학자다. 그래서 이 모든 담론을 충분히 담을 능력이 아직은 갖춰지지 않았다. 특히, 권력에 대한 연구가 거듭될수록 이를 효과적으로 연구하기 위해서는 성숙한 통찰력과 진중한 판단력이 요구된다는 점을 절실히 깨닫게 되는데, 저자는 이에 한참 미치지 못해 절로 고개가 숙여진다. 그럼에도 불구하고 이 담론들에 대해 끈기 있게 도전하고 절차탁마하는 마음으로 천착한다면, 언젠가는 누구나 수긍할 수 있는 연구 성과물을 제시할 수 있는 날이 오지 않을까 하는 바람으로 부끄러움 속에 오늘의 이 부족한 성과물을 내놓는다.

이 연구는 2009년 정부의 재원으로 한국연구재단의 지원을 받아 수행된 연구(오재록, 2011)의 후속작업으로 출발했으며, 저자가 공동 연구원으로 참여하고 있는 한국사회기반연구(SSK)의 연구 성과에도 일부 기여한다. 전자와 관련하여 저자는 20쪽 가량의 짧은 학술 논문에 미처 담을 수 없었던 내용들을 따로 담아 "충분한 정보와 논의를 제공"하기 위해 학술서로 출판하겠다는 뜻을 밝힌 바 있고, 후자와 관련해서는 '한국 거버넌스의 보편성과 특수성'이라는 담론을 논의하는 하나의 사례로서 이 연구를 제시하고자 하는 것이다. 또한 저자가 2007년에 『한국의 관료제 권력구조: 진단과 처방』(한국학술정보)을 출간한 이후, 관련 파생 연구 또는 후속 연구들을 축적해 왔던 바, 이것들을 한데 모아 논리적으로 재구성하는 의미도 있다.

이 책이 나오기까지 직·간접적으로 도움을 주신 분들께 감사의 말씀을 드리고자 한다. 연세대학교 이은국 교수님, 성균관대학교 공동성 교수님, 서울대학교 전영한 교수님, 중앙대학교 박치성 교수님, 성결대학교 남기범 교수님, 서울여자대학교 한승준 교수님, 홍콩시립대학교 정찬수 교수, 행정안전부 남주현 서기관, 연세대학교 유인영 선생, 전주대학교 고송연, 김서윤, 김은혜 양, 연구보조원 신유화 양에게 감사드리며, 특히 자료 수집에 큰 도움을 준 국회 박주선 군에게 깊이 감사드린다. 또한 AHP 조사에 적극 협력해 주신 국무총리실의 심오택 실장님, 오균 국장님, 홍윤식 실장님을 비롯한 스무 분의 간부님께 진심으로 감사드린다. 아울러 지속적인 연구가 가능하도록 연구비를 지원해 준 한국연구재단과 전주대학교에 감사드리며,

원고 교정에 정성을 다해 준 정명은 박사에게 감사드린다. 또한 이 책의 출판을 쾌히 승낙해 주신 대영문화사 임춘환 사장님을 비롯한 관계자 여러분께 감사드린다.

끝으로 지방에서 홀로 지내는 남편과 아빠를 사랑으로 용납하며 많은 날을 인내로 감당해 준 아내 현아와 딸 세연에게, 미안한 마음과 고마운 마음 가득 담아 이 책을 바친다.

2012년 1월
온고을에서 오재록

차 례

Chapter 01

머리말

제 1 절 문제 제기

공식집단의 권력 크기를 정량적으로 측정하는 것이 가능한 일인가? 본질적으로 권력 관계(power relation)라는 것이 정성적인 분석을 필요로 하는 연구 대상인데, 이를 정량적으로 측정하려는 시도가 방법론상 무리는 아닌가(박기창 · 최진한, 1998)? 이 연구는 이에 대한 답을 찾아가는 여정 가운데 하나다. 결론부터 말하자면, 공식집단의 권력의 크기는 충분히 정량적으로 측정이 가능하며, 정부부처들을 대상으로 할 때도 이는 방법론상으로 큰 무리가 없다는 것이다(오재록, 2011a).

본질적으로 '권력(power)'이라는 개념은 복합적 · 추상적인 데다 모호한 속성까지 지니고 있어 이를 완전무결하게 측정한다는 것은 원천적으로 불가능하다. 하지만 이는 권력에만 국한되는 이야기가 아니다. 다른 많은 사회과학적 개념 역시 이와 동일한 입장에 놓여 있다. 그런데도 우리는 이런 추상적이고 복합적인 사회과학적 개념들을 좀 더 간결하고 손쉽게 이해하기 위해 조작적 정의나 계량화 등의 방법을 곧잘 동원한다. 이는 사실 불가능 또는 불가지의 영역을 어떻게든 좁혀 보려는 노력의 일환이다(오재록, 2011a).

가령, 특정 국가의 경제 수준을 '1인당 GDP' 하나로 가늠하려고 하거나, 물가 수준과 주식 시황을 '물가지수'와 '주가지수'로 각각 파악하려 하는 것은 모두 이러한 노력 중 하나다. 그런데, 1인당 GDP는 과연 한 나라의 경제 수준을 완전무결하게 보여 주는가? 물가지수는 모든 물가 수준을 온전하게 반영해 주는가? 주가지수는 모든 주식의 변동 사항을 빠짐없이 반영해 주는가? 그렇지 않다. 이들은 모두 관련 현상의 중요한 특성이나 경향성만을 나타내 줄 뿐, 일정 수준의 측정 오차까지는 어찌하지 못한다(오재록, 2011a).

비슷한 예로, 기상청이 발표하는 '불쾌지수'는 한여름 덥고 습한 날씨를 이해하는 데 간결한 도움을 주지만, 사실 날씨로 인한 불쾌감이라고 하는 것이 모든 이에게 똑같이 적용될 수 있는 성질은 아니므로 이러한 방식의 '지수화'가 반드시 온당하다고 말하기는 어려운 측면이 있다. 또 월드컵 시즌에 이목을 끄는 'FIFA 랭킹'이란 것도 한 나라의 축구 실력을 온전히 반영해 주지는 못한다. 그럼에도 불구하고 그것이 대략적인 축구 수준을 가늠하는 데는 일정한 도움을 주기 때문에 그토록 많은 논란 속에서도 널리 통용되고 있는 것이다(오재록, 2011a).

권력이라는 개념에 대해서도 우리가 이러한 방식의 계량화 또는 '지수화'를 시도한다면 어떨까? 그리고 그로 인해 우리의 이해의 폭과 깊이가 한층 더 넓어지고 깊어질 수 있다면, 이러한 시도는 분명 가치 있는 일이 아닐까? 이 책에서 다루고자 하는 관료제 권력 실증연구는 바로 이러한 문제의식에서 출발하고 있다(오재록, 2011a).

제 2 절 연구의 배경 및 필요성

물론 이러한 시도가 이 연구에서 처음 이뤄진 것은 아니다. 이 연구는 이와 동일한 문제 의식을 바탕으로 이뤄진 이전의 선행 연구(오재록, 2006/2007)와 맥을 같이한다. 이 선행 연구[1]는 그 이전의 선행 연구들(Meier,

1980; 박천오, 2005)을 수정·보완하여 나름의 권력지수 산출모형을 개발하고 이를 노무현 정부 45개 부처에 실제로 적용하여 그 권력의 크기를 정량적으로 산출하는 것을 내용으로 하고 있다. 그런데 이 연구는 측정모형의 한국화 등의 의의에도 불구하고 초창기 탐색적 연구에서 나타날 수밖에 없었던 시행착오 및 결함들을 다수 포함하고 있었다. 이에 이 책은 5년 단임 대통령제 하의 한국에서 5년을 주기로 정부부처의 권력의 크기를 주기적으로 그리고 지속적으로 정량화한다는 목표 아래, 차제에 이전의 모형에서 드러난 결함들을 보완하고 이론적 완성도를 끌어올려 향후 지속적으로 사용할 수 있는 측정모형을 안정적으로 수립하는 데 역점을 두었다(오재록, 2011a).

근대 민주주의 국가에서 관료제가 힘을 갖는 것이 용인된다면, 이는 어디까지나 정치 권력(political power)에 대해 충실하게 봉사하는 도구[2]로서 응당 갖춰야 할 최소한의 능력 정도에 머물러야 한다(Stahlberg, 1987). 그렇지만, 20세기 이후 행정국가화 현상이 심화되면서 관료제 권력이 필요 이상으로 비대해진 측면이 있다. 이는 20세기에 접어들면서 산업혁명의 진전 등으로 급속하게 증가한 행정 수요를 더 이상 감당하기가 어려웠던 정치 권력이 행정부 관료제(이하 관료제)에 정책문제들을 결정할 책무를 위임하면서 비롯되었다. 독보적인 전문성과 특유의 행동력이 뒷받침된 관료제는 그 권력(bureaucratic power)을 거듭 성장시키기에 이르렀고, 마침내 국가 권력의 상당 부분을 사실상 수중에 넣어 대통령·입법부·사법부와 어깨를 나란히 겨루는 하나의 통치기구, 즉 제4부(fourth branch)에 등극한 것으로 평가된다(Meier, 1993; 오재록, 2007).

관료제의 이러한 정치 권력 행사는 정치 무대의 전면에 나서지 않은 채로 비공개적으로 이뤄지거나 곧잘 은폐되는 까닭에 그 동태적인 측면이 잘

1) 이하에서 별도의 인용 표시 없이 지칭하는 '선행 연구'란 오재록(2006/2007)을 말한다. 이는 매끄러운 문맥 전개를 위한 표현 방법상의 문제일 뿐, 다른 의도는 없다(오재록, 2011a).

2) 베버(M. Weber)에 따르면, 이와 같은 근대 관료제는 다양한 이해 관계에서 탈피할 수 있는 객관적이고 정확한 도구이자, 선거에 의해 선출된 공무담임자(정치지도자)에게는 충직하고 정확한 도구인 것으로 상정된다(정우일, 1997: 119-120).

드러나지는 않지만(Etzioni-Halevy, 1985; 박천오, 2005),[3] 관료제가 국가 권력을 행사하는 핵심 정책행위자라는 점은 이제 어느 누구도 부인할 수 없는 사실이 되었다(오재록, 2008).

베버(Max Weber)는 일찍이 "실질적으로 고위 정치인들이 관료들의 복종을 얻어내기란 여간 힘들지 않을 것"이라고 내다보았다. "일반적으로 직업 관료는 그의 위치상 전문성이 없는 상급자인 장관에게 복종하기보다는 결국 자신의 길을 찾는 경향이 있다"고도 간파했다. 관료제가 국가 지배를 보장하고 증진하며 국가정책의 효과적인 수행을 위한 수단적 역할을 하는 한편, 다른 한편으로는 업무의 전문성과 자율성을 확보함으로써 때때로 관료제 권력이 국민을 억압하기 위한 도구로 사용될 수도 있다는 것이다. 하지만 베버는 관료가 권력을 독점하는 지배계급으로까지 전화할 것이라고는 생각하지 못했다. 오늘날 관료제는 중립적인 관리 도구에 머물지 않고 권력 경쟁에서 다른 정치기관들이 떠나버린 빈 자리를 채우고 있다. 분명 관료제는 중립적인 기관 그 이상으로 기능하고 있는 것이다(정우일, 1997; 오재록, 2007).

관료들은 정치지도자들에게 조언을 하며 정부의 의사결정에 참여할 뿐만 아니라 법률 초안을 작성하고 규칙을 공포하며 법률을 적용·집행한다. 관료제 권력은 광범위하게 분산된 정치 권력의 맥락에서 행사되며, 의회나 대통령은 관료제를 완전히 통제할 수 있을 만큼 충분히 통일된 권력 기반을 가지고 있지 못하다. 그러나 권력 분립의 원리 또는 견제와 균형의 원리를 중시하는 민주국가의 헌법 체계 및 정치 원리는 이러한 관료제 권력을 민주주의의 적으로 간주하고 있다(정우일, 1997; 오재록, 2007).

이러한 점에서 현대의 정치 체제는 본질적으로 '관료의 지배' 체제로 파악된다. 에치오니-할레비(Etzioni-Halevy, 1985)는 '관료제로의 권력 집중' 또는 '관료의 지배 체제'가 민주주의와 만나는 접점에서 세 가지 딜레마가 형성된다고 통찰했다. 첫째, 관료제는 민주주의의 딜레마를 창출한다. 관료

3) "관료제 기관들의 정치 권력 행사는 성격상 비공개적으로 이뤄지거나 은폐되는 탓에 그 동태적 측면을 실증적으로 검증하기가 어렵지만, 관련 연구들(이성우, 1993; 박재희, 2000/2004)은 그러한 개연성을 지적해 왔다"(박천오, 2005: 8).

제는 민주주의 정치구조와 이를 담당하는 정치인들에게 하나의 위협이라는 것이다. 둘째, 민주주의는 관료제와 관료들에게 딜레마가 된다. 민주적 규칙에 따라 관료제는 독자적이어야 하는 동시에 종속적이어야 하고, 스스로의 행동에 책임을 져야 하는 동시에 장관의 책임에도 종속되어야 하며, 정치적인 동시에 정치적 중립을 견지해야 하는 속성 때문이다. 셋째, 이러한 딜레마가 정치 무대에서 권력 투쟁과 긴장을 심화시킨다. 이 권력 투쟁은 민주적 게임의 규칙이 와해되는 순간에 발생하기 때문에 민주주의에 필연적으로 문제가 된다. 결국 현대 민주주의에서 관료제는 필요악(必要惡)이라고 할 수 있으며, 관료제 권력의 강화와 국가 권력 장악은 민주주의 정치체제를 딜레마 상황으로 몰아넣고 말았다(오재록, 1998/2007).

관료제 혹은 관료집단이 민주적 절차에 의해 선출된 집단이 아니라, 대체적으로 실적주의(merit system)에 입각한 공개경쟁시험을 통해 임용되기 때문에, 이들에 의한 지배는 민주적 정당성을 크게 결여하는 결과를 야기할 수도 있다. 주권자인 국민의 손으로 선출되지 않은 특별한 집단 또는 계급이 국가 권력의 상당 부분을 사실상 장악한다면, 모든 국민이 자유롭고 평등한 입장에서 정치에 참여하여 이룩하는 국민의 지배 체제 및 통치 체제인 민주주의는 그 본질 자체가 이미 훼손된 것이나 다름없게 되기 때문이다. 이는 근대 민주주의가 국가 권력의 합리적 행사를 도모하기 위해 상정해 두었던 헌법의 국가 권력 배분 및 균형 장치[4]에 적지 않은 균열을

4) 일찍이 자유주의 사상가들—홉스(Thomas Hobbes), 로크(John Locke), 루소(Jean Jacques Rousseau), 버크(Edmund Burke), 매디슨(James Madison), 몽테스키외(Charles de Secondat Montesquieu), 벤담(Jeremy Bentham), 밀(John S. Mill) 등—이 발전시킨 민주주의의 정치 원리는 피치자의 동의에 의한 정치, 대의정치, 입헌주의, 국민주권으로 설정되었으며, 특히 입헌주의는 정치 권력의 집중을 막고 정부의 비대를 제한함으로써 개인의 자유와 권리를 보장하기 위한 방법으로 헌법을 제정했다. 또한 고전적 권력분립론은 프랑스의 몽테스키외에 의해 완성되었던 바, '권력이 권력을 견제'하는 방법이 고안되어 국가 권력을 입법권·행정권·사법권으로 분리했다. 특히, 미국 헌법 제정권자 가운데 한 사람인 매디슨은 인간을 탐욕스럽고 이기적인 존재로 인식하고, 이러한 인간들이 정치에서 집합을 이룰 경우에 파벌이 생기게 되며 그 파벌 간에 상호 이익을 도모하게 된다고 보았다, 그는 다수파가 소수파를 억압하고 압도하게 되는 것을 우려했고, 따라서 다수파의 압도를 방지할 수 있는 정치 원리를 구상하는 데 역점을 두었다. 정치 권력을 지배하는 하나의 다수파가 형성되지 못하도록 정치 권력 자체를 좀 더 조직적

발생시키는 하나의 요인으로 작용할 수 있다. 비록 이것이 당장에는 큰 문제가 되지 않는다손 치더라도 언젠가는 민주주의에 심각한 위협이 될 소지가 있는 만큼 이를 사전에 점검하고 분석할 필요는 충분할 것이다. 특히, 우리의 경우 국회의 입법 및 재정통제 기능 등이 미약하여 실질적인 정책조정이 정부부처들 사이에서 주로 이뤄지고 있는 현실임을 감안하면, 정부부처들의 정치 권력 관계에 관심을 가져야 할 필요성은 더욱 크다고 하겠다(박천오, 2005; 오재록, 2007).

제 3 절 연구의 목적

이 연구는 복합적이고 추상적인 권력 개념을 효율·효과적으로 이해할 수 있도록 (다른 사회과학적 개념들과 마찬가지로) 이를 정량적으로 간결하게 나타낼 수 있는 권력지수를 산출하는 방식을 한층 정교하고 완성도 있게 설계하는 것을 목적으로 한다. 또한 이를 이명박 정부의 41개 정부부처에 실제로 적용해 보는 데에도 그 목적을 두고 있다.

특히, 선행 연구(오재록, 2007)에서 이론적 결함을 가장 많이 드러낸 '관료적 자율성(bureaucratic autonomy)' 차원을 크게 보강하고, 이론적 완성도가 떨어졌던 '잉여력(surplus power)' 차원 등을 보완하는 데 중점을 두었다. 다른 무엇보다도, 완성도 있는 측정모형이 제시될 수 있도록 하기 위해 사회학에서 사용하는 '소외(alienation) 측정모형'의 틀을 원용함으로써, 이 연구의 측정모형이 체계적으로 개념화되고(conceptualize) 전반적으로 균형 있는 분석틀(framework)이 체계적으로 수립될 수 있도록 하는 데 주안점을 두었다.

이고 정교하게 분산시켜, 의회를 양원으로 나누는 동시에 어느 누구도 한 기구 이상에서 겸직할 수 없도록 했다(오재록, 1998: 14-15).

제 4 절 연구의 대상과 방법

정부조직 내의 권력 분포를 측정하기 위해서는 두 가지 과정이 필요하다. 첫째, 적절한 하위 단위 또는 측정 대상을 규정해야 한다. 둘째, 일정한 지표를 가지고 그것을 단위 조직들에 적용해서 권력의 상대적 순위를 매겨야 한다 (Pfeffer, 1992).

달(Dahl, 1957: 203)에 따르면, 권력은 오직 비교론적 기준에서만 의미가 있는 관계적 개념(relational concept)이다. 그러므로 단위 조직들의 상대적 권력 순위를 매기기 위해서는 측정 대상 조직들의 행위가 비교될 수 있도록 각 단위 조직들이 상대적으로 유사한 행위 범위 안에서 비교적 동일한 일련의 집단과 상호작용하고 있어야 한다는 전제가 필요하다 (Meier, 1980: 358-361). 그런데 모든 정부부처(중앙행정기관)들은 대통령과 국회라는 동일한 행위자(actor)에게 대동소이하게 의존하고 있으므로, 정부부처(중앙행정기관)들은 적절한 하위 단위 또는 측정 대상이 충분히 될 수 있다. 즉, 모든 정부부처(중앙행정기관)는 (대통령과 국회와의 관계라는) 유사한 행위 범위 안에서 상호작용하는 특성을 지녔으므로, 이 연구의 측정 대상을 대통령실과 국무총리실을 제외한 전체 정부부처(중앙행정기관)로 설정하는 일은 합당한 것이다 (오재록, 2007).

이 연구에서는 2008년부터 2010년 사이에 정규 공무원을 100명 이상 정원으로 둔 부처와 기관장이 차관급 이상인 부처들을 구체적인 측정 대상으로 삼았는데, 이러한 기준을 충족한 부처는 총 41개인 것으로 나타났다.[5] 이는 임시조직, 한시기구 등을 제외하면 사실상 정부부처 전체가 총망라된 것이다 (오재록, 2011a/2011b). 좀 더 구체적으로 말하면, 2원(감사원, 국가

5) 노무현 정부를 대상으로 한 선행 연구(오재록, 2007)에서는 분석 대상이 45개 부처였다. 이를 보면, 이명박 정부가 작은 정부를 표방하며 단행한 정부 조직개편이 얼마나 알맹이 없는 것이었는지 단적으로 드러난다. 사실상 4개 부처를 줄이는 데 그친 조직개편이었던 셈이다.

정보원), 2처(법제처, 국가보훈처), 15부(기획재정부, 국방부, 국토해양부, 교육과학기술부, 행정안전부, 지식경제부, 외교통상부, 보건복지부, 농림수산식품부, 문화체육관광부, 노동부, 환경부, 법무부, 통일부, 여성가족부), 17청(검찰청, 경찰청, 국세청, 식품의약품안전청, 소방방재청, 관세청, 특허청, 조달청, 해양경찰청, 산림청, 중소기업청, 방위사업청, 문화재청, 통계청, 병무청, 기상청, 농촌진흥청), 5위원회(방송통신위원회, 공정거래위원회, 금융위원회, 국민권익위원회, 국가인권위원회)가 이 책의 측정 대상이다.[6)]

정부부처의 상대적 권력 순위를 매기기 위해서는 일정한 지표를 가지고 그것을 단위 조직들에 적용하는 두 번째 과정도 필요하다(Pfeffer, 1992). 이 책에서는 관료제 권력이라는 추상적 개념(theoretical variable)을 측정변수(measured variable)로 치환하고(김태일, 2003), 이를 직접적으로 측정할 수 있는 28개의 측정지표를 개발했다. 이는 후술하는 바와 같이 오재록(2007)의 측정모형을 수정・보완한 것이다.

한편, 이 책의 측정은 객관적 데이터 측정에 해당하므로 단순한 빈도분석을 주로 사용하고 있다. 다만, 필요에 따라 AHP 기법이나 상관분석 등 다변량 분석기법도 부분적으로 활용하고 있다. 이 책에서는 고급 계량기법을 다양하게 쓰는 것보다는 충실한 자료 조사가 이뤄지도록 하는 데 초점을 두었음을 밝혀둔다. 최근 범람하고 있는 다변량분석들이 그 필요성에 비해 다소 과도하게 사용되는 측면이 있다고 보고, 이 책에서는 반드시 필요한 경우가 아니라면 굳이 그러한 기법들을 사용하지 않으려고 한다. 그 대신 정밀하고 정확한 기초 자료의 제공과 정보의 수집 및 축적이 이뤄질 수 있도록 하는 데 더 많은 노력을 할애했다. 이러한 측면이 이 책의 또 다른 특색 가운데 하나로 인식되기를 희망한다.

6) 일부 부처의 경우 부분적인 정부 조직개편 또는 명칭 변경이 있어 조사 당시가 아닌 2011년 현재의 명칭으로 표기했다.

Chapter 02

관료제 권력과 측정모형

제 1 절 관료제 권력

1 관료제 권력의 의의

관료제 권력(bureaucratic power)이란 무엇인가? 관료제가 갖는 힘의 실체는 무엇인가? 관료집단의 힘은 어디서 생겨나고 어떻게 표출되며 어떤 특성을 지녔는가? 이 장에서는 주로 이러한 질문에 대한 답을 다루고자 한다.

관료제 권력에 대한 개념 정의는 그동안 여러 학자에 의해 다양하게 시도되어 왔지만, 일반적으로 받아들여지는 통일된 개념 정의는 아직 확립되어 있지 않다. 다만 에치오니-할레비(Etzioni-Halevy, 1985), 마이어(Meier, 1993), 오재록(2008) 등의 견해를 종합해 보면, 관료제 권력은 "어떤 공공목표를 수행하도록 임명된 관리들의 계층조직이 생산해내는 힘"으로서, "누가 무엇을, 언제, 어떻게 얻는가를 결정할 때, 관료제에 의해 행사되는 정치 권력"을 말한다. 이때 관료제는 어떤 공공목표를 수행하도록 임명된 관리들의 계층조직으로서(Etzioni-Halevy, 1985: 85), 관료제 내부의 실(室), 국(局), 부(部), 과(課), 팀 등 다양한 형태의 부서 또는 관료조직과 함께 관료제 기관(정부기관)까지를 모두 포함하는 전체로서의 계층조직을 말한다 (오재록, 2008).

사실 '관료제(bureaucracy)'라는 용어는 "(서랍이 달린) 글 쓰는 책상(writing-table)" 또는 "관리들이 일하는 공간(place)"이라는 의미를 가진 'bureau'와 "통치(rule)"를 나타내는 접미사 'cracy'가 결합되어 생겨난 말이다. 이 말은 프랑스의 구르네(Vincent de Gournay)가 'bureaucratie'라는 말로 처음 썼고 19세기에 유럽에서 널리 회자되기 시작했다 (Albow, 1970: 16-7). 그런데 이 말을 처음 쓴 구르네(Gournay, 1745)가 관료제를 군주정(monarchy), 귀족정(aristocracy), 민주정(democracy)에 빗대어 "또 다른 유형의 통치 방식(another type of government)"이라고 언급한 데서 알 수 있듯이, 관료제라는 용어는 그 자체로 이미 권력적 특성을 담고 있었다고 할 수 있다. 절대군주국가 시대부터 유럽 대륙에서 대규모 상비군 유지를 위한 재원 조달을 담당할 목적으로 새롭게 구축된, 군주의 신하(royal servant)로서 직업관료 집단이 시간이 흐르면서 점차 상당한 독자적 영향력을 행사하게 된 점을 이 말은 잘 포착하고 있었으며, 그 자체로 '통치' 또는 '지배'라는 권력적 속성을 내포하고 있었던 것이다 (오재록, 2008/2011a).

이와 관련하여 모스카(Mosca, 1939)는 관료제 그 자체가 (정치적) 지배계급의 일부이며 기본적으로 권력을 보존하고 증대하려는 그 자신의 이해를 위해 일한다고 지적했다. 베버가 선출된 정치가의 충직하고 정밀한 도구(precision instrument)이자 다양한 이해 관계에서 탈피할 수 있는 객관적이고 정확한 도구로 관료제를 규정했음에도 불구하고(정우일, 1997), 현대의 관료제 연구자들은 관료제가 점차 민주주의의 본질인 개인의 자율과 자유, 그리고 프라이버시를 침해할 가능성을 상존시킬 만큼 자신의 권력을 확대했다고 본다 (Etzioini-Halevy, 1985; 오재록, 2011a).

특히, 기술관료적 엘리트(bureaucratic-technocratic elites)의 권력에 초점을 맞춘 기술관료제 학파(Michels, 1915; Mosca, 1939; Mills, 1959; Keller, 1963; Dye & Zeigler, 1975; Field & Higley, 1980)에 따르면, 정책을 결정하는 데 기술관료적 엘리트들이 점차 다른 정치 엘리트들의 역할을 대체했다. 정치지도자들이 시달한 명령은 관료들에 의해 제한되거나 자문과 환류를 통해 방향이 틀어질 수 있을 뿐만 아니라, 정치적 주인의 통제에 온전히 장악되지 않는 관료제는 점차 자신의 권력을 확대시켜 왔다(Etzioini-Halevy, 1985; 오재록, 2007/2008/2011a).

장관은 정치적 결정을 내리지만 이를 해석하고 집행하는 것은 관료들이며, 정치지도자들이 시달한 명령은 관료들에 의해 제한되거나 자문과 환류를 통해 방향이 틀어질 수 있을 뿐만 아니라, 점점 더 정치적 리더십의 통제에 온전히 장악되지 않게 된 관료제는 그에 상응해서 자신의 권력을 확대시켜 왔다는 것이다. 정치계층이 관료제의 자문에 주의하지 않을 때는 수동적이거나 능동적인 방어에 부딪치기도 하고 정치인들이 입안한 정책들이 그들의 집행 방법에 의해 무가치한 것이 되는 경우도 있다. 물론 그러한 경우들이 지나치게 빈번하게 발생하는 것은 아니지만, 그 잠재적 가능성은 언제나 상존하며 이러한 암묵적 위협은 정치적 결정에 대한 하나의 제약이라는 설명이다(Etzioni-Halevy, 1985; 오재록, 1998/2007/2008).

그렇다면, 관료제는 어떻게 하여 비약적인 권력 확장을 가져오게 할 수 있었을까? 마이어(Meier, 1993: 49-57)는 관료제가 어떻게 정치 권력을 획득하게 되었는지에 관해 미국의 경우를 들어 하나의 좋은 설명을 제공했다(오재록, 2008).

미국 정치의 본질(nature of politics)은 연방헌법상의 통치기구들이 어떤 문제를 우선적으로 해결할 것인가를 결정하는 데에 있다. 20세기 초까지만 해도 정치·행정이원론에 입각해서 의회가 이 결정을 담당할 수 있었지만, 국가에 대한 국민들의 행정 수요가 급증하면서 의회가 더 이상 이를 떠맡을 수 없게 되자 관료제로 눈을 돌렸고, 관료제는 전문성과 행동력을 바탕으로 까다로운 공공정책 문제들을 결정할 책무를 위임받았다. 문제는 그러한 위임에서 의회는 '특정 문제를 해결할 때는 이러이러한 기준을 적용하라'는 식의 결정 지침을 거의 주지 않았다는 데 있었고, 이로 인해 미국에서 정치의 본질은 정치와 행정 기능 사이의 구별이 훼손되는 상태로 전이되었다. 이로 인해 의회는 정책 문제의 지배적 결정자로서의 지위를 상실한 채, 연방 및 여타 관료제에게 국가 권력의 상당 부분을 넘겨주고 말았다(Meier, 1993; 오재록, 2008/2011a).

이와 같은 분석과 설명들은 관료제에 대한 이해의 폭을 넓혀 줄 뿐만 아니라, 이론적으로도 많은 시사점을 던져 준다. 하지만 '관료제 권력'이라는 개념을 구체적으로 정의한 학자가 많지 않았을 뿐만 아니라, 관점에 따라 '관료제 권력'이라는 말을 조금씩 다르게 사용해 온 면도 있어 그 정의를 더욱 어렵게 해왔다. 어떤 학자는 직업관료 집단에 초점을 맞춰 이 말을 쓰는가 하면(Mosca, 1939; Etzioni-Halevy, 1985), 어떤 학자는 입법부 · 사법부 · 대통령에 대비하여 이 말을 쓴다(Meier, 1993). 그리고 어떤 경우에는 관료제 기관 수준의 권력을 지칭하는 말로 이 말을 쓸 때가 있는가 하면(Meier, 1980; 박천오, 2005) 또 어떤 경우에는 관료제 내부의 부서 수준의 권력을 지칭하는 것으로 이 말을 쓸 때도 있다(Meier, 1993). 이렇듯, 관료제 권력이라는 용어를 사용하는 데에 일관성과 통일성은 다소 결여되어 있는 것으로 보인다(오재록, 2008).

특히, 이 분야에서 비교적 비중 있는 연구자라고 할 수 있는 마이어(Meier, 1993)는 'bureau power'와 'bureaucratic power(혹은 power of bureaucracy)'를 엄밀하게 구분하지 않고 혼용함으로써 관료제 권력을 엄밀히 정의하는 것을 더욱 어렵게 만든 측면이 있다. 마이어(Meier, 1980/1993)는 1980년 논문에서 종전의 많은 권력 연구자(Dahl, 1957/1968; Simon, 1957; Riker, 1959/ 1964; Landsberger, 1961; Blau, 1964; Parsons, 1966; Tannenbaum, 1968; Hickson, 1971; Cotton, 1976)가 조직을 구체화하지도 않은 채 조직 내의 개인 간 권력(interpersonal power)에만 초점을 맞춰 조직 간의 수평적 차원의 권력(horizontal power)을 경시하는 결과를 초래했다고 지적하면서 미국의 127개 연방기관을 대상으로 수평적 권력을 구체적으로 도출함으로써 관료제 권력 연구의 지평을 넓히고 개념의 구체화에 일보 진전을 가져왔다. 하지만, 그는 1993년 저서에서 'bureau power'와 'power of bureaucracy'를 엄밀하게 구별하지 않고 무차별적으로 혼용함으로써 관료제 권력에 대한 개념 정의를 다시 어렵게 만들고 말았다(오재록, 2008).

보기에 따라서는 양자의 구별에 무슨 실익이 있겠느냐는 지적도 있을 수 있겠지만, 비근한 예로 국내 언론들이 '권력기관'이니 '(특정 부처 내의) 가장 영향력 있는 부서'이니 하는 말을 즐겨 사용하면서 '관료제 기관 권력'과 '특정 부서의 권력'을 별도로 지칭한다는 점 등을 감안하면(시사저널, 2006; 한겨레, 2006), 양자를 구별해 보려는 이론적 시도는 충분한 의의를 가진다. 사실 양자가 아주 엄밀하게 구별되는 것은 아니겠지만, 이론적으로 'bureau power'를 관료제 내부의 실(室), 국(局), 부(部), 과(課), 팀 등 부서들 수준 간의 상대적 권력에 무게가 쏠린 개념으로, 그리고 'bureaucratic power' 또는 'power of bureaucracy'를 'bureau power'와 'agency power'를 모두 포함하는 전체로서 관료제 권력 개념으로 상정하는 것은 하나의 좋은 대안이 될 것이다. 이는 수평적 권력(horizontal power)[1]에 관한 선행 연구들에 의해 논리적으로도 충분히 뒷받침되는 측면이 있다. '수평적 권력'은 대등한 계층에 놓여 있는 개인, 부서, 조직 간에도 권력의 불균등한 분포가 나타난다는 사실을 중시한 개념인데,[2] 크로지에(Crozier, 1964)와 힉슨(Hickson, 1971) 등은 특정 조직 내의 부서 간 권력에, 그리고 마이어(Meier, 1980)와 박천오(2005) 등은 정부기관들 간의 상대적 권력에 초점을 맞춰 수평적 권력을 연구한 바 있다. 그런데 이들이 분명 서로 다른 수준의

---

1) 수직적 권력(vertical power)이란 계층제상의 위치가 서로 다른 개인들 간의 권력 관계를 말하고, 수평적 권력(horizontal power)이란 계층제상 동일 위치에 있는 조직들 또는 개인들 간의 권력 관계를 말한다. 수직적 권력은 조직의 계층제에 기초를 두고 정보, 사람, 시설, 재화 등에 대한 접근이 얼마나 용이한가에 따라 권력이 결정된다고 보는 반면, 수평적 권력은 대등한 계층에 놓여 있는 개인·부서·조직 간에도 권력의 불균등한 분포가 나타난다는 사실을 중시하는 개념이다(Meier, 1980: 358; 오재록, 2007).

2) 조직 내 부서 간의 상대적 권력에 관한 연구는 공식적으로는 대등한 지위에 있는 것으로 설정되어 있는 역할이나 부서 사이의 권력에 차등이 있다는 점을 다루기 때문에 흥미로운 연구 대상이다(정홍익, 1983: 118). 수평적 권력 관계에 대한 연구는 원래 계선(line) 조직과 참모(staff) 조직 간의 갈등에 관한 연구에서 시작되었다가 크로지에(Crozier, 1964)의 프랑스 연초 제조공장에 대한 연구를 거치면서 본격화되었다. 크로지에(M. Crozier)는 불확실성(uncertainty)을 해결할 수 있는 능력을 가진 부서가 상대적으로 우월한 권력을 행사하게 된다고 주장했다. 힉슨(Hickson, 1971)과 그의 동료들에 의해 제시된 전략적 상황결정모형(strategic contingency model)은 크로지어의 가설을 발전시켜 수평적 권력 분포에 대한 체계적인 이론을 수립하고자 했다. 부서의 권력은 불확실성 대처 능력뿐만 아니라 조직이 당면한 요구에 대응하는 능력에 의해서도 결정되며 A 부서가 B, C, D 부서에 비해 그러한 능력들이 탁월하면 B, C, D 부서는 A 부서에 의존하게 되는데, 이러한 의존성(dependency)에서 부서 간의 권력 차등이 발생한다는 것이다(오재록, 2007).

수평적 권력에 초점을 맞추고 있음에도 불구하고 모두가 이를 구별하지 않고 '수평적 권력'이라는 말을 혼용함으로써 개념적 혼란의 소지를 낳았다. 이에 오재록(2006)은 크로지에(Crozier, 1964) 등의 논의를 '조직 내의(intra-organizational) 수평적 권력'으로, 그리고 마이어(Meier, 1980) 등의 논의를 '조직 간의(inter-organizational) 수평적 권력'으로 세분화하여 개념적 명료화를 꾀했다. 이 연구에서는 이 같은 점에서 'bureau power'와 'bureaucratic power'를 의도적으로 구분해 전자를 '(부서 수준의) 관료조직 권력'으로, 후자를 '관료제 기관 권력'과 '(부서 수준의) 관료조직 권력'을 함께 이르는 말로 구분하는 입장을 따르고자 한다(오재록, 2008).

따라서 이 책에서 '관료제 권력'이라 함은 개별 관료의 힘의 총합과 더불어 그 이상의 힘을 나타내는 잉여력을 포함하는 개념이자, 부서 수준의 권력과 관료제 기관(부처) 수준의 권력을 다 함께 포함하는 개념으로 정리하고자 한다. 다만, 개별 관료의 권력, 부서의 권력, 그리고 기관(부처)의 권력 가운데 기관(부처)의 권력이 앞의 두 개념을 사실상 포괄하고 있다고 보고, 주로 이에 초점을 맞춰 '관료제 권력'을 파악하는 입장을 취하고자 한다. 이는 개별 관료의 권력, 부서의 권력, 그리고 기관(부처)의 권력을 매번 구분하여 표기하는 것이 번거로울 뿐만 아니라 비효율적인 서술이라는 판단 때문이기도 하다. 개념적으로 따지다 보면 그렇게 엄밀히 구분된다는 의미이지, 매순간 이를 일일이 구분할 필요는 없다는 말이다.

그렇다면 관료제 기관 권력은 구체적으로 무엇을 의미하는가(오재록, 2007)? 이에 대한 답은 사회학적 설명으로부터 찾을 수 있다(송복, 2003).

일반적으로 조직은 잉여력(surplus power)을 갖는다. 잉여력은 조직구성원들의 관계구조(structure of social relations)와 공유 가치(shared value)에서 생겨난다. 조직구성원 간의 상호작용이 관계구조를 형성하게 되면 모든 조직구성원은 자신 이외의 모든 타자와 어떤 형태로든 관계를 맺게 된다. 관계의 수는 기하급수적으로 늘어나는 데 비해 조직구성원의 수는 산술급수적으로 늘어난다. 여기서 조직의 힘, 즉 조직 권력(organizational power)이 생겨난다. 조직 권력, 즉 조직의 힘은 조직구성원 개개인의 힘을 합산한 것 이상이다. 10명이 힘을 합쳤을 때 15명 내지 20명 이상의 힘이

나오는 상황을 의미한다. 즉, 조직구성원의 수를 n이라 했을 때, 관계의 수 r은 $nC_2 = \frac{n(n-1)}{2}$의 상황이 되는 것이다. 관계의 밀도 증대와 결합된 이 관계의 수는 조직구성원 개개인의 힘의 단순한 산술적 합산과는 전혀 비교될 수 없는 엄청난 양의 힘(power)이 된다. 조직은 바로 이 힘(power)을 생산해내는 집합체다. 이런 점에서 조직의 잉여력은 "전체는 부분의 합보다 크다(*The whole is greater than the sum of its parts*)"는 말로 설명될 수 있다(송복, 2003: 29-35).

이렇게 볼 때, 관료제 기관 권력은 잉여력이 포함된 조직 권력의 일종이라고 할 수 있다. 그러므로 관료제 권력은 이러한 관료제 기관 권력으로서의 의미를 강하게 가질 수밖에 없다. 그런데 관료제 기관 권력, 즉 관료제 조직 간의 수평적 권력에 대한 이론적 연구는 그동안 활발하게 다뤄지지 못했다. 따라서 조직구성원 개개인의 힘의 단순한 산술적 합산과는 전혀 비교될 수 없는 엄청난 양의 관료제 기관 권력의 실체가 무엇인지, 그리고 이를 구성하는 요소가 무엇인지 등에 관해 이론적으로 명확하게 제시되지 못하고 있다. 이에 이 연구는 관료제 기관 권력을 다차원적 구성물로 개념화하는 방법으로 관료제 기관 권력에 대한 실증연구의 기반을 닦고자 한다(오재록, 2007).

2 관료제 권력의 원천

1) 총론

프렌치와 레이븐(French & Raven, 1959)은 권력의 기반, 즉 권력의 원천[3]을 강압적 권력(coercive power), 보상적 권력(reward power), 전문적

3) 로빈스(Robbins, 1983)는 전통적인 권력 개념의 분류가 권력의 기반과 원천을 혼동함으로써 모호한 분류가 되었다고 비판하면서 더 분명한 분류를 개발하기 위해서는 권력의 기반(bases)과 원천(sources)을 구분해야 한다고 주장했다. 권력의 기반이 타인의 행동을 조종하는 데 사용되는 통제력의 성분에 관한 것으로 권력 행사의 수단 또는 방법을

권력(expert power), 합법적 권력(legitimate power), 준거적 권력(referent power)으로 분류·제시했으며, 나중에 레이븐(Raven, 1974)은 여기에 정보적 권력(information power)을 추가했다.[4] 그러나 권력의 원천에 관한 이들의 논의는 일반적인 조직 내 권력의 원천을 설명하는 것이었을 뿐, 관료제 권력의 원천을 직접적으로 설명한 것은 아니었다(오재록, 2008).

관료제 권력의 원천에 대해 직접적인 설명을 제공한 것은 루크(Rourke, 1976/1984)와 마이어(Meier, 1980/1993)가 대표적이다. 루크(Rourke, 1984: 1-87)는 관료제 권력의 뿌리(roots of bureaucratic power)가 관료적 전문지식(bureaucratic expertise), 자문(advice), 집행력(power of implementation), 재량권 행사(exercise of discretion), 정치적 지지(political support) 등이라고 간파했다. 그리고 마이어(Meier, 1993)는 이를 창조적으로 계승·발전시켜 [그림 2-1]과 같은 체계적인 모형을 구성하여 제시하기에 이르렀다. 이 모형의 장점과 독특성은 다음과 같이 정리될 수 있다(오재록, 2008).

첫째, 마이어(Meier, 1993)의 모형은 이전의 연구자들이 단편적이고 분절적으로 제시했던 원천들을 가장 체계적으로 집대성했기 때문에 그 가치가 특별하다. 그는 관료제 권력의 원천을 간접적 원천과 직접적 원천으로 나누고 직접적 원천을 다시 외부적 원천과 내부적 원천으로 나눠 설명하고 있을 뿐만 아니라, 영향력이 작은 원천들부터 영향력이 큰 원천들을 3단계로 나눠 제시함으로써 이전의 연구들에 비해 한층 진일보한 설명을 제공하

말하는 것이라면, 권력의 원천은 권력 행사의 수단 또는 방법의 출처에 관한 것으로 권력이 어디에서 생겨났는가를 말하는 것이므로(윤우곤, 1985: 25; 이청수, 1986: 41), 양자는 구별될 필요가 있다는 것이다. 하지만 오늘날 대다수 관료제 연구자들은 권력의 기반과 원천을 구별하지 않고 있다. 예컨대 마이어(Meier, 1993)는 양자를 지속적으로 혼용하고 있고 국내 주요 문헌들도 권력의 '기반'을 '원천'으로 의역하고 있다(김호섭 외, 2002; 김병섭 외, 2003 등). 그 구별의 실익이 크지 않은 데다 혼용하더라도 큰 문제가 없다고 보기 때문인데, 이 연구도 이러한 입장을 따른다(오재록, 2008).

4) 강압적 권력은 인간의 공포에 기반을 둔 권력이고, 보상적 권력은 보상을 제공할 수 있는 능력에 기반을 둔 권력이며, 전문적 권력은 전문적인 기술이나 지식에 기반을 둔 권력이며, 합법적 권력(legitimate power)은 보유하고 있는 직위에 기반을 둔 권력이며, 준거적 권력은 뛰어나다고 생각되는 대상을 추종할 때 발생하는 권력이며, 정보적 권력은 정보에 기반을 둔 권력을 말한다(김호섭 외, 2002: 222-4).

[그림 2-1] 관료제 권력의 원천(마이어 모형)

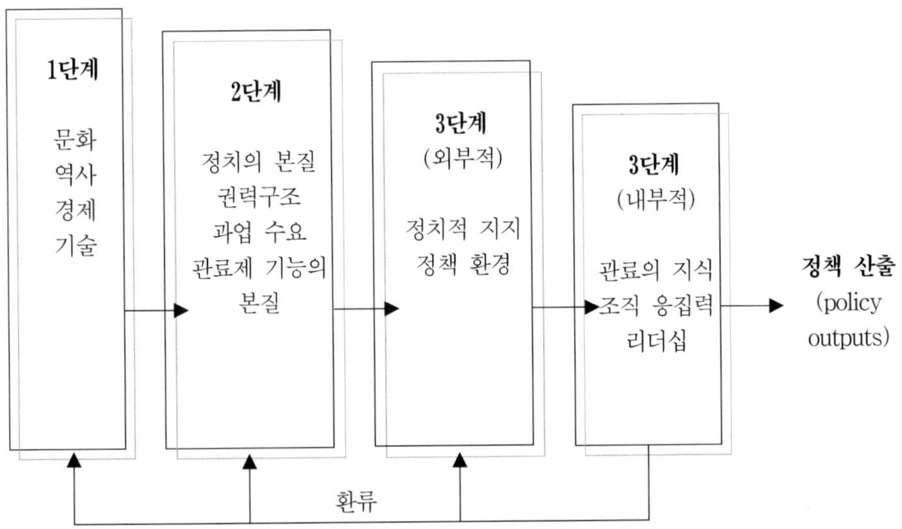

※ 출처: Meier(1993: 47).

고 있다.

둘째, 이 모형에서는 루크(Rourke, 1984) 등이 제시하지 않은 원천들까지 다양하게 포함하고 있을 뿐만 아니라, 이전의 연구들이 제시한 원천들에 대해서도 설명을 대폭 보강함으로써 이론적 완결성을 한층 향상시켰다.[5)]

셋째, 서로 다른 차원에 속하는 원천들 간의 관계를 도식화하고 이를 정책 산출 및 환류와 연결시킴으로써 관료제 권력의 원천을 관료제의 환경이라는 맥락 속에서 효과적으로 이해할 수 있게 했다.

넷째, 프렌치(J. French)와 레이븐(B. Raven)이 제시한 여섯 가지 권력 원천도 일부 수용함으로써 일반적인 조직 내 권력의 원천과도 견줄 수 있

5) 예컨대, '정치적 지지'를 여론, 정책 고객의 지지, 그리고 여타 정치 엘리트들의 지지로 체계적으로 분류해 설명한 것이 대표적이다(오재록, 2008).

게 했다(오재록, 2008).[6]

마이어(Meier, 1993)는 많은 관료제 연구자(Perrow, 1972; Rourke, 1984; Rainey, 1991)가 환경(environment)이라는 맥락 속에서만 조직을 인식할 수 있다고 파악했던 점을 상기시키면서, 관료조직 권력(bureau power)의 원천(sources)과 결과(consequences)를 효과적으로 이해하기 위한 개방체계모형을 [그림 2-1]과 같이 제시했다. 여기서 1단계 환경 요인은 2단계 환경 요인에 영향을 미치고 2단계는 3단계에 영향을 미친다. 2단계와 3단계의 구분이 다소 인위적이기는 하지만, 2단계 요인들이 관료제의 정치 권력적 전환 메커니즘을 효과적으로 설명해 주고 있을 뿐만 아니라 3단계 요인들이 (여타 요인을 거치지 않고) 관료조직 권력의 신장에 직접적으로 공헌함을 알게 해 주기 때문에, 이러한 인위적 구분은 탐구적 측면에서 충분히 가치가 있다. 여기서 관료조직은 환경으로부터 영향을 받기만 하는 것이 아니라 환류를 통해 자신들의 권력 기반에 영향을 미칠 새로운 환경의 조성에도 지속적으로 영향을 미치며, 관료제 기관과 환경 양자는 상호작용의 결과로 변화를 거듭한다(Meier, 1993; 오재록, 2008).

마이어(Meier, 1993: 45)는 다음 두 가지 문제를 제기하면서 관료제 권력이 성장을 거듭한 원인을 규명하고자 했다. 첫째, 관료제 조직은 왜 정치적 기능까지 인수하게 되었으며, 대통령 · 의회 · 사법부에게만 부여된 국가 권력을 어떻게 하여 행사하게 되었는가? 둘째, 동일한 권력 원천을 가지고 있으면서도 어떤 기관은 정치 권력을 많이 보유하는 데 반해 어떤 기관은 이를 적게 보유하지 못하는 경우가 있는데, 그 이유는 무엇인가?

관료제 권력의 원천은 간접적 원천과 직접적 원천으로 나눌 수 있는데, 간접적 원천은 [그림 2-1]의 1단계(문화, 역사, 경제, 기술)와 2단계(정치의 본질, 권력구조, 과업 수요, 관료제 기능의 본질)를 말하고, 직접적 원천은 3단계의 외부적 투입 요소(정치적 지지, 정책환경)와 3단계의 내부적 투입 요소(관료의 지식, 조직 응집력, 리더십)를 말한다.

---

6) 예컨대, 프렌치와 레이븐의 전문적 권력과 정보적 권력이라는 원천은 마이어의 관료조직의 지식이라는 원천과 밀접한 관련이 있다고 할 수 있다(오재록, 2008).

2) 관료제 권력의 간접적 원천: 1, 2단계

환경으로부터의 1단계 투입은 관료조직 권력에 대한 영향이 상대적으로 적다. 한 국가의 문화(culture), 경제(economics), 역사(history), 기술(technology)이 여기에 해당하며, 이들 요소는 관료제의 발달(development)에 다 함께 작용하는 요소다 (Meier, 1993: 46).[7] 2단계 원천들은 관료제가 왜 입법부・사법부・대통령 등 여타 통치기구들에 필적할 만한 정치적 영향력을 확보하게 되었는지를 보여 준다. 2단계 영향 요인들은 정치의 본질(nature of politics), 권력구조(organization of government), 과업 수요(task demands), 관료제 기능의 본질(nature of the bureaucratic function) 등 네 가지로 집약된다 (오재록, 2008).

첫째, 앞에서 언급한대로 미국 정치의 본질이 변화함에 따라 정치적 이슈들은 점차 전문적이고 기술적이며 행정적인 이슈로 순화(sublimation)되어 갔다. 국민들이 정치를 부패와 악덕으로 치부하던 터였기 때문에 의회의 정책결정권 양도는 대중적 지지도 얻었으며, 이는 관료적 자율성(bureaucratic autonomy)을 향상시켰다 (오재록, 2008).

정치의 본질(nature of politics)은 '입법・사법・행정에 의해 어떤 질문이 해결될 것인가'를 결정하는 것이며, 이 결정은 관료제 권력의 젖줄이다. 20세기 초까지만 해도 정치・행정이원론[8]에 입각해서 의회가 이 결정을

---

7) 베버(Weber, 1946)의 지적대로 화폐경제의 등장과 절대군주의 통치 기반 유지를 위한 절차나 관례의 설치 등과 같은 경제적・역사적 요인들은 관료제의 발달에 다 함께 작용한 것이 사실이다. 하지만 이 1단계 원천들이 관료조직에 미치는 영향은 비교적 멀 뿐 아니라 선진국과 개발도상국 가릴 것 없이 어느 나라에나 공통적인 요소이기 때문에 주요한 원천으로 간주될 수 없다 (Meier, 1993).

8) "행정학이 정치학에서 분리되어 독자적 영역을 개척하던 시기에 이론적 토대가 되었던 정치・행정이원론은 관료제의 역할 변화 문제를 고려하지 않았다. 정치가 공동체를 위해 결정을 내리면, 관료제는 이를 효율적으로 집행하면 되는 것이었고 행정학의 주된 관심은 관리의 효율화였다. 베버의 비정의적(非情誼的) 관료제(impersonal bureaucracy)를 전제로 하고 있는 이러한 관점은 행정학의 성립과 발전에 지대한 공헌을 했지만, 관료제의 현실은 사실 그렇지만은 않다. 관료는 정책결정 과정에 주도적으로 참여하는 것은 물론, 공공의 복지를 증진하기보다는 때에 따라서는 관료조직의 독자적인 이해 관계를 가지고 행동하기도 한다"(양재진, 2003: 263-267).

담당할 수 있었지만, 국가에 대한 국민들의 행정 수요가 증가하면서 의회가 더 이상 이를 떠맡을 수 없게 되자 관료제로 눈을 돌렸고, 관료제는 전문성과 행동력을 바탕으로 난해한 공공정책 문제들을 결정할 책무를 위임받았다. 그러한 위임에서 의회는 '특정 문제를 해결할 때는 이러이러한 기준을 적용하라'는 식의 결정 지침(guidance)을 거의 주지 않았다. 이로 인해 미국에서 정치의 본질은 정치와 행정 기능 사이의 구별이 훼손되는 상태로 전이되었다. 의회는 정책문제의 지배적 결정자로서의 지위를 상실했으며, (연방 및 여타) 관료제에게 국가 권력의 상당 부분을 넘겨주고 말았다. 물론 이 과정에서 의회도 얻는 것은 있다. 의회는 행정부에 난해한 문제들을 위임함으로써 자신이 직접 했으면 그보다 더 못했을 의사결정을 관료들이 하게 함으로써 좀 더 전문적인 지식이 바탕이 된, 그리고 더 나은 결정을 얻게 되었던 것이다(오재록, 2007).

의회가 정책결정권의 정치적 양도를 허용함으로써 정치적 이슈들은 점차 전문적이고 기술적이며 행정적인 이슈로 순화되었다. 일반 국민이 기본적으로 정치를 부패와 악덕으로 인식했기 때문에 입법부의 이러한 정책결정권 양도는 대중적 지지도 얻을 수 있었다. 실적주의 인사제도(merit system)나 시정 관리인(city manager) 제도 역시 이러한 순화(sublimation)의 연장선상에서 긍정적인 것으로 받아들여졌다. 행정으로부터 정치를 떼어내려는 이러한 노력은 관료제의 자율성도 향상시켰다. 그러나 정치가에 의한 정책결정보다 행정가, 전문가, 기술자에 의한 결정의 선호는 정치의 정당성(legitimacy)을 침식시키고 말았다. 정치의 본질상 변화는 결과적으로 관료제를 입법부 · 사법부 · 행정부(대통령)와 어깨를 나란히 하는 하나의 통치기구(a political institution), 즉 제4부(a fourth branch of government)로 탈바꿈시키기에 이르렀다(오재록, 2007).

둘째, 연방 권력의 집중을 막기 위해 고안한 권력의 분립과 정책의 분업은 정책 과정에서 '철의 삼각(iron triangle)'과 '이슈 네트워크(issue network)'를 형성함으로써, 국가의 권력구조를 하부 정치 체계(subsystem politics) 차원에서 실질적으로 변화시켰다. 여기서 중요한 것은 관료제가 국가 권력을 행사하는 핵심 정책행위자로 자리매김하게 되었다는 사실이다

(오재록, 2008).

관료제가 국가 권력을 행사하게 된 두 번째 요인은 권력구조(organization of government)의 실질적인 변화에서 찾을 수 있다. 연방헌법 제정권자들(Founding Fathers)은 모든 인간이, 부패할 수밖에 없는 권력의 유혹에서 벗어날 수 없다고 판단하여 권력의 집중을 막고자 애썼다. 그래서 국가 권력을 입법부·사법부·행정부로 분리시키고 의회를 양원으로 나누는 동시에 어느 누구도 한 기구(branch) 이상에서 겸직할 수 없게 만들었다(오재록, 1998: 15).[9] 그리고 몽테스키외(Charles de Montesquieu)의 '권력이 권력을 견제하는 방법'을 수용하여 서로가 서로를 견제하도록 권력구조를 설정했다. 정책 영역에서도 분업이 이뤄져 대통령은 외교안보정책에 전념하고 내치(內治)는 535명의 의원들과 상하 양원의 수십 개의 상임위원회 및 수백 개의 소위원회(subcommittees)가 각 부처 및 관련 이익집단들과 협의해 꾸려나가게 했다(오재록, 2007).

이러한 권력의 분립과 정책의 분업은 정책 과정에서 이들 3자 간의 '삼두정치(triumvirate)'[10]를 배태시켰다. 상임위원회 소위원회 소속 의원들과 조직화된 이익집단들 및 관료들은 서로가 서로를 묵인하는 한도 내에서 서로의 필요를 충족시켜 줄 수 있는 필요한 정치적 자원을 확보했다. 관료는

9) 권력분립론은 *The Federalist Papers*(1787~1788)의 작성자(Alexander Hamilton, James Madison, John Jay) 가운데 한 사람인 매디슨에 의해 연방 정치구조에 대체로 잘 반영되었다. 당시 유럽의 이론이 권력에 대한 강한 불신감(不信感)을 증폭시킨 까닭에, 헌법제정권자들은 권력의 집중을 막고자 노력했다. 그러나 그 당시 국내외의 상황과 당면 경제문제의 해결을 위해서는 권력 집중을 초래할 위험이 있는 대통령중심제를 불가피하게 채택해야 할 필요도 있었다. 이러한 딜레마 상황에서 매디슨은 좀 더 조직적이고 정교한 권력분립제를 고안하여 이를 해결하려 했고, 이러한 구상에 따라 입법부-행정부-사법부로 국가 권력을 분리시키고 의회를 양원으로 나누는 동시에 어느 누구도 한 기관 이상에서 겸직할 수 없게 만들었던 것이다.

10) 인류 역사상 최초의 의미 있는 삼두정치(트리움비라투스)는 기원전 60년 봄부터 성립된 카이사르-폼페이우스-크라수스 간의 삼두정치라고 할 수 있다. 이를 통해 카이사르는 집정관 당선, 강력한 '여당'의 확보, 갈리아 전쟁의 안정적 수행 등을, 폼페이우스와 크라수스는 속주 총독의 임기와 영역의 장기적 보장, 안정적 군사력의 확보 등을 얻었다(Nanami, 1995: 183-302), 이러한 삼두정치의 요체는 중요한 의사결정 및 권력의 배분이 공식적인 정치 과정을 거치지 않은 채 영수회담을 통해 사실상 밀실에서 결정된다는 데 있다(오재록, 2007).

이익집단에 재화와 용역을 주고 필요한 자원을 얻는다면, 의원들은 관료들에게 자원을 주고 정치적 지지를 얻는다. 그리고 이익집단들은 의원들에게 정치적 지지를 제공하고 재화와 용역을 얻는다. 그 결과가 바로 '철의 삼각(iron triangle)'이며, 이는 국가의 권력구조가 하부 정치구조 차원에서 실질적으로 변화되었음을 의미한다(오재록, 2007).

국가의 하부 정치구조(subsystem politics)는 정치적 환경의 변화에 따라 '이슈 네트워크(issue network)'라는 새로운 유형의 정책 시스템을 만들어 내기도 했다. 이슈 네트워크는 주정부 기관들, 언론계, 여타 연방정부 기관들, 학계 인사들(정책분석가들), OMB(관리예산처) 등을 포함하는 분석틀로서 '철의 삼각'보다 많은 행위자를 아우를 수 있는 개념이다. 그러나 이슈 네트워크도 종국적으로는 '철의 삼각'과 유사한 상태에 도달하게 마련이다(오재록, 2007).

하부 정치구조가 '철의 삼각'이 됐든 '이슈 네트워크'가 됐든 간에 그것은 그리 중요한 문제가 아니다. 중요한 것은 관료제가 국가 권력을 행사하는 분명한 핵심 정책 행위자라는 사실이다. 하부 정치구조에서 관료제라고 하는 존재는 언제나 항구적으로 존재하는 행위자이며, 국가 권력은 지나치게 잘게 쪼개져 있어서 공공정책에 대한 개괄적 방향을 관료제에게 부여해 줄 수 없는 상태로 변화했기 때문에, 관료제는 국가 권력을 행사하는 핵심 정책 행위자로 등장해 뿌리내리게 되었다(오재록, 2007).

셋째, 관료제가 국가 권력을 장악하게 된 세 번째 요인은 관료제의 독특한 과업 수요(task demands) 때문이기도 하다. 적극 국가(positive government)의 과업들을 수행할 능력에서 입법부·사법부·대통령 그 누구도 관료제와는 도저히 비견될 수 없을 정도의 능력만을 보유하고 있기 마련이다. 오직 관료제만이 대규모 사업들을 조직화할 능력을 보유하고 있으며, 거대한 규모와 연속성, 그리고 항구성과 전문성까지 겸비하고 있다. 더구나 관료제는 계층제 구조의 엄격한 상명하복과 규율로 묶여 있어 정책을 신속하게 집행할 수 있는 고유한 능력까지 갖추고 있다.[11] 이에 따라 오로지 관

11) 공공정책의 복잡성은 대규모 공식조직들에 의해서만 수행 가능한 기능들을 요구하는데,

료제만이 복잡한 정책 과업을 독점적으로 수행할 수 있다고 할 수 있으며, 이는 정책 과정에서 관료제의 영향력을 증폭시킨 하나의 원인이 되었다 (Meier, 1993: 53-5; 오재록, 2007/2008).

넷째, 관료제 기능의 속성(nature of bureaucracy's function)도 관료제 권력을 신장시킨 또 하나의 요인이다. 관료제의 일차적 기능은 공공정책을 집행(implementation)하는 것인데, 집행 자체가 관료제에게 부가적인 권력을 가져다 주는 측면이 있기 때문이다. 법이나 정책은 미래의 집행 상황까지 다 포괄할 정도로 구체적으로 기술되지 못한다. 그렇기 때문에 집행 과정에서 재량권이 발생하며, 집행 과정에서 정책 환경이 변화하면 관료들의 재량권은 더욱 증가하게 마련이다 (Meier, 1993: 46-57; 오재록, 2007/ 2008).

3) 관료제 권력의 직접적 원천: 3단계(외부적/내부적)

이상으로 1단계와 2단계의 간접적 원천, 즉 관료제의 환경에 대해 살펴보았다. 지금부터 살펴볼 관료제 권력의 직접적 원천들은 3단계의 내·외부적 투입 요소들이다. 3단계 환경적 투입 요소들은 관료조직이 정치 권력을 소유하는지 못하는지를 결정하는 직접적인 영향 요인을 말한다. 이 직접적 원천들은 외부적 원천과 내부적 원천으로 구분되는데, 외부적 원천은 '정치적 지지'와 '정책환경'을 말하며, 내부적 원천은 관료조직의 '지식', '응집력', 기관장의 '리더십'을 말한다 (Meier, 1993: 46-7; 오재록, 2008).

첫째, 정치적 지지, 즉 공공의 지지(public support)는 일반적 지지로부터 개별 사업에 대한 특수한 지지까지 그 원천이 다양한데, '여론(public opinion)', '정책 고객의 지지(clientele support)', 그리고 '여타 정치 엘리트들의 지지(other political elites)'가 대표적이다 (오재록, 2008).

① 여론조사 등으로 나타나는 '여론'은 정치 엘리트들에게 필요한 자양분임에 틀림없지만, 워낙 변화무쌍하고 불안정하고 돌변할 뿐만 아니라 언론매체들로부터 과도하게 영향을 받기 때문에 이것이 관료제나

적극 국가(positive government)의 과업들을 수행할 능력면에서 입법부·사법부·대통령 그 누구도 관료제와 견줄 수 없다 (Meier, 1993).

공공정책에 정확히 어떤 영향을 미치는지를 논하는 것 자체가 논쟁적이고 추상적이다(오재록, 2008).

② '정책 고객의 지지'는 여론보다는 구체적이다. 관료조직이 업무를 효과적으로 수행하기 위해서는 정치적 지지를 확보할 필요가 있는데, 정책 고객은 이를 제공할 수 있다. 우호적인 정책 고객은 정치인 입장에서 선거구민들 중 일부에 해당하기 때문에 합리적인 정치인이라면 정책 고객의 지지를 받는 관료조직에 더 많은 자원(resources)을 선사하거나 자율성(autonomy)을 허용하려고 한다(오재록, 2008).[12)]

③ 의회, 대통령, 관계 부처와 같은 '여타 정치 엘리트의 지지' 역시 중요한 영향을 미친다. 의원들은 관료제 기관이 보유할 수 있는 최상의 로비스트이며 대통령의 지지(presidential support)는 무엇보다 중요하다. 하지만 대통령이나 주지사의 지지는 종종 추상적이어서 제한적일 수 있기 때문에 OMB나 관계 부처들의 지지가 실제로 더 중요한 경우가 많다(Meier, 1993: 57-68; 오재록, 2008).

둘째, 관료조직은 조직 규모 자체가 세세한 정보를 산출할 수 있는 전문화를 용인하고 있으며, 개별 담당자가 한 가지 사업에만 시간과 정력을 집중할 수 있기 때문에 상대적으로 우수한 정보를 보유할 수밖에 없다. 또 복잡한 정책문제가 대두될수록 전문적이고 기술적인 지식이 요청되기 마련이고 일상적인 업무 수행 과정에서 근원적이고 전문적인 식견이 갖춰진다. 무엇보다 중요한 것은 법률가, 사회과학자, 기획가, 자연과학자, 엔지니어, 건축가, 의사, 교수 등 전문가집단의 유입인데, 이들이 관료제 기관의 중위직과 상위직에 지배적으로 배치되어 있는지가 관건이다(Meier, 1993: 68-72; 오재록, 2008).[13)]

셋째, 응집력이란 조직과 조직의 목표에 대한 구성원들의 몰입(com-

---

12) 고객집단은 그 규모가 크고 방방곡곡 두루 잘 조직화되어 있고 응집력이 높고 유용한 정책정보를 보유하고 있고 국가적 수준의 조직이고 지배적 그룹 없이 여러 소그룹으로 나눠져 있을 때 더 강한 영향을 미칠 수 있다(Meier, 1993).

13) 이는 프렌치와 레이븐(French & Raven, 1959)이 일반적인 조직 내 권력의 원천으로 제시한 전문적 권력과 정보적 권력에 해당하는 것이며, 루크(Rourke, 1984)를 포함한 대부분의 연구자의 지적을 재정리한 것이기도 하다(오재록, 2008).

mitment)으로 정의된다. 일반적으로 목표 몰입이 높은 조직은 구성원들에 대한 동기부여가 쉽고 이직률이 낮다. 응집력은 공유 가치(shared values)의 직접적인 산물이기 때문에 구성원들의 가치 편차가 적을수록 강한 영향을 미친다. 가치 편차가 적어야 구성원들이 공동의 목표에 쉽게 동조하고 강한 응집력을 보일 수 있다.[14] 응집력이 강한 기관은 더 나은 성과를 창출하며, 높은 성과와 평판은 권력을 추구하는 관료조직에게는 값으로 따질 수 없는 귀중한 자산이다(Meier, 1993: 72-75; 오재록, 2008).

넷째, 조직 수장은 관료집단을 업무에 열중시키고 그들을 조직의 목표와 같은 방향으로 인도하는 비범한 능력, 공감대 형성을 통한 연합, 자원과 수단의 확보, 그리고 관련 행위자들을 모두 만족시킬 수 있는 추진 능력 등이 요구된다. 조직 수장들은 내부적으로는 응집력과 전문지식을 제고할 수 있으며, 수장 자신의 전문지식을 바탕으로 하거나 내부의 연구조직을 발달시킴으로써 대외적 평판을 높일 수 있다. 외부적으로는 의회 및 고객집단과의 제휴, 정책 수혜자들과의 연계, 그리고 좋은 행정가라는 명망의 유지 등을 통해 기관 권력을 구축할 수 있다(Meier, 1993: 75-77; 오재록, 2008).

4) 관료제 권력의 원천 종합

한편, 오재록(2008)은 박천오(2005)가 제시한 추가적인 영향 요인들을 가지고 한국의 40개 정부부처들을 대상으로 실증연구를 수행해 일정한 증거를 찾아낸 후, [그림 2-1]의 마이어 모형을 [그림 2-2]와 같은 형태로 재구성하기에 이르렀다(오재록, 2008).

그는 관료제 권력을 '관료제 기관 권력'에 중점을 두고 파악할 때, 관료제 권력에 영향을 미치는 또 다른 내부 원천들이 발견될 수 있다고 하면서, 마이어(Meier, 1993)의 모형은 '전문지식', '응집력', '리더십'에만 집중했을 뿐, 추가적으로 존재할 수 있는 또 다른 내부 원천들을 놓치고 있음을 지적했다. 그리하여 다음과 같은 이유로 다섯 가지 영향 요인을 독립변수로 추가

---

14) 응집력 제고를 위해 조직의 이념(organizational ideology)을 특별히 수렵할 필요가 있는데, 조직의 이념은 외부세계에 대한 지각막(perceptual screen)으로 기능할 뿐만 아니라, 구성원들을 조직과 조직의 목표에 밀착시킬 수 있다(Meier, 1993).

[그림 2-2] 관료제 권력의 원천들(마이어 모형의 재구성)

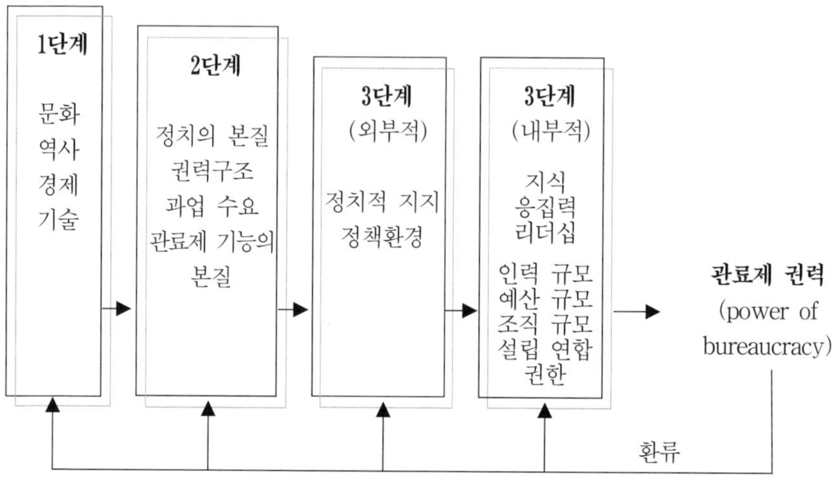

※ 출처: 오재록(2008).

하기에 이르렀다(오재록, 2008).[15]

첫째, 관료제 기관의 '인력 규모(personnel size)'는 관료제 기관 권력의 구성 개념 가운데 하나인 관료제 기관의 '네트워크'에 영향을 미친다. 네트워크가 '행위자'들을 연결하는 '관계'라는 점, 그리고 조직구성원의 수 n과 관계의 수 r이 $nCr = \frac{n(n-1)}{2}$의 상황을 만든다는 점에서(송복, 2003), 인력 규모는 관료제 기관의 네트워크에 직접적인 영향을 미치는 요인이 될 수 있다. 그뿐만 아니라 인력 규모는 부처의 계층 수를 결정짓고 부처의 예산 삭감이나 통·폐합 등의 위협을 방지하는 중요한 요소로 기능하므로(이은국, 1995: 147), 관료제 기관 권력에 영향을 미치는 중요한 요인으로 간주될 수 있다(오재록, 2008).

둘째, 관료제 기관의 '예산 규모(budget size)'는 관료제 기관 권력의 구성개념에 속하는 '자율성'과 '네트워크' 양쪽에 영향을 미친다. 예산은 의회

15) 오재록(2008)은 이 다섯 가지 변수가 관료제 권력의 영향 요인임을 실증연구를 통해 규명해냈다.

가 허용해 주는 물적 자원으로서, 이를 많이 배정받는 기관은 그렇지 못한 기관에 비해 자원을 사용할 때 재량권과 네트워크가 상대적으로 크거나 좋다고 할 수 있다(Meier, 1980). 특히, 대규모로 배정되는 예산은 집행 과정에서 재량권을 상당히 많이 부여할 뿐만 아니라 수많은 행위자와도 폭넓고 다양하게 관계를 맺게 해 준다는 점에서, 관료제 기관 권력에 영향을 미치는 중요한 내부적 요인으로 간주될 수 있다(오재록, 2008).

셋째, 관료제 기관의 '조직 규모(bureau size)' 역시 관료제 기관의 권력에 영향을 미친다. 관료제 기관 내부에 실(室), 국(局), 부(部), 과(課), 팀 등 다양한 형태의 부서가 많을수록, 그리고 이들 부서 각각의 규모가 클수록 관료제 기관 권력의 크기는 비례적으로 늘어날 것이다. 앞에서 언급한 $nCr = \frac{n(n-1)}{2}$의 상황에서 관계의 밀도 증대와 결합된 조직구성원 개개인의 힘의 산술적 합산 이상의 힘을 잉여력으로 정의할 때, 조직 규모는 잉여력에 직접적으로 영향을 미친다. 공식 조직은 분업을 통해 방대한 수의 조직구성원들을 기능적으로 분화시키고 이 기능적으로 분화된 인원은 대개 10명을 전후하여 같은 규모의 사회조직이 낼 수 있는 힘보다 언제나 큰 힘을 내게 되는데, 이러한 잉여력은 조직 규모가 클수록 크기 때문이다(송복, 2003; 오재록, 2008).

넷째, 관료제 기관의 '역사와 전통' 또한 무시할 수 없는 중요한 내부적 영향 요인이 될 수 있다. 그 설립의 역사가 오래된 기관일수록 이해관계자들이나 정책 고객들과 좀 더 밀접한 관계를 구축해 놓을 것이고, 또 오랜 역사에서 비롯되는 고유한 전통 그 자체가 독자적인 힘을 발휘하는 경우도 없지 않기 때문이다(오재록, 2008).

다섯째, 관료제 기관의 '법적·공식적 권한(legal and formal authority)'은 어쩌면 관료제 기관 권력의 가장 핵심적인 내부적 영향 요인일지도 모른다. 법적·공식적 권한은 정당성이 규범적으로 승인되고 공식적인 역할에 결부된 '합법적 권력' 또는 '승인된 권력'의 원천이기 때문이다. 일례로 한국의 중앙행정기관들을 보면, 다양한 분야에서 다양한 유형의 권한을 배타적이고 독점적으로 보유하고 있는 경우가 흔히 발견된다. 그리고 상대적으로 더 강한 권한을 보유하고 있는 기관일수록 더 강한 권력을 보유하고 있다고 충분히 말할 수 있다(오재록, 2008).

이렇게 추가된 다섯 가지 직접적 원천들을 더하면, 관료제 권력은 "정책 환경, 공공의 지지, 관료조직의 전문지식, 조직응집력, 리더십, 인력 규모, 예산 규모, 조직 규모, 기관의 역사와 전통, 그리고 법적·공식적 권한의 함수"로 다시 정리할 수 있게 된다. 이때 관료제 기관은 내·외부적 환경에 영향을 받을 뿐만 아니라 [그림 2-2]와 같이 더 넓은 환류를 통해 자신의 권력 기반에 영향을 미칠 새로운 내·외부 환경을 조성하는 데도 지속적으로 영향을 미치는 것으로 설정된다(오재록, 2008).

5) 대한민국 관료제 권력의 특수성

이와 같은 관료제 권력의 일반적 원천들 이외에도 대한민국의 경우에는 좀 더 특수한 요인들이 작용했다. 뒤늦은 근대화와 산업화를 위해 국가와 관료제가 주도적인 역할을 수행하는 과정에서 관료제 권력은 취약한 시민사회와 식민 통치 유산을 발판으로 이례적으로 신장되었다(오재록, 2007).

초기 대한민국의 국가 자율성(state autonomy)은 일제 시대 과대 성장한 관료제의 힘에 필적할 만한 사회 세력이 존재하지 않았던 데서 비롯되었다. 박정희 시대 직전의 한국 상황은 어떠한 사회계급이나 사회 세력도 국가 권력에 대항할 만큼 성장해 있지 않았다. "지주계급은 한국전쟁과 뒤이은 토지 개혁으로 인해 몰락하고, 노동 세력도 한국전쟁과 뒤이은 첨예한 이념 대립 속에 사실상 붕괴되었을 뿐만 아니라 그 수도 극히 일부에 불과했다. 자본가들은 국가의 특혜에 의존하는 존재에 머물러 있었으며 지주계급이 해체되면서 농민도 소규모 자영농으로 핵분열된 상태였다. 게다가 오랜 중앙집권적 관료제의 전통에 높은 사회적 인지도로 인해 유능한 국가 관료의 충원이 이뤄졌다. 초기 대한민국은 이렇게 해서 비교론적으로 볼 때 그 유례를 찾아보기 어려울 정도의 높은 국가 능력(state capacity)을 보유하게 되었다"(Amsden, 1989; 양재진, 2005). 특히, 유능한 인재들로 선별된 관료제는 관료들의 헌신을 바탕으로 강한 내부 응집성을 창출했으며, 이는 관료제에게 배태된 자율성(embedded autonomy)과 함께 정치 권력을 선물했다(Evans, 1995: 12; 오재록, 2007).

대한민국 관료제 권력의 이례적인 신장 요인을 좀 더 구체적으로 나열해 보면 다음과 같다.[16)]

첫째, 1960년대 이래 본격화된 산업화와 도시화는 엄청난 공공 수요를 유발시켰고, 이 과정에서 관료들은 예산, 인력, 규제행위 등을 크게 증대시킬 수 있었으며, 이는 관료제 권력 신장의 직접적인 기반이 되었다. 그뿐만 아니라 군부 엘리트와 소수 민간 정치집단과 같이 잘 조직화된 권력집단들은 국가 권력을 획득한 후 위로부터 국가기구를 관리하는 관료 엘리트들을 형성시키는 데 진력했고, 그 결과 관료제 권력이 성장했다. 이렇게 하여 "대한민국의 국가를 강력하다고 말할 때 그것은 잘 발달된 관료제를 핵심 구성 요소로 하는 것"(최장집, 2002: 126-138)이 되었다.

둘째, 전통적으로 이어져 내려온 권위주의, 정의(情誼)주의(personalism), 가족주의 문화에 숙달된 국민들의 내면에 뿌리 깊게 자리잡은 '관존민비(官尊民卑)' 의식도 중요한 요인이라고 할 수 있다. 관료들이 독점적·자의적·차별적으로 공공 서비스를 제공할 수 있는 상황에서 국민들은 이러한 의식을 바탕으로 관료제 권력에 대해 맹목적으로 순응한 결과, 관료제 권력이 신장될 여지가 생긴 것이다.

셋째, 분단 상황에서 조성된 반공과 안보 이데올로기, 그리고 성장 이데올로기는 흑백 논리와 비밀주의를 조장하고 관료의 독주를 가속화함으로써 국민들에게 관료 의존적 사고를 뿌리내리게 했다. 국가 중심의 산업 체제에서 민간 영역은 극도로 부실했고 초기 국가 발전을 위한 사업들을 수행하는 과정에서 관료제 권력은 크게 신장되었다.

넷째, 국회를 비롯한 여타 정책행위자들이 관료제 권력을 제대로 견제하지 못했으며, 정치 권력의 전문성 저하는 관료제 권력을 상대적으로 신장시키는 데 한몫을 했다. 언론이나 시민단체 등을 통한 견제도 제대로 수행되지 못해 관료제 권력을 비판하는 대신 유착 내지 공생하는 관계에 머물러 있었다. 관료제 권력을 견제할 수 있는 것은 사실상 통치 엘리트밖에 없

16) 이에 대해서는 주로 김순양(1997: 10-16)의 견해를 참고하여 정리했다.

었으나, 이들은 관료집단을 견제하기보다는 자신들의 지배 체제를 공고화하고 빠른 기간 안에 가시적인 성과를 드러내기 위해 오히려 관료집단을 정치적으로 배려하고 독려하는 데 더 큰 관심을 기울였고 이는 곧 관료제 권력의 신장으로 귀결되었다.

3 관료제 권력구조

정부부처 간 권력 관계는 행정부를 구성하는 각급 기관(부처, 청, 위원회 등) 간의 권력 관계를 말한다. '권력 관계'는 권력의 배분 양태 혹은 분포 양상을 의미하기 때문에 '권력구조(power structure)'라는 말로 바꿔 쓸 수도 있다. 여기서 권력구조란 "행정부 각급 기관 간에 형성된 권력 관계의 틀"을 지칭한다. 조직구조를 "조직 내 사람, 집단 혹은 업무 간에 형성된 상호 관계의 틀"로 지칭하는 것과 같다. 이때 '구조'는 "건축물의 구조처럼 물리적 속성을 지니는 것이 아니라 사람의 인지 활동을 통해 나타나는 비가시적 실체"이며 "이론적으로 구성된 추상적 개념"이다. 따라서 "어느 누구도 그 실체를 볼 수 없으며 단지 구조적 특성에 관한 경험적 지표를 통해 유추"할 수 있을 뿐이다(조경호 외, 2002; 오재록, 2007/2009).

조직구조와 관련하여 권력이 지닌 이론적·실천적 중요성은 조직 현상을 하나의 권력작용으로 파악하는 견해에서 두드러진다. 조직 현상을 권력으로 이해하는 관점은 조직을 다원적 정치 체계의 한 단위로 인식한다. 다원적 정치 체계로서 조직은 조직 내부의 개인과 집단이 각기 다른 이익, 신념 그리고 선호 가치를 보호하고 강화하기 위해 서로 경합하거나 연합하는 복잡한 정글과 같은 체계다. 따라서 조직구조는 권력을 차지하기 위해 서로 다른 이익과 가치가 경합, 협상, 연합하는 행위를 통해 나타난 결과물이 된다(Morgan, 1986; 조경호 외, 2002; 오재록, 2007/2009).

관료제 권력구조(bureaucratic power structure)는 관료제 기관 권력의 배분 양태 혹은 분포 양상을 가리킨다. 관료제 권력이 어떻게 배분되어 있는가는 집권과 분권을 중심으로 살펴볼 수 있다. 여기서 집권(centralization)

[그림 2-3] 수평적 권력구조

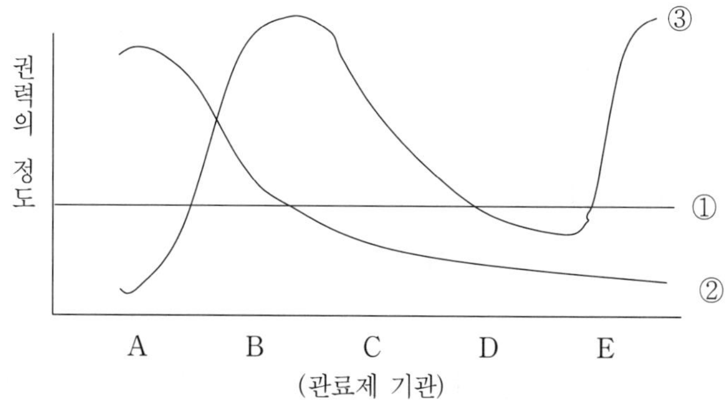

※ 출처: 김호섭 외(2002); 오재록(2007/2009).

이란 권력이 특정 기관에 몰려 있는 것을 의미하며, 분권(decentralization)이란 권력이 다양한 기관에 분산되어 있는 것을 의미한다. 관료제 권력의 배분은 수평적으로 분화된 부처에 어떻게 권력이 배분되어 있는가를 중심으로 살펴볼 필요가 있다(오재록, 2009).

수평적 분화에 의한 기관 간 분업구조에서 나타나는 권력구조의 가장 정형화된 유형을 나타내는 [그림 2-3]을 보면, ①번 유형은 분화된 기관 간에 권력이 동일하게 분포되어 있는 분권구조를 나타내고, ②번 유형은 A기관에 권력이 집중된 집권구조를 나타내며, ③번 유형은 B와 E기관이 권력을 과점하고 있는 구조를 나타낸다(김호섭 외, 2002; 오재록, 2007/2009).

관료제 권력구조가 조직의 성과에 미치는 영향에 대한 논의는 그동안 별로 이뤄지지 않았다. 다만, 전문화된 특정 직무나 부서에 권력이 집중되어 있는 경우에 특정 분야의 논리에 의해 조직이 운영될 위험이 있는 데다 정책 오류에 대한 비판이나 견제마저 힘을 잃어 정책을 교정할 수 없는 상태가 되기 때문에 정책 실패가 야기될 가능성이 높다는 점만은 분명해 보인다. 1997년 한국의 재정경제원은 그 좋은 사례가 될 수 있다. 1994년 경제기획원과 재무부가 통합되어 출범한 재정경제원은 다른 어떤 부처에 비해 막강한 권력을 보유함으로써 자신의 입맛에 따라 국가정책을 일방적으로 움직여 나갈 수 있었다. 이러한 권력구조는 결국 IMF 경제 위기라는 초유의 사태를 불러일으키는 하나의 원인으로 작용한 것으로 분석된다(김호섭 외, 2002; 오재록, 2007).

4 관료제 권력의 특성

관료제 기관은 본능적으로 그들 자신의 정치 권력 기반을 형성하는 데 대단히 민감한 관심을 가지고 있으며, 자신들의 활동에 정치적 지지를 얻어내기 위한 관할 업무 영역을 획득하려고 노력한다. 관료제 기관들은 이익집단들이나 정치지도자들의 이익을 대변하기도 하고 이들을 활용하여 자신들의 이익에 부응할 수 있는 요구조차 스스로 조성하기도 하며, 외부의 압력과 통제에 저항할 수 있는 권력을 획득해 이익집단들이나 정치지도자들의 요구를 거절하기도 한다.[17] 관료제 기관들은 또한 강력한 정치인, 이익집단 또는 다른 기관들과 동맹을 형성하면서 이러한 권력을 획득할 수도 있다(Fried, 1976; 오재록, 2007).

미국 연방정부의 경우 국가의 정치 권력을 공식적이고 정상적으로 행사할 수 있는 권한은 대통령, 의회, 사법부에만 있음에도 불구하고, 관료제는 대통령, 의회, 사법부가 보유하고 있는 정치 권력을 행사하는 경우가 많다. 미국의 십수 개 연방 부처들[18]은 사업 집행을 담당한 여러 개의 실국들

17) "심지어 국장은 장관 또는 대통령으로부터 명령 체계를 타고 내려오는 정책에 대한 지시에 대해서도 저항할 수 있는 힘을 축적할 수도 있다. 비록 극소수의 관료들이 상관의 공식 지휘를 체계적으로 방해하거나 심지어는 훼방놓을 수도 있겠지만, 대부분의 관료들은 그들 자신의 집단적인 행동 기준 또는 부서의 규범적인 관심사를 이용하여 업무의 원활한 흐름을 방해하는 경우가 많이 있다"(정우일, 1997: 112).

18) 국무부(Department of State, 1798), 국방부(Department of Defense, 1798), 재무부(Department of Treasury, 1798), 법무부(Department of Justice, 1870), 내무부(Interior Department, 1849), 농무부(Department of Agriculture, 1862), 상무부(Commerce Department, 1903), 노동부(Department of Labor, 1913), 보건복지부(Department of Health & Human Services), 주택도시개발부(Department of Housing

(bureaus)과 기관들(agencies)로 구성되어 있는데, 대다수 연방 부처들은 부처(department)라기보다는 사실상 지주회사(holding companies)에 가깝다. 지주회사 격인 부처 안에서 권력은 부서(bureaus)와 하위기관(agency) 수준에 존재한다. 보건복지부(HHS)와 농무부(USDA)는 지주회사의 좋은 예다. 이곳 소속의 실국과 기관들은 실질적인 자율성(substantial autonomy)을 보유하며, 정책 결정과 사업 집행을 실질적으로 도맡고 있다(Meier, 1993; 오재록, 2007).

일반적으로 관료제는 강력한 정치인, 이익집단 또는 다른 기관들과 동맹을 형성하면서 이러한 정치 권력을 획득한다. 관료들은 사회에 존재하는 무수한 종류의 거부집단(veto groups)으로부터 우선적으로 동의를 얻어내지 않고서는 자신들이 원하는 어떠한 정책이나 사업도 원활하게 추진할 수 없다는 것을 잘 알고 있으며, 그러한 반대와 저항 또는 무관심을 극복하기 위해 권력이라는 '혈액'을 필요로 하게 된다. 관료제의 권력 획득전략은 관할권을 획득하기 위한 관료제 기관들 사이의 투쟁으로 특징지어지며, 정치 권력을 확보하기 위한 격렬한 싸움의 결과 관료제 권력은 관료제 기관들 사이에 분산되어 나타난다(Fried, 1976: 177-193; 오재록, 2008).

"관료제에 의해 행사되는 정치 권력의 크기는 기관에 따라 차이가 날 수 있다. 관료제 내·외부의 여타 기관들의 개입과 견제로 말미암아 자신의 소관 영역에서조차도 본연의 역할과 기능을 자율적으로 수행하지 못하는 약소 기관들이 있는 반면, 관료제 내·외부의 여타 기관에 대해 막강한 영향력을 행사하면서도 자신에 대한 여타 기관들의 관여를 허용하지 않는 강한 기관들도 있을 수 있다"(박천오, 2005: 8).

특히, 대한민국 정부에서는 정치 권력이 소수의 관료제 기관에 불균형적으로 집중되어 있다는 지적이 많다. "강력한 권력기관은 정책 현안의 종류에 구애받지 않고 가용자원이나 필요한 정보에 상관없이 영향력을 행사할

and Urban Development, 1965), 교통부(Department of Transportation, 1967), 에너지부(Department of Energy, 1977), 교육부(Department of Education, 1979), 보훈처(Department of Veterans Affairs, 1989) 등 14개 연방정부 부처를 말한다(Meier, 1993: 17-22). 괄호 안의 숫자는 부처의 출범 시기다.

수 있고, 여타 기관의 상위에서 권력을 행사하는 기관의 의도에 따라 대부분의 정책이 결정되기도 한다. 작은 권력을 가진 기관은 큰 권력을 가진 것으로 보이는 기관의 요구를 묵인하고 자기 기관의 정책적 입장을 누그러뜨린다." 권력기관에 대항하는 것이 관료 개인이나 기관에게 불리하다고 판단하기 때문이다. 이와 반대로 "자기 입장을 내세우는 권력기관은 이로 인해 자신의 권력 기반을 점차 더 확장하게 된다"(김영평 · 신신우, 1991: 310-311).

제 2 절 선행 연구의 검토

앞 절에서 살펴본 대로, 관료제 권력은 다양한 이유들로 인해 지난 수십 년 동안 행정 · 정책학 안팎에서 끊임없는 관심의 대상이 되어 왔다. 미국에서는 20세기 중후반까지 관련 연구가 활발하게 진행되었으며 한국에서도 1960년대 이래 일부 연구자들에 의해 관련 연구가 꾸준히 전개되어 왔다. 하지만, 추상적이고 모호한 특성을 지닌 권력을 파악하기란 좀처럼 쉬운 일이 아니었을 뿐만 아니라, 복합적이고 비결정적인 성격을 지닌 권력을 체계적으로 다루기도 힘들었던 까닭에 많은 관심에 비해서는 관련 실증연구 성과가 풍부하지는 못했다. 그럼에도 불구하고 관료제 권력을 이해하고 관련 지식을 확장하려는 노력은 지속되어 왔으며, 명시적으로 정부부처 권력을 실증분석하려는 선구적 시도들이 간헐적으로 나타났다(오재록, 2011a).

권력은 그 개념적 모호성과 다양성, 그리고 의도성과 상대성 및 환경적 맥락 등에 따라 천차만별의 인식이 나타날 수 있기 때문에 그 실체를 객관적으로 파악하여 측정하기란 쉬운 일이 아니다. 그럼에도 불구하고 일부 연구자들은 관료제 권력의 상대적 크기를 측정하려고 노력해 왔다. 권력의 의도성, 상대성, 능력의 다양성, 상황적 이슈에 따라 권력의 측정과 식별은 다양하게 이뤄질 뿐만 아니라, 엄격하게 보아 권력은 권위, 힘, 강제력 등과 구별되는 개념이기 때문에 그 실체를 객관적으로 파악하여 측정하기란 더욱 어렵기 마련이다. 이와 관련하여 경영학자인 페퍼(Pfeffer, 1992)는 권력을 측정하는 다양한 방법을 크게 일곱 가지로 나눠 제시한 바 있다.

첫째, 평판(reputation)을 측정하는 방법이다. 이 방법은 질문지나 면접을 통해 조직구성원들에게 "어느 부서나 누가 가장 권력이 있는가?" 하는 식의 질문을 통해 상대적인 권력을 측정하는 것이다(Pfeffer, 1981). 페로(Perrow, 1970)는 생산업체 12곳의 마케팅, 생산, 재무, 회계, 연구개발 단위조직들이 지닌 권력을 조사하면서, "권력이 큰 부서 4곳의 순위를 매기라"는 개방형 질문을 썼다. 하이닝스 등(Hinings et al., 1974)은 캐나다 양조업체의 하위 조직이 가진 권력을 조사하면서 더 정교한 면담과 설문 절차를 활용했다. 페퍼와 살란시크(Pfeffer & Salancik, 1974)는 일리노이대학교와 캘리포니아대학교 학과들의 권력 관계를 연구하면서 학과장들에게 각 학과가 권력을 어느 정도씩 가진다고 생각하는지 개방형 질문을 던졌다. 패첸(Patchen, 1974)은 11곳의 업체를 대상으로 구매 결정의 영향력을 조사하면서 특정 제품 구매 결정에 가장 큰 영향력을 발휘한 사람들을 면담하는 방식을 취했다. 하지만, 질문을 통한 권력 평가 방법은 타당성과 신뢰성에 의문이 제기될 수 있다(Pfeffer, 1992).

둘째, 대표성(representativeness)을 측정하는 방법이다. 대표성이라는 권력 지표는 어떤 정치적 분파가 영향력이 있는 이사회나 위원회의 구성원으로서 다른 집단에 비해 상대적으로 큰 대표성을 띠는지, 또는 핵심적인 경영관리 직위를 차지하고 있는지를 나타낸다. 대표성 지표들은 권력의 색인 역할을 한다. 이는 특정 직위가 그 점유자에게 규정된 특정한 권력, 즉 자원 통제권이나 정보 통제권, 공식적인 의사결정권 등을 부여하기 때문이다. 다시 말해, 어떤 직위를 차지한다는 것은 세상에 자기의 권력을 떳떳이 알릴 수 있는 힘을 부여하는 셈이다. 조직에서 요직을 파악할 수 있다면, 이 요직을 차지한 사람들이 누구인지 알아내어 권력 분포를 이해하려는 노력은 한층 중요할 수 있다(Pfeffer, 1992). 어떤 개인이 조직 내의 중요한 결정을 하는 여러 위원회에 많은 위원 자격을 갖고 있다면 그 사람의 권력은 많은 것으로 평가될 수 있다. 부서 간에도 자기 부서의 대표가 여러 중요한 위원회에 포함되어 있다면 그 부서의 권력은 상대적으로 많은 것으로 평가될 수 있다(Pfeffer, 1981).

셋째, 결과(outcomes) 관찰로 권력을 진단하는 방법이다. 권력은 조치를 취하는 데 사용되므로, 조직의 조치를 통해 이득을 보는 대상과 그 정도를 관찰하는 방법이다. 의사결정이나 조치를 두고 다툼이 치열한 경우에는 이 방법이 특히 유력하다. 그러나 승자나 패자 모두 이를 비밀로 부치는 경우가 많아, 영향력의 결과 자체를 파악하는 것이 쉽지 않다. 그럼에도 불구하고 겉으로 드러나는 결과도 많은데, 그 중 흥미로운 것은 단위 조직 간에 존재하는 급여 수준의 차이다. 급여를 통해 조직 위계의 여러 수준별로 가지고 있는 상대적 권력을 진단할 수 있다(Pfeffer, 1992). 또 부서 간의 예산 배분, 직위의 할당 등에서 어느 부서가 우선순위가 높으며, 더 많은 예산, 더 중요한 직위를 더 능력 있는 사람으로 충원하는가에 따라서도 상대적 권력을 측정할 수 있다(Pfeffer, 1981).

넷째, 권력의 상징을 측정하는 방법이다. 권력의 상징은 아무리 감추려 해도 좀처럼 감춰지지 않는다. 물리적 공간은 금방 알아볼 수 있는 권력의 상징이다. 사무실의 규모와 위치, 내부 장식,[19] 쾌적함, 그리고 건물의 높이와 전망과 같은 물리적 지표들은 상대적 권력과 밀접한 관계를 갖는다. 또 훈장, 관용차, 리무진, 전용기, 골프클럽 회원권, 특별 지정 주차장, 비서실의 규모 등도 권력 수준을 반영하는 중요한 상징이 될 수 있다(Pfeffer, 1992; 조경호 외, 2002). 이러한 상징은 특히 수직적 관계에서 상하 계층을 구분하는 데 사용되지만, 부서 간에도 이 방법이 사용될 수 있다. 부서의 사무실이나 건물 배치는 그 부서의 권력에 영향을 받기 때문이다(Pfeffer, 1981).

다섯째, 문화권의 차이를 고려하는 방법이다. 일본이나 한국 기업에서 권력을 진단할 때 급여나 직급, 사무 공간 등에 나타난 형식적 구별을 관찰하

19) "어떤 회사들은 사무실 장식을 둘러싼 실랑이를 원천 봉쇄하기 위해 회사 내 입지와 장식을 정책이나 규정으로 정해둔다. 샌프란시스코의 어느 조직에서는 특정 직위 이상의 관리자들에게만 마루에 카펫을 갈 수 있는 특권이 주어져 있다. 그 아래 직급부터는 장판에 만족해야 한다"(Pfeffer, 1992).

는 것은 최선책이 되지 못한다. 이것들은 주로 연령 또는 연공서열에 따라 주어지는 경우가 많으며, 권력의 진정한 분포를 고의적으로 숨기기 위해 설계된 측면이 있다. 따라서 이들 문화권에서의 최선의 진단 도구는 의사결정 참여자들 사이에서 이뤄지는 상호작용의 패턴이다. 누구에게 어느 시점에 조언을 구하느냐와 그리하여 어떤 결과가 빚어지느냐가 바로 권력을 가늠하는 중요한 잣대다(Pfeffer, 1992).

여섯째, 의존과 상호 의존의 패턴으로 진단하는 방법이다. 이는 권력 네트워크와 의존 패턴을 진단하는 방법이다. 어떤 목표를 성취하기 위해 누구의 도움을 받는 것이 주효하고, 의사결정에 누가 영향력을 행사하는지를 파악하는 것이다. 상호 의존 관계를 진단하기 위해서는 누구의 협조가 필요한지, 적대자는 누구고 동맹자는 누구인지, 그리고 이로부터 권력이나 위상, 평가나 보상, 업무 방식 등에 영향을 받는 이는 누구인지 등을 파악해야 한다(Pfeffer, 1992).

일곱째, 다중 지표를 사용하는 방법이다. 권력을 단일 지표로만 측정하면 특정 상황을 잘못 파악할 수 있다. 급여는 내부 권력이 아니라 시장경제를 반영하는 것일지도 모르고, 사무실은 아무런 의도 없이 변하거나 예전 모습 그대로일 수 있다. 그러므로 조직의 상대적 권력을 진단하는 최선의 방안은 다중 지표를 사용하는 것이다. 여러 부서의 상대적 권력 순위를 측정하기 위해 생각할 수 있는 지표들은 다음과 같다(Pfeffer, 1992).

- 최고위 경영진의 해당 부서 출신자 비율(부서 대표성)
- 이사진의 해당 부서 출신자 비율(부서 대표성)
- 각 부서 임원의 급여 수준
- 각 부서 직원에게 제시되는 최초 급여액
- 공통 직위의 동일 경력자들의 급여 수준
- 부서가 본사에 있나?
- 부서는 건물의 어느 곳에 있으며, 평균 사무공간은 얼마나 되나?
- 최근 각 부서의 인원 증가 추세
- 공식 행사에서 보고 순위
- 신제품 개발, 예산 책정, 전략 기획 등에서 점유하는 부서 대표성

- 부서 사람들의 승진율
- 사내 영향력에 대한 평판
- 예산 책정

이와 같은 페퍼(Pfeffer, 1981/1992)의 측정 방법은 정부부처의 상대적 권력을 측정하는 데도 유용하게 활용될 수 있는 측면이 많다. 특히, 권력 측정에 단일 지표만 사용하는 것은 문제가 있기 때문에 다중 지표를 사용하는 것이 좋다는 제안은 이 연구에도 유용하게 적용될 수 있다. 하지만, 페퍼(Pfeffer, 1992)의 방식은 지나치게 미국적인 측면이 강하게 배어 있는 데다, 이를 정부부처 권력에 적용하기에는 부적당하거나 어울리지 않는 측면이 상당히 많다. 더구나 한국의 특수성, 그리고 관료사회의 특수성을 반영하기에는 모자라는 측면이 너무 많다. 따라서 이 연구에서는 페퍼(Jeffery Pfeffer)의 방식들 가운데 수용할 만한 것들을 최대한 반영하는 방식으로 이를 활용하고자 한다.

정부부처의 상대적 권력을 본격적으로 측정한 연구는 마이어(Meier, 1980)에 의해 촉발되었다고 할 수 있다. 그리고 한국의 경우에는 박천오(2005)에 의해 그 토대가 마련되었다. 이들은 그 이전의 다른 많은 연구가 주로 수직적 권력에 치중하고 있을 때, 조직 간의 수평적 권력(inter-organizational horizontal power)에 천착함으로써 정부부처의 상대적 권력 측정의 기반을 다졌다(오재록, 2007). 특히, 마이어(Kenneth J. Meier)는 정부부처(127개 연방정부기관) 권력의 상대적 크기를 측정할 수 있는 독특한 기법을 개발했는데, 그는 정부부처 권력을 '자원 추출 능력'과 '추출된 자원을 이용하는 데 따른 재량권 혹은 자율성'이라는 두 가지 필수 구성 요소를 중심으로 11가지의 객관적 측정지표(operational indicators)를 <표 2-1>과 같이 독창적으로 개발했다.

관료제 권력과 같이 추상화의 정도가 높은 개념(higher level abstractions)은 그 개념이 나타내고자 하는 경험적 현상과 연결하는 것이 쉽지 않기 때문에, 추상성의 정도가 좀 더 낮은 개념들을 의도적으로 개발하거나 채택하는 방법으로 구체화할 필요가 있는데, 이러한 점에서 마이어의 이 측정기법은 방법론적으로 대단히 높이 평가될 만하다. 특히, 관료제 권

〈표 2-1〉 마이어의 측정지표

구성 개념	측정지표	지표에 대한 설명
자원 추출 능력	예산 증액분 (congressional budget growth)	의회가 정부기관의 예산이 늘어나도록 매년 허용해 주는 비율. 예산 삭감을 회피하는 것과 대통령의 지지를 획득하는 것과 밀접한 관련
	인력 증가분 (growth in personnel)	인력 증가 없는 예산 증액은 관료에게 무의미. 강력한 조직을 구축하고 사업 내용을 확장하기 위해 관료들은 추가적인 인력을 필요로 함.
	고위직 증가분 (growth in supergrade positions)	GS 16~18등급 직위가 늘어나면 내부 승진 기회가 확대되고 우수한 직원들을 유인할 수 있으며 조직을 떠나려는 사람도 붙잡아 놓을 수 있음.
	정무직 증가분 (growth in the number of executive positions)	고위직 증가율보다 더 높은 수준의 차원 측정
	추가 자금 배정 (supplemental appropriations)	결손 충당, 신규 사업 추진 등을 위한 추가 배정을 확신하는 기관은 적극적으로 활동할 수 있고 자신의 활동이 사후 승인될 것을 자신함.
	새로운 입법 (new legislation)	기관의 요구가 새 입법에 반영되면 영향력 확대. 행정 입법과 의원 입법의 총 건수로 측정
자율성	항구적 예산 승인 (permanent authorizations)	장기간의 예산 지출을 허용하는 것. 매년 반복되는 예산 과정에서 면탈시켜 주어 재량이 확대됨. 항구적으로 승인받는 예산의 비율로 측정
	예산 재량권 (budgetary discretion)	의회가 예산의 세세한 부분까지 어느 정도 요구하는가의 정도. 예산부속서(Budget Appendix)의 쪽수 대비 기관 예산 규모의 비율로 측정
	예산의 전·이용 (reprogramming)	사업 간 예산 이전을 식별하기 어려우나, 회계연도가 지나고 나면 그 일각은 포착할 수 있음.
	하위 법령의 제정 (rulemaking)	모호한 입법의 의도를 명확히 하려고 수립하는 자체 제정 하위 법령, 규제, 지침
	법률 대비 하위 법령의 비율	소관 법률의 쪽수 대비 자체 제정 하위 법령의 쪽수의 비율

※ 출처: Meier(1980: 361-366)의 재구성.

력이라는 추상적 개념, 즉 이론변수(theoretical variable)를 측정변수(measured variable) 또는 관찰변수(observed variable)로 치환하는 길을

열었다는 점에서 그 의의가 크다(오재록, 2006/2007).

그렇지만, 마이어(Meier, 1980)의 기법은 일정한 한계를 드러내고 있다. 첫째, 두 가지 구성 개념과 그 측정지표들은 자원의존론의 관점에서만 개발된 것이어서 이론적인 보편성을 충분히 확보하지 못했다는 점이다. 즉, 자원의 교환적 관점이나 네트워크 관점 등을 포괄하지 못해 애초부터 일정 수준의 측정오차를 안고 갈 수밖에 없는 구조가 배태된 것이다. 둘째, 이 기법은 어디까지나 1970년대 후반 미국의 127개 연방정부기관의 권력을 측정하는 데 적합한 모형으로서 그 맥락과 시기가 달라질 경우 모형 수정이 불가피하다는 점이다. 권력 자체가 상황 특정적이고 상대적이며 다양한 개념을 함축하고 있음을 감안할 때, 마이어(Meier, 1980)의 측정모형은 시간과 공간의 맥락에 따라 알맞게 수정·적용되어야 한다(오재록, 2006/2007).

박천오(2005)는 중앙정부 6개 부처 소속 공무원 127명을 대상으로 설문조사[20]를 실시하여 22개 중앙행정기관의 권력 분포를 <표 2-2>와 같이 도출했다. 이를 보면, 재정경제부(1위), 기획예산처(2위), 중앙인사위원회(3위) 등의 정치 권력이 상대적으로 강했음을 알 수 있다.

이 연구는 부처 간의 관할권을 상호 배타적으로 명확하게 설정하기가 어려운 현실적 난점에도 불구하고 부처 간의 권력 관계를 실증적으로 규명하려고 했다는 점에서 높이 평가될 만하다. 그렇지만, 이 측정 기법은 설문조사에 전적으로 의존했다는 점에서 방법론적으로는 높이 평가되기 힘들다. 6개 부처 소속 공무원 127명의 인식만을 토대로 22개 부처의 권력 규모를 측정한 것 자체가 객관성을 확보하기 어려웠고, 임의로 선정된 22개 부처로는 50여 개 중앙행정기관의 권력 분포를 포괄할 수 없었다는 점은 치명적인 한계라고 할 수 있다. 바로 이 점은 지각적(conceptual) 자료에 전적으로 의존하는 방법론적 편향에 대한 근본적인 재검토를 요구하는 대목으로 읽힐 수 있다(오재록, 2007).

20) 다른 부처와 상호작용이 상대적으로 빈번할 것으로 여겨지는 6개 중앙부처 소속 공무원들을 대상으로 '어느 부처의 영향력이 강하다고 보는지'에 관해 5점 척도에 따라 응답하게 했으며, 2005년 5월에 실시되었고, 총 160여 부의 질문지가 배포되어 그 가운데 127부가 회수되었다(박천오, 2005: 11).

〈표 2-2〉 박천오의 연구 결과

순위	기관명	권력의 크기	순위	기관명	권력의 크기
1	재정경제부	4.50	12	보건복지부	3.10
2	기획예산처	4.39	13	통일부	2.99
3	중앙인사위원회	4.17	13	과학기술부	2.99
4	행정자치부	3.95	15	환경부	2.97
5	외교통상부	3.48	16	노동부	2.94
6	법무부	3.33	16	법제처	2.94
7	정보통신부	3.28	18	문화관광부	2.81
8	교육인적자원부	3.25	19	해양수산부	2.64
9	건설교통부	3.24	20	농림부	2.55
10	산업자원부	3.13	21	여성가족부	2.49
11	국방부	3.12	22	국가보훈처	2.24

※ 각주: 1-영향력이 매우 약함, 5-영향력이 매우 강함.
※ 출처: 박천오(2005: 19).

이상의 선행 연구들은 근본적인 한계들도 지녔지만, 이들의 연구는 창조적이고 적용 가능한 연구전략들을 충분히 시사하고 있다. 마이어(Meier, 1980)는 관료제 권력의 측정모형에 관한 아이디어의 근간을 제공했고, 박천오(2005)는 한국의 중앙행정기관 권력도 충분히 측정 가능함을 알려 주었다. 즉, 비록 권력의 개념이 모호하여 관료제 권력을 측정하는 도구와 권력구조에 대한 분석기법에 대한 통일된 이론을 찾기는 어려울지라도, 관료제 권력을 다차원적 구성물로 엄밀히 개념화할 수만 있다면 관료제 권력을 측정할 수 있는 모형은 얼마든지 설정될 수 있을 것이다(오재록, 2007).

이에 착안한 오재록(2006/2007)은 마이어(Meier, 1980)와 박천오(2005)에서 발견된 한계들을 보완하고 측정의 객관성과 포괄성, 그리고 타당성과 신뢰성을 높이기 위해 [그림 2-4]와 같은 모형을 설정하고 이를 노무현 정부의 45개 정부부처에 적용하여 각각의 권력지수를 산출하기에 이르렀다.

하지만, 이 모형은 많은 장점에도 불구하고 여러 가지 결함 또한 내포하

[그림 2-4] 이전 선행 연구(오재록, 2006/2007)의 측정모형

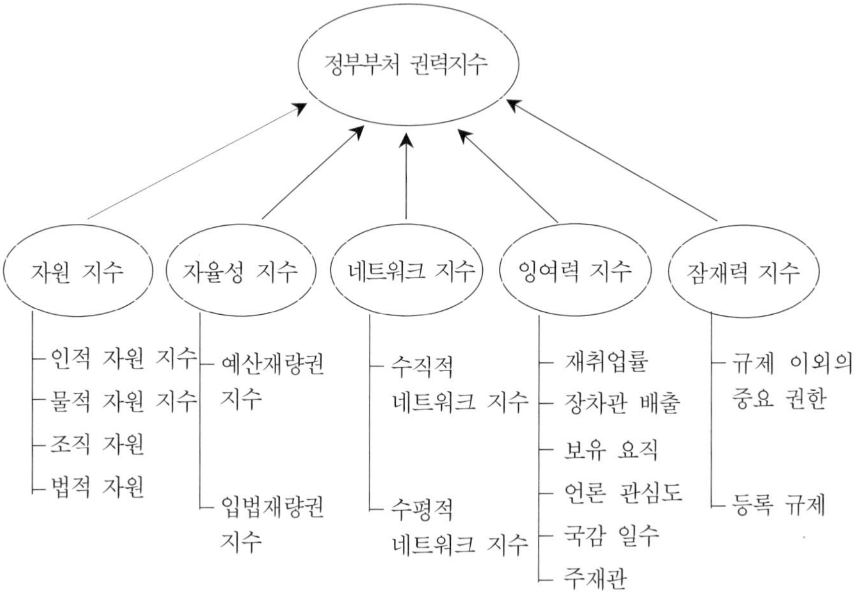

고 있었다. 자율성에는 일반적인 관료적 자율성(bureaucratic autonomy) 이론이 충분히 반영되지 못했을 뿐만 아니라 그 측정변수와 측정지표들마저도 자율성 전체를 포괄하기에는 상당히 미흡한 수준이었다. 네트워크 역시 수평적 네트워크를 측정하는 방식이 네트워크 일반론과 동떨어진 내용이었고, 잉여력의 경우에도 측정변수의 이론적 구분도 없었거니와 측정지표들의 적절성에도 의문이 있었다. 자원과 잠재력의 경우에도 측정지표의 수정 · 보완이 추가적으로 필요했다. 아울러 구성 개념들 각각에 대한 이론적 설명도 미흡한 부분이 많았고 각각의 개념 정의도 부족한 측면이 있었으며, 측정모형의 전체적인 틀도 이론적 완성도를 논할 만큼 체계화되지도 못한 상태였다. 이에 이 연구는 이와 같은 한계들을 대폭 수정 · 보완하는 데 중점을 두었으며, 이를 통해 한층 정교하고 완성도 있는 측정모형이 재설계될 수 있도록 다음과 같은 다양한 노력을 기울였다.

제 3 절 측정모형의 재설계

이상에서 우리는 관료제 권력에 관한 기존 연구들의 개념적 및 방법론적 접근들이 한계를 가지면서도 창조적이고 적용 가능한 연구전략들을 제시하고 있음을 확인했다. 예컨대, 관료제 권력에 대한 다양한 개념적 논의는 관료제 권력의 다차원성에 관한 시사점을 주고 있으며, 선행 실증연구들은 관료제 권력을 객관적으로 측정하는 것이 충분히 가능함을 알려 준다. 선행 연구를 통해 얻은 이와 같은 통찰을 바탕으로, 여기에서는 관료제 권력 측정모형을 다음과 같이 재설계하여 제시한다.

1 재설계 모형의 개요

일반적으로 측정은 경험의 세계와 개념적·추상적 세계를 연결시켜 주는 수단이라고 할 수 있다. 경험의 세계는 숫자를 통해 객관적으로 표현된 것을 의미하며, 개념적·추상적 세계는 개념의 정의 및 개념을 측정 가능하게 만들어 주는 조작적 정의라고 할 수 있다. 따라서 측정이란 이론을 구성하고 있는 개념들을 현실 세계에서 관찰이 가능한 자료와 연결시켜 주는 과정이며, 사물이나 사건 등의 그 자체에 숫자를 부여하는 것이라고 정의된다(채서일, 2003; 오재록, 2007). 관료제 권력을 측정하기 위해서는 관료제 권력이라는 추상적 개념, 즉 이론변수(theoretical variable)를 측정변수(measured variable)로 치환하는 절차가 필요하다. 측정 대상인 이론 변수를 그 자체로 직접 측정할 수 없으므로, 대신에 이 개념을 반영하여 직접 측정이 가능한 하나 또는 복수의 측정지표를 활용하는 것이다(김태일, 2003; 오재록, 2007).

이 연구에서는 선행 연구(오재록, 2006/2007)에서 드러난 결함들과 미비

[그림 2-5] 관료제 권력지수 측정모형의 재설계

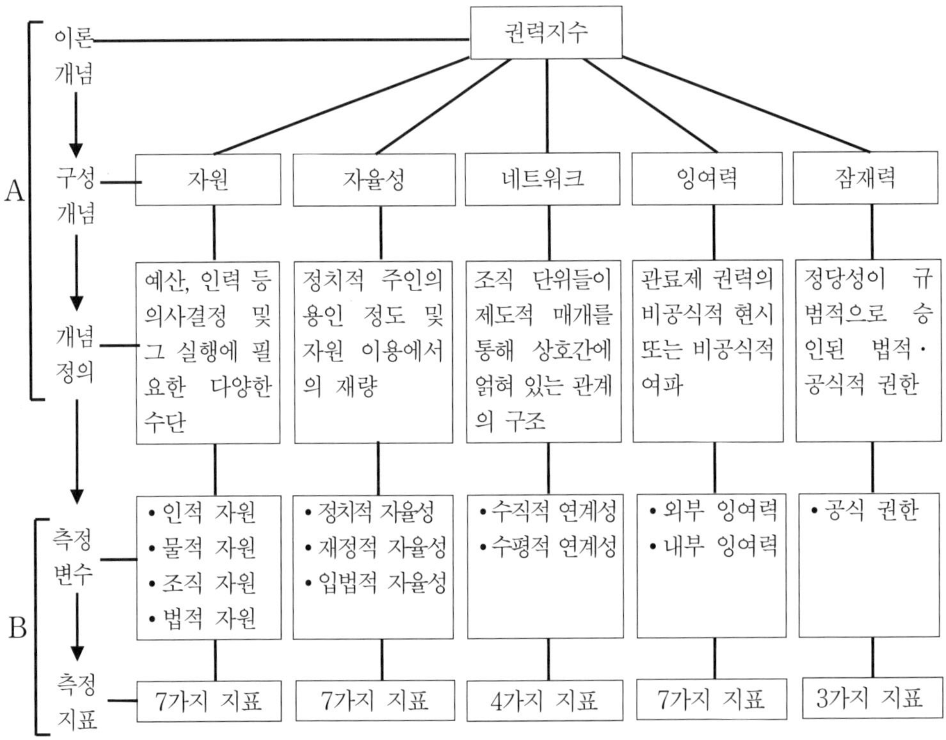

A: Theory Level B: Measurement Level
※ 출처: 오재록(2011a).

점을 보완하고 이론적 완성도를 끌어올리기 위해 사회학에서 통용되는 소외(alienation) 측정모형의 틀을 원용했다. [그림 2-5]는 이러한 방법으로 새롭게 고안한 체계화된 분석틀(framework)을 보여 준다.

그리고 [그림 2-5]에 미처 수록하지 못한, 각각의 측정변수에 상응하는 구체적인 측정지표들은 <표 2-3>에 별도로 제시하고자 한다. 그리고 이들 각각의 구성 요소에 대한 설명도 연이어 곁들이고자 한다.

〈표 2-3〉 측정변수와 측정지표

구성 개념	측정변수	측정지표
자원	인적 자원	총 정원 수
		고위직(5급 이상 계급별 차등 합산) 지표
		최고위직(장·차관급 차등 합산) 지표
	물적 자원	일반회계, 특별회계, 기금(금융성 제외)의 합계액
	조직 자원	본부 조직의 규모 및 수준
	법적 자원	소관 법률의 수
		소관 법률 1개당 쪽수(『대한민국 현행 법령집』)
자율성	정치적 자율성	대통령과의 거리(회의·면담·접촉 횟수)
		국회와의 거리(상임위 출석 일수 대비 국감 일수)
		정책 자율성의 정도
	재정적 자율성	세출예산 대비 이용·전용액의 비율
		특수활동비 합계액(2008~2010년)
	입법적 자율성	소관 시행령·시행규칙의 제·개정 빈도
		소관 법률 쪽수 대비 하위 법령 쪽수의 비율
네트워크	수직적 연계성	소관 소속기관의 규모 및 수준
		소관 산하기관의 규모 및 수준
	수평적 연계성	내향 연결 정도 중심성 지수
		사이 중심성 지수
잉여력	외부 잉여력	언론의 관심도(중앙일간지 1면 기사 게재 비중)
		입법 능력(소관 법률의 제·개정 빈도)
		국정감사 수감 일수(2008~2009년)
		퇴직 관료의 재취업 비율
	내부 잉여력	장·차관(급) 배출자 수
		대통령실 및 그 소속 위원회 파견자(계급 차등) 수
		주재관(계급별 차등 합산)의 수
잠재력	공식적 권한	특별 권한(공소권, 수사권, 조사권 등)의 정도
		소관 법률의 총 쪽수(『대한민국 현행 법령집』)
		등록 규제의 수

※ 출처: 오재록(2006/2007)의 재구성; 오재록(2011a).

2 구성 개념: 자원, 자율성, 네트워크, 잉여력, 잠재력

관료제 권력은 [그림 2-6]과 같이 다섯 가지 필수 구성 요소로 이뤄져 있다고 할 수 있다(오재록, 2006/2007/2011a). 우선 어떤 관료제 기관이든 권력을 행사하기 위해서는 자원(resources)과 그 자원 사용에 따르는 재량권(discretion)을 가지고 있어야 한다(Pfeffer & Salanick, 1974; Hills & Mahoney, 1978; Meier, 1980). 그리고 상호간에 얽혀 있는 관계를 포괄하는 상호 의존의 관계구조를 의미하는 네트워크(network), 권력의 비공식적 현시(顯示) 또는 비공식적 여파라고 할 수 있는 잉여력(surplus power), 그리고 잠재적인 능력으로서 법적·공식적 권한을 뜻하는 잠재력(potential)을 동시에 갖추고 있어야 한다(오재록, 2006/2007/2011a).

이 다섯 가지 구성 요소는 연관되어 있지만 구별되는(related but distinct) 차원들, 즉 관료제 권력이라는 최상위의 이론 개념에 의해 대표될

[그림 2-6] 관료제 권력의 구성 개념

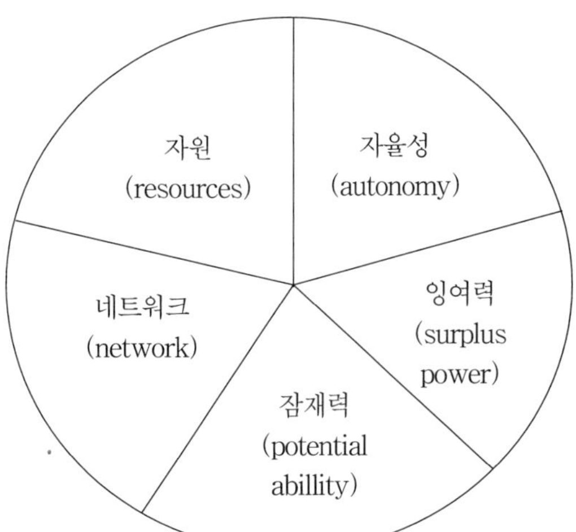

※ 출처: 오재록(2007).

수 있지만, 각각의 구성 요소 간에는 비교적 뚜렷한 차이점을 갖고 있는 하위 차원들로 설정된 것이다(오재록, 2007).

1) 자원

권력 관계는 의존 관계(dependency relationship)와 밀접한 관련이 있으며, 자원(resources)에 대한 의존은 권력 관계에서 중요한 요소다. 예산, 인력, 법률, 정보, 그리고 의사결정 및 그 실행에 필요한 여타 수단에 대한 접근이 결여될 경우 조직은 존재를 멈추게 된다(Katz & Kahn, 1966; Meier, 1980; 오재록, 2011a).

그러므로 어떤 조직이 조직의 환경으로부터 더 많은 자원을 추출할 수 있다면 그 조직은 다른 조직에 비해 권력이 강하다고 할 수 있다(Meier, 1980). 권력을 뒷받침해 주는 자원의 종류는 지극히 다양하며, 어떤 종류의 자원을 바탕으로 하느냐에 따라 권력의 양태가 달라진다(오재록, 2007).

2) 자율성

관료적 자율성(bureaucratic autonomy)이란 "정부부처들이 자신들의 정치적 주권자인 대통령과 국회로부터 사전적·사후적 제약이나 제한 없이 (혹은 통제나 처벌이 면제되거나 유예되는 범위 안에서) 스스로 의사결정을 할 수 있는 정도, 또는 정치적 주권자의 선호에 반해 자신의 선호를 관철시키거나 정치적 주권자의 선호를 뒤바꿀 수 있는 비공식적·정치적 능력"을 가리키는 동시에, "추출한 자원을 활용하는 데 허용되는 정부부처의 자율재량의 범위"를 말한다.

관료적 자율성은 크게 두 가지 측면으로 구분될 수 있다. 첫째, 대리인 이론(principal-agent theory)을 따를 때, 관료적 자율성은 "(대리인인) 관료제 기관들이 정치적 주인들의 선호에 반(反)하는 정책을 사전적 금지 또는 사후적 제재 없이 집행할 수 있는 정도"를 말한다(Caughey et. al., 2009; 오재록·박치성·이영범, 2010). 둘째, 마이어(Meier, 1980)에 의하면, 관료적 자율성은 "자원 이용에서의 재량권"을 말한다. 이 연구에서는 이 두 가지를 모두 취한다(오재록, 2011a).

권력을 뒷받침하는 자원의 가치는 단순히 그 소유만으로 결정되는 것이 아니라 의존도에 의해서도 결정된다.[21] "전통적으로 조직 간 관계에 대한 연구들의 이론적 바탕이 되었던 자원의존론(resource dependency theory)에 따르면, 한 조직이 다른 조직에 의존하게 되는 동기는 생존을 위해 필요로 하는 부족한 자원을 보충하기 위해서이며, 이로 인해 자원을 가진 조직과 그렇지 못한 조직 간에 권력 관계가 형성된다고 한다. 따라서 의존도의 수준은 필요한 자원이 얼마나 중요하고 희소한가에 따라 달라진다고 할 수 있다"(김동원, 2005).

3) 네트워크

네트워크(network) 개념은 용법이 다양하여 이를 명확하게 정의하는 것이 어렵기는 하지만, 이 연구에서는 "조직 단위들이 제도적 매개를 통해 상호간에 얽혀 있는 관계(networked ties congealed by institutional glue)를 포괄하는 상호 의존의 구조"로 정의하고자 한다. 분석 수준에서는 연구자의 이전 선행 연구(오재록, 2007)와 마찬가지로 미시 수준(개인들 사이의 관계), 중간 수준(조직 간 관계), 거시 수준(국가와 시민사회의 관계) 중 중간 수준 개념인 조직 간 관계(inter-organizational relation) 측면에서 개념화하는 입장을 따르고자 한다(배응환, 2003). 이러한 측면에서 네트워크를 연구해 온 다양한 행정학자들(O'Toole, 1997; Provan & Milward, 2001; 배응환, 2003; McGuire, 2002; Meier & O'Toole, 2003; Keast et al., 2004; Townsend, 2004; O'Toole & Meier, 2004; Berry et al., 2004; Kim, 2006; 홍형득, 2006; 김명환, 2006) 가운데, 오툴(O'Toole, 1997)은 네트워크를

21) "권력을 뒷받침하는 자원의 가치는 단순히 그 소유에 의해서만 결정되는 것이 아니라 자원 소유자에 대한 타자의 의존성에 의해 좌우된다. 예컨대 어떤 젊은 여성이 가진 아름다움이라는 자원의 가치는 상황에 따라서 얼마든지 달라질 수 있다. 만일 그 여성이 젊은 남자들만의 모임에 혼자 참석한다면 그녀의 아름다움은 커다란 가치를 발휘하여 그녀에 대한 남성들의 의존성을 높을 것이다. 그러나 그 여성이 아름다운 여자들만의 모임에 참석하는 경우 그 아름다움이 갖는 가치는 권력의 기반으로서의 중요성을 상실할 것이다. '장님만 모여 사는 세상에서는 애꾸눈도 왕이 될 수 있다'는 스페인의 격언도 있다" (오석홍, 1979: 203).

"조직의 구성 요소들이 단 하나의 계층제적 배열 안에 모두 망라되지는 않는, 둘 이상의 조직 단위들의 유형이자 제도적 매개를 통해 얽혀 있는 관계를 포괄하는 상호 의존의 구조"로 보았는데, 이 연구는 이러한 설명이 가장 적절하다고 보아 이를 따르고자 하는 것이다(오재록, 2011b).

네트워크는 행위자들을 연결하는 관계라고 할 수 있으며, 여기서 '행위자'란 구체적으로 사람, 대상, 사건, 조직, 시스템 등의 결절점(nodes)을, '관계'란 그들 사이의 상호작용을 가리킨다(오재록, 2007). 네트워크의 규모, 복잡성, 구조, 그리고 구성은 매우 다양한 양식으로 존재하며, 이는 관료제 내부에 위치할 수도 있고 공식적 권위의 계선 바깥에 있는(관료제 외부의) 다른 조직과도 연계될 수 있다. 특히 전통적인 계층제 거버넌스(hierarchical governance)가 줄어들고 네트워크 조직이 확대되면서 네트워크의 결절점은 점차 공공조직을 넘어 영리조직과 비영리조직의 행위자들까지 포괄하는 경향이 있다(Meier & O'Toole, 2003). 행위자들 간의 관계는 상호 의존, 상호작용, 상호 이익을 특징으로 하는데, 이는 어떤 행위자라도 다른 행위자가 통제하는 자원으로부터 자유로울 수 없는데다, 연관된 행위자들 모두가 공동으로 자원을 이용함으로써 이익을 얻을 수 있다는 기본 가정에서 비롯된 것이다(배응환, 2003). 어떤 부처도 필요로 하는 소기의 자원을 모조리 가지고 있을 수는 없기 때문에 어떤 식으로든 다른 행위자들에게 의존할 수밖에 없게 되고(유재원·소순창, 2005), 그로 인해 조직 단위들은 제도적 매개를 통해 상호간에 얽혀 있는 상호 의존적 관계의 구조, 즉 네트워크를 형성하게 되는 것이다(오재록, 2011b).

일반적으로 네트워크가 좋은 조직은 그렇지 못한 조직에 비해 더 많은 권력을 행사한다. 권력은 관계 네트워크(network of relations)에서 촉발되는 성질이 있어서 매 순간 미시적 관계의 모든 지점의 상호 관계에서 권력이 생산된다. 상대적으로 더 많은 연계를 가지고 있는 조직은 욕구를 만족시킬 수 있는 대안적인 경로를 더 많이 가지고 있고 다른 조직들에게 덜 의존적이다. 그뿐만 아니라, 더 많은 연계를 가진 조직은 더 많은 자원으로의 접근이 용이하며, 더 많은 자원을 요구할 수도 있다. 또한 네트워크가 좋은 조직은 또한 여러 가지 정보원에 접근할 가능성이 높아 업무에 필요한 정보를 획득할 가능성이 높고 다른 기관들에 비해 중요한 지위를 차지할 가능성이 높다. 이러한 이유들로 인해 네트워크가 좋은 조직은 상대적으로 더 많은 권력을 확보할 수 있게 된다(지충남 · 유병선, 2005; 오재록, 2007).

4) 잉여력

일반적으로 조직은 구성원들의 관계구조(structure of social relations)와 공유가치(shared value)에서 생겨나는 잉여력(surplus power)을 갖는다. 조직구성원 간의 상호작용이 관계구조를 형성하게 되면 모든 조직구성원은 자신 이외의 모든 타자와 어떤 형태로든 관계를 맺게 되는데, 관계의 수는 기하급수적으로 늘어나는 데 비해 조직구성원의 수는 산술급수적으로 늘어나는 과정에서 조직의 힘, 즉 기관 권력(agency power)이 발생하며, 이는 조직구성원 개개인의 힘을 합산한 것 이상이다. 즉, 조직구성원의 수를 n이라 했을 때, 관계의 수 r은 $nC_2 = \frac{n(n-1)}{2}$의 상황이 되며, 관계의 밀도 증대와 결합되는 이 관계의 수는 조직구성원 개개인의 힘의 단순한 산술적 합산과는 전혀 비교될 수 없는 엄청난 양의 힘(power)이 된다. 조직은 바로 이러한 힘을 생산해내는 집합체이며, 이런 점에서 조직의 잉여력은 “전체는 부분의 합보다 크다(*The whole is greater than the sum of its parts*)”는 말로 설명될 수 있다(송복, 2003; 오재록, 2007).

잉여력은 특정 조직 또는 기관이 공식적 계층구조나 의전 서열상의 지위에 상관없이 비공식적으로 행사하는 권력의 정도를 나타내는 것으로 관료제 권력의 행사 결과(outcomes) 또는 관료제 권력의 영향(impact)으로 가시화될 수 있다. 하지만, 잉여력을 어떻게 규정하든 간에 그 개념적 결핍은 완전히 채워지지 않은 채로 남겨지는 측면이 있다. 이러한 점에서 잉여력은 여타 구성 개념이 차지하는 개념적 공간의 여집합으로 이해될 수 있다(오재록, 2007).

5) 잠재력

관료제 권력은 어떤 기관이 타자(others)에게 영향을 미칠 수 있는 잠재적인 능력이라는 특성도 지니고 있다. 이때 잠재력(potential)은 타자에게 영향력을 행사할 능력은 있지만 상황에 따라서는 그러한 능력을 행사하지 않을 수도 있다는 것을 의미한다. 왜냐하면, "어떤 상황에서는 단지 잠재적인 능력을 갖고 있다는 것이 타자에게 영향력을 행사하는 데 충분할 수도" (김호섭 외, 2002: 221) 있기 때문이다. 따라서 잠재력은 겉으로 드러나지는 않을지언정 관료제 권력을 구성하는 별개의 요소로 충분히 이해될 수 있다(오재록, 2007).

잠재력은 타자에게 영향력을 행사할 능력은 있지만 이를 행사하지 않을 수도 있다는 점에서 비가시적이다. 또한 어떤 상황에서는 단지 잠재적인 능력을 갖고 있다는 것이 타자에게 영향력을 행사하는 데 충분할 수도 있기 때문에 여타 구성 개념으로부터 이론적으로 독립될 필요가 있다. 잠재력은 정당성이 규범적으로 승인되고 공식적인 역할에 결부된 '합법적인 권력' 또는 '승인된 권력'이며, 여타 기관의 활동에 영향을 미치는 결정을 내릴 수 있는 권리를 의미한다. 이는 관료제 기관의 공식적인 지위와 보유 권한(authority) 때문에 생겨나는 것이며, 최후의 의사결정을 하는 힘으로서 직접적인 성격을 지니는 것이다(오재록, 2007). 정부부처들에는 법적·공식적 권한이 이에 해당할 것이다(오재록, 2011a).

3 측정변수와 측정지표

각각의 구성 개념은 직접 측정이 가능하면서도 논리적으로 이론변수에 상응하는 일련의 조작적 지표들(operational indicators)을 필요로 한다. 이 연구에서는 각 구성 개념에 논리적으로 상응하는 28가지의 측정지표들을 설정했다. 자원을 대별하는 측정지표 7가지, 자율성 7가지, 네트워크 4가지, 잉여력 7가지, 잠재력 3가지가 그것이며, 이들은 각각의 측정변수들로 묶여 있다. 자원의 측정변수는 4가지이고, 자율성은 3가지, 네트워크는 2가지, 잉여력도 2가지, 잠재력은 1가지다. 따라서 28가지의 측정지표들을 효과적으로 설명하기 위해서는 우선 각 구성 개념들을 대별하는 측정변수들을 함께 설명해 주는 것이 합당할 것이다.

1) 자원 측정

구성 개념 '자원'의 측정변수는 선행 연구(오재록, 2007)와 마찬가지로 <표 2-4>와 같이 인적 자원, 물적 자원, 조직 자원, 법적 자원으로 구성했다. 다만 일부 측정지표의 첨삭 또는 수정이 가해졌다. 정부부처가 보유한 자원은 인적 자원, 물적 자원, 조직 자원, 법적 자원, 그리고 정보자원 등을 꼽을 수 있는데, 정보 자원의 경우 합리적으로 계량화하여 상대화할 수 있는 통계자료를 구할 수 없기 때문에 불가피하게 제외했다. 이에 따라 자원의 측정변수는 인적 자원, 물적 자원, 조직 자원, 법적 자원 등 네 가지가 남게 되었다(오재록, 2007).[22] 이를 하나하나 차례로 설명하고 각 측정지표들까지 설명하면 다음과 같다.[23]

〈표 2-4〉 구성 개념 자원의 측정지표

구성 개념	측정변수	측정지표
자원	인적 자원	총 직원 수
		고위직(5급 이상 계급별 차등 합산) 지표
		최고위직(장·차관급 차등 합산) 지표
	물적 자원	일반회계, 특별회계, 기금(금융성 제외)의 합계액
	조직 자원	본부 조직의 규모 및 수준
	법적 자원	소관 법률의 수
		소관 법률 1개당 쪽수(『대한민국 현행 법령집』)

※ 출처: 오재록(2007)의 재구성.

22) 물론 이렇게 되면 정부부처의 보유 자원을 온전히 포괄하지 못하게 되는 한계가 남지만, 이는 현재로서는 어찌할 도리가 없는 불가능의 영역이다. 그러므로 그 측정오차만큼의 한계는 분명히 드러나 있다는 점에 유의할 필요가 있겠다. 다만, 이는 (서두에서 밝혔다시피) 사회과학 실증연구의 근원적 한계 가운데 하나라는 점에 유의하자.

23) 그런데 여기서 한 가지 짚고 넘어갈 부분이 생긴다. 우리는 앞에서 이미 인력 규모, 예산 규모, 조직 규모가 관료제 권력의 영향 요인이라고 소개한 부분을 보았는데, 여기서는 이것들을 또 관료제 권력의 구성 요소라고 하고 있어 이를 모순으로 느끼는 독자들이 있을 것이다. 하지만, 이것들은 관료제 권력의 지표이자 원천으로서의 특성을 함께 가지고 있다는 점(오재록, 2008/2009)을 이해하면 충분히 이해할 수 있을 것이다.

첫째, 인적 자원은 총 정원 수, 고위직 지표, 최고위직 지표로 구성된다.[24] 우선 각 부처는 강력한 조직을 구축하고 사업을 확장하기 위해 앞다퉈 인력을 확보하려고 하기 때문에 인력 규모(personnel size) 자체는 부처의 위상이나 권력을 가늠할 수 있는 중요한 척도 가운데 하나가 된다. 그런데 단순한 인력 규모만으로는 각 부처의 인적 자원 수준을 합리적으로 상대화하는 데 한계가 있다. 많은 선행 연구들이 인력 규모만을 가지고 인적 자원 수준을 비교하고 있는데 이는 여러모로 불합리한 측면을 내포하고 있다. 예컨대 하위직 공무원들을 상대적으로 많이 보유하고 있는 지식경제부(집배원 등)와 고위직 공무원을 상대적으로 많이 보유하고 있는 검찰청(검사 등)을 인력 규모로만 맞비교하는 것은 합리적이지 않을 것이다. 따라서 이 점을 차별화시켜 상대화하기 위해 이 연구에서는 두 가지 인적 자원 지표를 추가로 설정했는데, 그것은 바로 고위직 지표와 최고위직 지표다. 여기서 고위직이라 함은 1~5급에 해당하는 공무원들을 말하고, 최고위직이라 함은 장·차관(급) 공무원들을 말한다. 고위직(supergrade positions) 규모가 클수록 내부 승진의 기회가 많고 우수한 직원들도 많이 끌어올 수 있게 되고, 최고위직(executive positions) 규모는 더 높은 수준의 차원을 측정할 수 있게 해 준다(Meier, 1980; 오재록, 2007/2011a).

둘째, 물적 자원은 일반회계, 특별회계, 기금의 합계액으로 측정되는데, 이 연구에서는 특히 최근 3년간(이명박 정부 초기)의 자원을 대상으로 했다. 선행 연구(오재록, 2007)와 달라진 점은 추경예산·예비비·보조금의 합계액 지표가 제외되었다는 점이다. 그 이유는 마이어(Meier, 1980)의 경우 자원의 증가분(growth)을 측정한 탓에 이 지표가 의미가 있었지만, 그 규모(size)를 측정하는 이 연구에서는 액수가 상대적으로 미미한 이 지표의 값이 사실상 무의미해져 버려 의미가 없다고 판단됐기 때문이다.

셋째, 조직 자원은 각 부처 본부조직의 규모와 수준으로 측정된다. 이는

---

24) 정부부처들의 인적 자원 수준을 일률적 기준으로 맞비교하는 것은 생각만큼 쉽지 않다. 경력직과 특수경력직이 섞여 있고, 경력직 중에도 일반직과 특정직의 계급 구분이 저마다 달라서 이를 합리적이고 통일된 기준에 의해 비교하기가 상당히 어렵기 때문이다(오재록, 2011a).

각 부처의 본부조직을 표준화시켜 비교하기 위한 지표다. 이 지표의 경우 선행 연구(오재록, 2007)와 달라진 점은 지표의 명칭으로, 이 연구에서는 조직 자원의 지표 명칭을 "본부조직의 규모 및 수준"으로 바꿔 그 의미를 좀 더 명확히 하고자 했다.

넷째, 법적 자원은 선행 연구(오재록, 2007)와는 완전히 다르게 두 가지 지표로 새로이 구성했다. 소관 법률의 수 지표와 소관 법률 1개당 쪽수 지표 두 가지를 새롭게 설정한 것이다. 어떤 부처가 많은 법률을 소관하고 있고 또 그 법률들의 조문까지 상대적으로 더 많다면, 그 부처가 보유한 공적 임무 및 법적 권위는 분명 다른 부처들에 비해 더 크다고 말할 수 있다. 소관 법률의 수와 소관 법률 1개당 쪽수 지표는 『대한민국 현행 법령집』이 있기에 측정이 가능한데, 소관 법률의 수 지표만 채택하면 개별 법률의 내용이나 분량에 상관없이 모든 법률이 획일적으로 등가되는 결과가 초래되기 때문에 이를 보정해 주기 위해 소관 법률 1개당 쪽수 지표가 함께 채택되었다. 소관 법률의 수 이외에 소관 법률의 내용, 조항의 수까지 고려해야 법적 자원이 왜곡되지 않는다고 보았기 때문이다. 다만, 소관 법률의 내용이나 조항의 수를 측정하기보다는 그 대리지표(proxy)가 될 수 있는 소관 법률 1개당 쪽수 지표를 취하는 것으로 갈음했다(오재록, 2011a).

2) 자율성 지표

정부부처의 자율성은 <표 2-5>와 같이 정치적 자율성(political autonomy), 재정적 자율성(financial autonomy), 입법적 자율성(legislative autonomy)으로 개념화했다. 정치적 자율성은 정부부처가 자신의 정치적 주인들로부터 얼마나 많은 재량권을 부여받을 수 있는가를 나타내는 것이고, 재정적 자율성은 정부부처가 의회로부터 배정받은 자원(예산)을 얼마만큼 재량껏 사용할 수 있는지를 대별하는 것이며, 입법적 자율성은 의회로부터 부여받은 법률 이외에 정부부처 스스로 시행령과 시행규칙을 얼마만큼 자율적으로 설치할 수 있는가를 나타낸다(오재록, 2011a).

첫째, 정치적 자율성은 정부부처들이 자신의 정치적 주권자들로부터 얼마나 많은 자율재량을 부여받을 수 있는 위치에 있는가를 나타내 준다. 한

〈표 2-5〉 구성 개념 자율성의 측정지표

구성 개념	측정변수	측정지표
자율성	정치적 자율성	대통령과의 거리(회의·면담·접촉 횟수)
		국회와의 거리(상임위 출석 일수 대비 국감 일수)
		정책 자율성의 정도
	재정적 자율성	세출예산 대비 이용·전용액의 비율
		특수활동비 합계액(2008~2010년)
	입법적 자율성	시행령·시행규칙의 제·개정 빈도
		소관 법률 쪽수 대비 하위 법령 쪽수의 비율

※ 출처: 오재록(2007)의 재구성.

국적 상황에서 정치적 자율성을 대별해 줄 수 있는 지표는 대통령과의 정치적 거리, 국회와의 정치적 거리, 정책 자율성의 정도라고 할 수 있다.

한국적 상황에서는 정부부처와 대통령과의 정치적 거리가 특히 중요하다. 이른바 '제왕적 대통령제'로 불리는 한국의 독특한 국가 권력구조 하에서 대통령과의 정치적 거리는 정부부처의 자율성을 결정하는 중요한 요소라고 할 수 있다. 어떤 부처가 대통령과 정치적으로 가까운가 하는 것은 자율성의 크기를 가늠할 수 있는 중요한 기준이 된다. 대통령과 정치적으로 가까운 거리를 유지하는 부처는 그렇지 않은 부처에 비해 더 많은 정치적 자율성을 부여받을 공산이 크기 때문이다.

이렇듯 대통령과 정부부처 간의 정치적 거리는 대단히 중요하다. 특히 독대 보고 관행을 유지하는 정권에서는 이것이 훨씬 더 중요한 요소가 될 수밖에 없다. 문제는 이를 어떻게 측정에 반영하느냐다. 이 연구에서는 이를 대통령과의 회의·면담·접촉 횟수로 측정한다. 그런데, 이와 관련된 비공식 기록은 구할 수 없는 관계로 대통령실 누리집에 공개된 대통령 일정과 관련 언론 보도를 종합하는 방식을 취한다. 여기에는 국무회의, 비상경제대책회의 등의 각종 공식회의가 기본적으로 모두 포함되고 대통령이 참여하는 각종 행사도 포함되며, 독대 보고 및 별도 보고 등의 모든 접촉이 포함된다. 조사 대상 기간은 대통령 취임일(2008. 2. 25)로부터 2년간의 기간이다.

정부부처의 자율성을 대별하는 데 국회와의 정치적 거리도 중요한 요소라고 할 수 있다. 강성 야당이 존재하는 국회로부터는 그 정치적 거리가 멀수록 정부부처에게 더 많은 자율성이 생긴다. 국회의 통제로부터 상대적으로 더 많이 벗어나 있을수록 더 많은 정치적 자율성이 부여되는 것이다.

평상시 상임위원회에 출석하여 견제받는 빈도에 비해 국정감사에 출석하여 견제받는 빈도가 상대적으로 더 많다면, 이는 국회와의 정치적 거리가 상대적으로 더 먼 것, 즉 자율성이 더 많은 것이라고 할 수 있다. 거꾸로 평상시 상임위원회에 출석하여 견제받는 빈도가 국정감사에 출석하여 견제받는 빈도보다 상대적으로 더 많다면, 이는 국회와의 정치적 거리가 상대적으로 더 가까운 것, 즉 자율성이 더 적은 것이라고 할 수 있다. 물론 이러한 방식의 측정이 국회와의 정치적 거리를 온전하게 반영하는 것이라고 단정지을 수는 없겠지만, 이보다 더 나은 측정지표를 찾기 어려운 현실을 감안할 때 이는 훌륭한 대리지표(proxy)가 될 수 있다고 본다.

대통령과 국회와의 정치적 거리 못지않게 정책 자율성(policy autonomy)도 중요하다. 정치적 주권자들과의 거리에 상관없이 정책 과정에서 자율성을 상대적으로 더 많이 갖거나 더 적게 갖는 경우가 있을 수 있기 때문이다. 베르회스트 등(Verhoest et al., 2004)에 따르면, 정책 자율성은 정부부처가 정책의 산출(outputs)을 결정하는 데 얼마만큼 자율성을 갖는가를 나타내는 것으로, 정부부처들의 행동에 대한 '사전적(*ex ante*) 제한의 상대적 결여로서의 자율성'을 의미하며, 이는 '의사결정 능력 수준에서 사전적 자율성'을 가리킨다. 정책 자율성이 낮은 부처는 정치적 주권자들에 의해 제시된 재화나 용역을 생산하는 데 수반되는 하부 과정이나 절차만을 수립하는 자율재량을 갖게 될 뿐이지만, 정책 자율성이 비교적 높은 부처는 정책 수단까지도 결정할 수 있다. 또한 정책 자율성이 극대화된 부처의 경우에는 더 나아가 정책 목표(policy target) 및 궁극의 사회적 목적(societal objectives and outcomes)까지도 스스로 결정할 수 있다(Verhoest et. al., 2004; Caughey et. al., 2009; 오재록 외, 2010).

따라서 정책 자율성을 측정하려면, 모든 정부부처의 정책 과정 하나하나를 살피고 분석하여 일정한 기준으로 이를 계량화하거나, 각 부처의 주요 정책에 대한 사례분석을 일일이 실시하여 정량화할 필요가 있다. 하지만, 현실적으로 모든 부처를 대상으로 이러한 분석을 실시하는 것은 불가능하고, 관련 선행 연구도 없는 마당에 마땅한 대리지표를 찾는 것도 쉽지 않다. 이런 상황에서는 전문가 조사가 하나의 좋은 대안이 될 수 있다. 정부의 정책 과정 전반을 잘 들여다볼 수 있는 능통한 전문가들의 견해를 종합한다면, 합리적인 상대화의 목적을 일정 수준 달성할 수 있다는 것이다. 이 연구에서는 국무총리실 국·과장 간부(20명)를 상대로 전문가 조사를 실시했다. 조사 대상 41개 부처를 열거해 주고 정책 자율성의 수준이 상대적으로 크다고 생각되는 기관 5곳과, 작다고 생각되는 기관 5곳을 순위대로 기입하게 하는 방식으로 조사가 진행됐다.

둘째, 정부부처의 재정적 자율성(financial autonomy)은 자원(예산) 이용에서의 자율재량을 의미한다. 이는 마이어(Meier, 1980)와 오재록(2007)의 예산 재량권(budgetary discretion)과 유사하지만, 약간의 차이도 있다. 여기서는 전·이용 재량(세출예산 대비 이용·전용액의 비율)과 재정통제 유예(특수활동비 합계액)로 재정적 자율성을 측정하고자 한다. 특수활동비(特殊活動費)는 "기밀 유지가 요구되는 정보 및 사건 수사, 이에 준하는 국정 수행활동 등에 직접 소요되는 경비"를 말하며(예산 및 기금 운영계획 지침), 이는 특수활동을 수행하는 공무원에게 필요한 시기에 따라 지급되고 구체적 지급 대상과 지급 방법 및 시기는 각 부처가 개별 업무의 특성을 감안해 집행하기 때문에 일률적 기준이 없다.[25] 한국적 상황에서 이것만큼 정부부처가 자유롭게 활용할 수 있는 예산은 없다고 해도 과언이 아니다(오재록, 2011a).

셋째, 입법적 자율성(legislative autonomy)은 정부부처가 소관 법률의

25) 특수활동비 집행과 관련된 증거 서류에 대해서는 감사원의 '특수활동비 계산증명지침'을 따르도록 되어 있다. 이에 따르면, 지급한 상대방에게 영수증의 교부를 요구하는 것이 적당하지 않은 경우에는 그 사유와 지급 일자, 지급 목적, 지급 상대방, 지급액을 명시한 관계 공무원의 영수증서로 대신할 수 있으며, 현금으로 미리 지급한 뒤 나중에 집행 내용 확인서만 붙일 수도 있고 경우에 따라 이를 생략할 수도 있다. 더구나 국회에 제출하는 예산안에 부처별 총액만 계상하고 그 세부 내역은 밝히지 않아 그 용처를 알기도 어렵다.

시행령과 시행규칙을 얼마나 자율적으로 설치할 수 있는가를 나타내는 것이다. “법률에 나타난 불분명한 용어들 때문에 관료들은 법률로부터 명확한 행동지침을 끌어내야만 하고, 이 불분명한 위임(fuzzy mandates)으로 인해 법률로 표현된 정치적 위임의 행정적 해석과 관료적 재량권 행사가 빈번하게 이뤄진다”(전영한, 2004). 이는 정치적 위임의 모호성 정도를 나타내는데, 모호성이 더하다는 것은 수임기관에 그만큼의 재량이 더 부여된다는 것을 의미한다(오재록 · 전영한, 2007; 오재록 외, 2010). 입법적 자율성은 준입법 재량(시행령 · 시행규칙의 제 · 개정 빈도)과 법률 대비 법령 재량(소관 법률 쪽수 대비 하위 법령 쪽수의 비율)으로 측정했다. 이 중 후자는 정부부처의 목표 모호성(goal ambiguity)을 나타내는 측정지표로 사용되기도 한다(전영한, 2004; 오재록, 2011a).

정부부처가 시행령과 시행규칙을 제정 또는 개정한다는 것은 그만큼 준입법 재량의 범위가 넓다는 것을 의미한다. 소관 법률을 제 · 개정하는 것은 입법부에서 얻어내는 것이지만, 시행령과 시행규칙의 제 · 개정은 정부부처 내부에서 자율적으로 실시하는 것이기 때문이다(오재록 외, 2010).

소관 법률의 쪽수에 비해 그에 딸린 시행령과 시행규칙의 쪽수가 상대적으로 더 많다는 것은 위임의 모호성이 더한 것이자 재량의 범위가 크다는 뜻이 되고, 그 반대의 경우에는 위임의 모호성이 덜한 것이자 재량의 범위가 작다는 뜻이 된다. 따라서 소관 법률의 쪽수 대비 그에 딸린 하위 법령(시행령과 시행규칙)의 쪽수의 비율은 입법부가 당초 설정해 준 임무의 범위로부터 얼마만큼 더 자율적으로 임무 범위를 확장할 수 있는가를 나타내주는 중요한 지표가 될 수 있다(오재록 · 전영한, 2007; 오재록 외, 2010).

여기서 관건은 쪽수에 있으므로 법률과 법령의 쪽수가 일정한 규격으로 출판된 자료가 반드시 필요하다. 법제처가 주관하고 한국법제연구원이 출간해 주기적으로 관리하는 『대한민국 현행 법령집』은 일정한 규격을 갖추고 있어 이에 적합하다. 그런데 이 법령집은 법률이 제 · 개정될 때마다 내용이 수시로 바뀌기 때문에 조사 시점에 따라 쪽수가 조금씩 달라질 수도 있다(오재록, 2007). 그 구체적인 설명은 제3장에서 후술한다.

3) 네트워크 지표

이 연구에서는 정부부처의 네트워크를 수평적 네트워크와 수직적 네트워크로 구분하고자 하는데, 이와 관련한 설명은 김준기(Kim, 2006)의 설명이 가장 적절하다고 판단되므로 이 연구에서는 이를 따르기로 한다.

김준기(Kim, 2006)는 공적 네트워크(public networks)를 수평적 네트워크(horizontal networks)와 수직적 네트워크(vertical networks)로 구분한다. 수직적 네트워크가 상·하층부 행위자들 간의 행위를 조정하는 허브기관에 더 많이 의존하는 특징을 갖는다면, 수평적 네트워크는 자원을 공유하고 의사결정을 함께 할 수 있는 동등한 참여자들을 더 많이 필요로 하는 것을 특징으로 한다는 것이다.

이와 유사한 입장에서 네트워크를 분권형 네트워크(decentralization network)와 집권형 네트워크(centralization network)로 구분하는 경우도 있는데, 이 둘 간의 중요한 차이점은 허브 기관의 유무에 있다(Grandori & Sora, 1995; den Henget & Sol, 2001). 분권형 네트워크 구조에서는 모든 참여자들이 상호간에 직접적으로 연계를 맺을 수 있다는 것을 특징으로 하는 반면, 집권형 네트워크 구조에서는 그러한 연계가 허브 기관에 의해 이뤄진다는 점이 특징이다(김명환, 2006). 의미상으로 볼 때, 분권형 네트워크는 수평적 네트워크로 간주될 수 있고 집권형 네트워크는 수직적 네트워크로 여겨질 수 있다(오재록, 2007/2011b).

수평적 네트워크란 자원 의존성(resource dependency)으로 인해 서로 연계되는 정부조직 클러스터 또는 군집체이며, 각 클러스터는 자원 의존성의 구조로 차별화된다. 만일 네트워크에 참여하는 다수의 행위자 사이에 강한 상보성(complementarity)이 나타난다면 참여자들 간의 협력(coo-peration)은 장기간 정당화되는데, 이 '상보성'은 수평적 네트워크가 효과적으로 기능하는 데 필요한 필요 조건이다. 그 이유는, 상보성이 참여자들로 하여금 조직 간 경합(rivalry)이나 일시적인 사익(self-interest)의 추구를 유보하도록 만들기 때문이다. 따라서 수평적 네트워크 또는 정부조직 간 네트워크는 공공기관들 간의 상보성에 입각한 상호 의존 관계로 묘사되며,

[그림 2-7] 수평적 네트워크

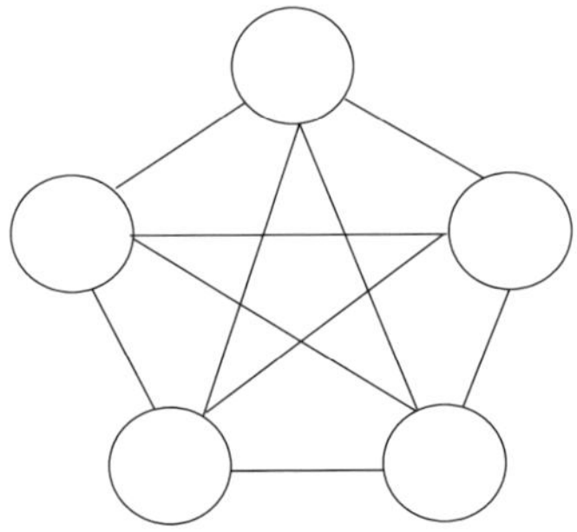

※ 출처: 오재록(2007/2011b).

권위(authority) 또는 자원 이전(resource transfers) 관계에 입각한 수직적 네트워크와는 뚜렷이 구별된다(Kim, 2006).

수평적 네트워크 구조에서는 수직적 네트워크 구조와 달리 허브 기관이 존재하지 않는다. 네트워크 참여자들 간의 수평적 관계에 기초하기 때문에 계층제도 없고 독점도 없다. 각각의 참여자가 가지고 들어오는 자원의 양에 따라 네트워크 내에서 차지하는 권력과 권위의 정도가 차이가 나기는 해도, 기본적으로는 동등하고 수평적인 연계에 입각한다. 그러므로 이 안에서는 주인과 대리인의 관계가 성립되지 않는다(김명환, 2006). 이러한 수평적 네트워크 구조는 [그림 2-7]과 같이 나타낼 수 있다(오재록, 2007/2011b).

한편, 수직적 네트워크에서 '수직적'이라 함은 정책 과정에 참여하는 행위자들이 모두 동일한 행위 수준을 보이지는 않는다는 점을 가리키는 것이다. 수직적 네트워크 구조 안에서 정부기관들과 정부 외부 참여자들이 차지하는 권력의 비중과 역할 분담은 비대칭적이다. 그렇다고 해서 수직적 네트워크가 계층제적 거버넌스(hierarchical governance)에 가깝다는 뜻은 아니다. 수직적 네트워크에서는 일련의 연속된 경로들(sequential paths)마다 산출을 관장하는 역할을 담당하는 중심 조정자(central coordinator)가 핵심 역할을 하지만, 나름의 주권(sovereign rights)이 있는 것으로 상정된 하층부의 참여자들 역시 중요한 역할을 한다는 점에서 계층제적 거버넌스

[그림 2-8] 수직적 네트워크

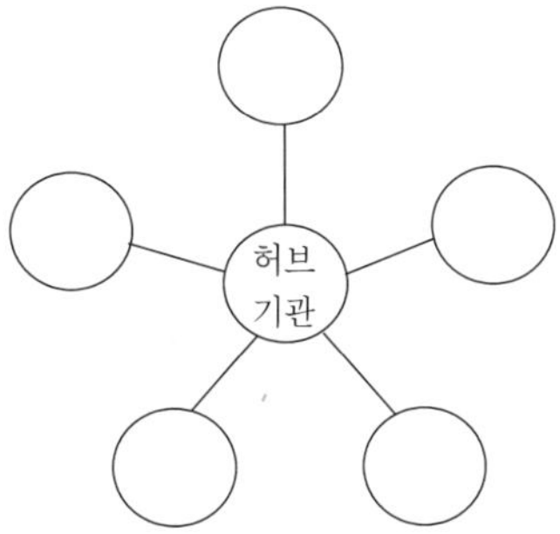

※ 출처: 오재록(2007/2011b).

와 구별될 수 있다(Kim, 2006). 이런 점에서 수직적 네트워크는 '허브 기반'과 '참여자'로 구성되며 허브 기관과 참여자들 간의 수직적인 상호 의존을 기반으로 형성된다. 허브 기관은 통상적으로 네트워크의 중앙에 위치하며, 여기로 정보와 같은 자원의 흐름이 집중되어 일종의 지휘자 역할을 하게 된다(김명환, 2006). 이러한 수직적 네트워크 구조는 [그림 2-8]과 같이 형상화될 수 있다(오재록, 2007/2011b).

따라서 정부부처의 네트워크는 <표 2-6>과 같이 수직적 네트워크와 수평적 네트워크로 나눠 측정할 필요가 있다.

첫째, 수직적 네트워크는 정부부처와 소관 하위기관들 간의 관계구조를 말한다. 앞에서 살펴보았듯이, 수직적 네트워크는 상층부와 하층부 행위자들이 일련의 연속된 경로에서 함께 행동하면서 허브 기관을 중심으로 형성된다(Kim, 2006). 우리나라의 경우, 상층부의 허브 기관은 이 연구의 대상인 41개 부처 각각이 될 것이고, 그 하층부 행위자들은 소관 소속기관과 산하기관을 비롯한 각종 유관 단체와 이익집단, 그리고 영리조직과 비영리조직 등이 모두 망라될 수 있을 것이다. 그런데 정부부처의 소속기관과 산하기관은 그 소속이 분명한 데 비해, 각종 유관 단체와 이익집단, 그리고 영리조직과 비영리조직 등은 그 소관이 어느 부처에 해당하는지 경계가 불분명한 경우가 많다. 이에 따라 이 연구에서는 소속기관과 산하기관의 수만을 측정하고자 한다. 이때 '소속기관'이라 함은 정부조직법에 규정된 공식

〈표 2-6〉 구성 개념 네트워크의 측정지표

구성 개념	측정변수	측정지표
네트워크	수직적 네트워크	소관 소속기관의 규모 및 수준
		소관 산하기관의 규모 및 수준
	수평적 네트워크	내향 연결 정도 중심성 지수
		사이 중심성 지수

※ 출처: 오재록(2007)의 재구성.

적인 정부기관으로서 각 부처의 본부조직을 제외한 소속 행정기관 모두를 일컫는 말이다. 또 '산하기관'이라 함은 공식적인 행정기관은 아니어서 정부조직으로도 분류되지는 않지만, 정부부처와 매우 밀접한 관계를 맺고 있을 뿐만 아니라, 정부(기획재정부)가 법률(공공기관의 운영에 관한 법률)을 통해 특별히 관리할 정도로 비중이 큰 공공조직(공기업, 공공기관)을 말한다. 이러한 소속기관과 산하기관의 규모 및 수준을 합리적으로 상대화할 수 있다면, 정부부처들의 수직적 네트워크 수준은 효과적으로 비교될 수 있을 것이다(오재록, 2011b).

정부조직법상 소속기관은 1차 소속기관, 2차 소속기관, 3차 소속기관으로 구분된다. 이 연구에서는 이를 감안하여 소속기관의 수준에 일정한 격차를 부여하는 방식으로 상대적 차등화를 시도한다.[26] 특히 1차 소속기관만큼은 실·국·과의 규모를 감안해 주고 이어 2차, 3차 소속기관은 단순하게 차등화하는 방식을 취한다. 합리적 비교의 목적상 2차, 3차 소속기관의 실·국·과까지는 견주지 않아도 무방하다고 본 것이다. 1차, 2차, 3차 소속기관의 구분은 행정안전부(2009)의 「정부기구도표」 기준을 따르되, 검찰청, 국방부, 교육과학기술부, 국가정보원의 경우에는 종전 선행 연구(오재록, 2007)와 마찬가지로 인위적 조정을 가한다.[27] 자료는 「정부기구도표」

26) 만약 이렇게 하지 않는다면, 정부부처와 소속기관들과의 관계구조가 불합리하게 상대화되는 결과를 피할 수 없게 된다. 예컨대, 시·도 교육청(1차 소속기관)과 지역교육청(2차 소속기관) 및 초·중등학교(3차 소속기관)를 같은 수준으로 보고 단순 합산하는 것은 불합리하며, 지방경찰청(1차 소속기관)과 경찰서(2차 소속기관) 및 지구대·파출소(3차 소속기관)를 동급으로 취급하는 것도 어색하다.

를 기본으로 하되 각 기관의 직제를 보충적으로 활용한다. 그리고 소속기관의 상대화에는 종전 선행 연구(오재록, 2007)와 마찬가지로 한 가지 기준을 더 적용한다. 청(廳) 단위 부처를 소속기관으로 둔 있는 부(部) 단위 부처들의 수직적 네트워크 수준을 추가로 더 고려해 주기 위함이다(오재록, 2011b).

산하기관은 공무원조직이 아니지만 정부부처의 공식적 계선 바깥에 위치해 있으면서도 정부부처와 밀접하게 연계되는 공공조직이다. 정부부처와 소관 산하기관 간의 관계는 삼성, 현대자동차, SK, LG 등 대규모 기업집단(재벌그룹)이 자신의 계열회사를 통해 경제력(economic power)을 집중시키고 시장 권력을 행사하는 관계와 닮아 있다. 대규모 기업집단의 경우 그 계열회사들의 규모가 크고 종류가 다양할수록 경제력이 큰 것처럼, 정부부처의 경우에도 소관 산하기관의 규모가 크고 종류가 다양할수록 정부부처의 수직적 네트워크가 상대적으로 더 우월하다고 할 수 있다(오재록, 2007). 예컨대, 공정거래법상 자산 순위(2010년 4월 기준) 2위인 한국토지주택공사, 9위인 한국도로공사, 18위인 한국철도공사 등을 관할하는 국토해양부, 그리고 자산 순위 3위인 한국전력공사와 17위인 한국가스공사를 관할하는 지식경제부 등은 수직적 네트워크의 수준이 상대적으로 더 높다고 할 수 있다(오재록, 2011b).

정부는 지난 10년여 동안 정부산하기관 및 공공기관을 정비하고 '공공기관의 운영에 관한 법률'을 제정·운영하면서 기획재정부(과거에는 기획예산처)를 통해 이를 체계적으로 관리해 왔다. 동법 제5조는 모든 공공기관을 공기업, 준정부기관, 기타 공공기관으로 나누고 있고, 공기업을 다시 '시장형 공기업'과 '준시장형 공기업'으로, 준정부기관을 '기금관리형 준정부기관'과 '위탁집행형 준정부기관'으로 구분하고 있다. 여기서 '시장형 공기업'이란 자산 규모 2조 원 이상이고 총수입액 중 자체수입액이 85% 이상인 공기업, '준시장형 공기업'은 시장형 공기업이 아닌 공기업을 말하며, '기금관리형 준정부기관'은 국가재정법에 따라 기금을 관리하거나 기금 관리를 위

27) 지방검찰청을 1차 소속기관으로, 지청을 2차 소속기관으로 조정하는 등의 수정이 있었다.

탁받은 준정부기관, '위탁집행형 준정부기관'은 기금관리형 준정부기관이 아닌 준정부기관을 말한다. '기타 공공기관'은 이들에 속하지 않는 산하기관들을 말한다(오재록, 2011b). 이 연구에서는 이를 합리적으로 차등화하기 위해 별도로 고안한 산식을 쓰고자 하며, 이에 관한 구체적인 설명은 제3장에 후술한다.

둘째, 수평적 네트워크는 정부부처들 간의 관계구조를 말한다. 정부부처들 간의 수평적 네트워크 분석은 대개 결속성 또는 근접성(cohesion or distance), 그리고 중심성(centrality)과 구조적 등위성(structural equivalence)의 정도 등으로 파악될 수 있으며(Burt, 1992; Faust & Wasseman, 1994; Lee & Strang, 2006; 이창길, 2006; 홍형득, 2006), 이러한 분석에서 국무회의 안건 자료를 활용하는 경우도 있다(이창길, 2006). 일반적으로 특정한 네트워크에서 어떤 행위자가 전체 네트워크의 중심에 위치하는 정도를 표현하는 지표로 널리 활용되는 것은 중심성 분석(centrality analysis)이다(손동원, 2002). 이를 측정하는 방법은 여러 가지가 있는데, 이 연구에서는 다음과 같은 이유로 내향 연결 정도 중심성(in-degree centrality, prestige centrality)과 사이 중심성(betweenness centrality)을 사용하고자 한다(오재록, 2011b).

중심성은 행위자들 간 관계의 방향이 존재하는 경우 내향 중심성(in-centrality)과 외향 중심성(out-centrality)으로 구분된다. 내향 중심성은 교류 방향이 외부에서 자신 쪽으로 들어오는 경우를 가리키며, 외향 중심성은 자신에게서 외부 쪽으로 나가는 경우를 말한다. 내향 중심성이 높다는 것은 자신과 관계를 맺고 싶어하는 대상이 많다는 것을 의미하는데, 이렇게 다른 행위자들로부터 관계를 맺고자 하는 필요성이 높다는 점에서 그 행위자의 '명예(prestige)'라고 본다. 외향 중심성이 높다는 것은 한 행위자가 다른 사람들과 연계하기 위한 노력이 활발하다는 것을 의미하며, 이는 네트워크 구축의 범위가 넓은 '마당발' 의미를 가진다(손동원, 2002; 오재록, 2011b).

연결 정도(degree centrality) 중심성은 다른 결절점(nodes)과의 연결된 정도를 중심으로 보는 개념이다. 이는 한 점에 연결된 다른 점들의 수로 측정되며 연결된 점이 많은가 적은가의 여부가 절대적인 기준이 된다. 사회 네트워크에서 연결되었다는 의미는 두 점 혹은 두 행위자가 서로 직접적으로 교류하고 있다는 것을 의미한다. 여기서 한 점에 인접해 연결된 점들을 이웃이라고 하는데, 이때 한 점의 이웃인 모든 점들의 합을 그 점의 연결 정도라고 한다. 이 방법은 한 점이 다른 점들과 얼마만큼 직접 연계되었는지에 의해 '중심' 정도를 평가하는 방법이다. 그런데 이 연결 정도 중심성은 한 점에서 직접적으로 연결되어 있는 점의 수에 한정하여 측정하기 때문에, 간접적인 관계, 즉 두 단계 이상을 거치는 점들은 측정에 포함되지 않는다. 이렇듯 직접적인 연결고리를 가진 국지적 범위에 한정하여 연결 정도를 측정하기 때문에 연결 정도 중심성은 로컬(local) 중심성의 의미가 강하다(손동원, 2002; 오재록, 2011b).

이 연구에서 사용하고자 하는 내향 연결 정도 중심성(in-degree centrality)은 이 두 가지를 동시에 고려한 네트워크 개념이다. 즉, 정부부처들 간의 교류 방향과 연결 정도가 동시에 고려된 개념인 것이다. 이 연구에서는 이를 41개 부처들 간의 전자문서 유통 현황을 통해 측정한다. 이때 내향 연계 중심성(in-degree centrality) 지수는 문서를 많이 수신할수록 높은 점수를 갖는다. 문서 수신이 상대적으로 많다는 것은 다른 부처들이 상대적으로 그만큼 그 부처에 대해 의존적이거나, 또는 그 부처의 소관 업무가 매우 광대하여 많은 업무 협조를 구하는 것으로 해석될 수 있다(오재록, 2011b).

사이 중심성(betweenness centrality)은 네트워크 내에서 한 점이 담당하는 매개자 혹은 중재자 역할의 정도를 가리킨다. 예를 들어 A, B, C 행위자가 있다고 가정하자. A와 C가 오직 B를 통해서만 관계를 맺을 수 있다고 했을 때, 행위자 B는 높은 사이 중심성 또는 매개 중심성을 갖는다고 할 수 있다. 그리고 이 행위자 B는 잠재적으로 A와 C 사이를 통제할 수 있는 조정자(broker) 또는 다리(bridge) 역할을 하는 것으로 간주된다. 한 행위자가 네트워크의 구성원들에 대한 실제적인 혹은 잠재적인 중재 역할의 중요성이 클수록 통제력은 그만큼 커지며, 이에 대한 다른 행위자들의 의존성도 커지게 된다. 이렇게 사이 중심성은 한 행위자가 네트워크 내에서 자신의 이웃을 넘어 네트워크 전체에 걸쳐 정보 교류를 통제할 수 있는 능력을 얼마만큼 가지고 있는가를 나타내 주는 지표라는 점에서 글로벌(global) 중심성의 의미가 강하다. 따라서 이 연구에서 사용하고자 하는 매개 중심성 지수는 A라는 부처가 C라는 부처와 업무 연계를 하기 위해 중간에 꼭 거쳐야만 하는, 즉 다리 또는 조정 역할을 하는 정도를 나타내는 측정값이다(손동원, 2002; 오재록, 2011b).

4) 잉여력 지표

정부부처 권력을 구성하는 네 번째 개념은 잉여력(surplus power)이다. 이 개념은 사회학에서 널리 쓰이는 개념인데, 선행 연구(오재록, 2007)에서는 이에 대한 설명이 다소 부족했기 때문에 여기에서 이를 보강하고자 한다.

잉여력은 정부부처가 집단적으로 창출해내는 힘의 크기 가운데 여타 구성 개념이 미처 포괄하지 못하는 잉여 부분을 포착하기 위해 고안된 구성개념이다. 이는 여타 구성 개념의 개념적 공간을 메워 주는 여집합(complementary set)과 같은 개념으로 설정되었다. 일반 사회조직이 아닌 정부조직의 권력 크기를 측정하는 데 특히 포함될 필요가 있다고 보아 추가한 것이다. 정부부처들의 권력은 비공개적으로 행사되거나 곧잘 은폐되는 경향이 있기 때문에 이러한 부분을 잉여력 속에 포함시켜 측정모형의 완성도를 높이고자 한 것이다. 선행 연구에서는 또 잉여력의 측정변수를 설정하지 못한 채 단순히 여섯 가지 측정지표를 나열했는데, 이 연구에서는 이를 <표 2-7>과 같이 외부 잉여력과 내부 잉여력으로 구분하고 측정지표들도 일부 수정·변경하여 제시한다(오재록, 2011a).

첫째, 외부 잉여력에 대한 설명은 다음과 같다. 정부부처들은 행정부 바깥으로 은연중에 자신들의 권력을 표출하게 된다. 그것은 부처 스스로가 원하건 원하지 않건 간에 부지불식간에 표출되어 행정부 바깥에 다양한 형태로 영향이나 파급 효과를 끼친다. 그 영향은 중요하거나 결정적인 경우가 많아서 관련 행위자들의 관심을 끄는 일이 많으며, 파급 효과는 국회, 법원, 언론, 기업, 시민단체, 학생, 노동자, 농민 등 다수의 관련 행위자들에게 미친다. '외부 잉여력'은 바로 이 점을 포착해내기 위해 설정한 변수다(오

〈표 2-7〉 구성 개념 잉여력의 측정지표

구성 개념	측정변수	측정지표
잉여력	외부 잉여력	언론의 관심도(중앙일간지 1면 기사 게재 비중)
		입법 능력(소관 법률의 제·개정 빈도)
		국정감사 수감 일수(2008~2009년)
		퇴직 관료의 재취업 비율
	내부 잉여력	장·차관(급) 배출자 수
		대통령실 및 그 소속 위원회 파견자(계급 차등) 수
		주재관(계급별 차등 합산)의 수

※ 출처: 오재록(2007)의 재구성.

재록, 2011a).

문제는 이를 어떻게 측정하고 상대화할 것이냐에 있는데, 여기서는 언론의 관심도, 입법 능력, 국정감사 수감 일수, 퇴직 관료의 재취업 비율 등 네 가지 대리지표로 대별하고자 한다. 언론의 관심도는 일반 대중에 대한 반향을 나타내는 것이고, 입법 능력과 국정감사 수감 일수는 입법부에 대한 잉여력을 나타내는 것이며, 퇴직 관료의 재취업 비율은 민간 부문에 대한 영향을 나타내는 것이다. 언론의 관심도는 선행 연구와 동일하게 중앙일간지(한겨레, 중앙일보)의 2008~2009년도 1면 기사 게재 비중으로 측정한다.[28] 입법 능력(소관 법률의 제·개정 빈도)은 선행 연구에 없었던 것을 새롭게 추가한 것이며, 2008년 2월 말부터 2010년 3월 말 사이에 제·개정된 법률의 수로 측정한다. 국정감사 수감 일수 측정은 선행 연구와 동일하며, 퇴직 관료의 재취업 비율은 선행 연구와는 달리 참여연대(행정감시센터)의 「퇴직 후 취업제한제도 운영실태 보고서」로 측정한다(오재록, 2011a).[29] 이에 관한 구체적인 설명은 제3장에 제시한다.

28) 다만, 극히 예외적인 사건 또는 이슈 등으로 인해 예년에 비해 보도 비중이 이례적으로 높아졌다고 판단되는 경우에는 이를 집계에서 제외했다. 보도된 기사가 어느 부처에 해당되는 기사인가를 판단할 때 부처명이 단순 인용되거나 다른 부처와 병렬적으로 언급된 경우는 제외하고 해당 부처의 비중이 온전히 반영된 경우만을 측정 대상으로 삼았다(오재록, 2007).

29) 정부부처의 잉여력은 기업 등 민간 부문과 공기업 등 공공 부문에 대해서도 행사된다.

둘째, 내부 잉여력에 대한 설명은 다음과 같다. 정부부처들의 비공식적 권력 행사는 행정부 내부에서도 이뤄진다. 치열하게 전개되는 정부부처들의 힘겨루기는 그 결과로 여러 흔적을 남긴다. 이 연구에서는 이를 '내부 잉여력'이라고 명명하고 세 가지 지표를 설정한다. 장·차관(급) 배출자 수, 대통령실 및 그 소속 위원회 파견자(계급별 가중 합산) 수, 주재관(계급별 가중 합산)의 수 지표가 그것이다. 이 중 장·차관(급) 배출자 수 지표와 주재관 지표는 선행 연구와 마찬가지로 국회 제출 자료(행정안전부, 2010) 및 '외교통상부와 그 소속기관 직제'를 바탕으로 측정한다.

대통령실 및 그 소속 위원회 파견자 수 지표는 새롭게 추가한 것이다. 대통령이 근무하는 청와대와 그 직속으로 설치된 수많은 권력형 위원회(대개 정권 차원의 임시위원회)에 어떤 부처가 얼마나 많은 소속 공무원을 파견 보냈느냐는 부처 권력을 가늠하는 중요한 풍향계가 될 수 있다. 공직사회에서 청와대 파견은 대단한 특혜로 여겨지고 있으며, 이를 통해 부처들은 많은 유익을 얻을 수 있어 부처들은 앞다퉈 이에 매달리는 경향이 있다. 따라서 이를 집계하면 부처 간 힘의 크기가 일정 수준 판별되는 효과가 있다. 특히, 고위직 파견자가 많은 것이 중요한데, 여기서는 이를 감안하여 파견자 수를 계급별로 차등화하는 방식으로 상대화했다.

정부부처가 민간 부문 또는 공공 부문을 상대로 영향력을 발휘하는 대표적인 경우는 퇴직 관료 재취업과 관련된 것이다. 퇴직 관료의 재취업 여부는 현직 관료들에게도 대단히 중요한 관심사인 것이, 자신들의 퇴직 후 진로가 어떠하냐에 따라 현직 관료들의 근무 의욕, 사기, 직무몰입 등 각종 조직 행태(organizational behavior)에 상당한 영향을 줄 수 있기 때문이다. 이에 따라 각 부처들은 저마다 관료들의 퇴로를 확보하는 데 온갖 노력을 기울이는 경향이 있다. 실제로 퇴직 관료들의 재취업 여부는 당해 부처의 영향력에 의해 좌우되는 경향이 강하며, 이를 위한 현직 관료들의 조직적인 노력은 곳곳에서 감지된다. 문제는 이를 어떻게 상대화하여 측정하느냐에 있다. 이와 관련하여 오재록(2007)은 경향신문의 2005년도 기획 보도 내용과 행정자치부(2005)의 '4급 이상 퇴직 공무원의 취업 제한 대상 업체에 취업한 현황' 자료를 혼합하는 방식을 취한 바 있다. 그런데 이명박 정부 들어 어떤 언론도 이와 관련된 보도를 내놓은 바가 없고, 행정안전부도 기밀 유지를 이유로 더 이상 자료를 제공하지 않았다. 그런 가운데 시민단체인 참여연대가 2008년과 2009년에 걸쳐 연속으로 「퇴직 후 취업 제한제도 운영실태 보고서」를 발표한 관계로, 이 연구에서는 별 수 없이 이를 활용하게 되었다(오재록, 2011a).

5) 잠재력 지표

정부부처들은 정책결정 과정에 참여함으로써 기업의 행위를 규제하고, 세법 및 여타 법령들을 해석하고 대규모의 이전지출사업(사회복지)을 운영하며, 대부분의 과학적 연구를 자극하거나 지도하고 국가 방위를 위한 선택권 등을 제공하는데(Meier, 1980), 이 과정에서 정부부처들은 다양한 유형의 독점적 권한을 배타적으로 보유한다. 상대적으로 더 크고 더 많은 권한을 가진 부처는 그렇지 못한 부처에 비해 훨씬 더 큰 잠재력(potential)을 갖게 된다. 법적·공식적 권한은 그것을 가지고 있다는 것만으로 영향력을 행사하기에 충분하므로 잠재력이 될 수 있으며, 그러므로 '잠재력'을 측정하는 변수는 공식적 권한 하나로 충분하다. 이는 <표 2-8>과 같이 특별 권한(공소권, 수사권, 조사권 등)의 정도, 소관 법률의 총 쪽수, 등록 규제의 수 등 세 가지 지표로 측정한다. 이 중 첫 번째와 세 번째 지표는 선행 연구와 동일한 것들이다.

〈표 2-8〉 구성 개념 잠재력의 측정지표

구성 개념	측정변수	측정지표
잠재력	공식적 권한	특별 권한(공소권, 수사권, 조사권 등)의 정도
		소관 법률의 총 쪽수(『대한민국 현행 법령집』)
		등록 규제의 수

특정 중앙행정기관이 보유하고 있는 권한이 상대적으로 클 경우 잠재력도 크다고 할 수 있다. 그러나 권한을 비롯해 잠재력을 나타내는 객관적인 지표를 찾기란 현실적으로 불가능하다. 중앙행정기관들은 다양한 분야에서 다양한 유형의 권한을 배타적·독점적으로 보유하고 있는 경우가 많지만 이를 계량화하거나 상대화하기가 지극히 곤란하기 때문이다. 그럼에도 불구하고 보유 권한이 객관적인 수치로 상대화되어 표시되는 경우를 찾는다면 행정규제기본법상의 '등록 규제'[30]의 수 정도일 것이다. 그런데 이 등록

30) "등록 규제"라 함은 행정규제기본법(제2조)에 따라 "국가 또는 지방자치단체가 특정한

규제의 수를 객관적 지표로 쓰기에는 다음과 같은 한계가 있다(오재록, 2007).

가장 큰 한계는 등록 규제의 수에 형사·행형 및 보안처분에 관한 사무와 감사원이 행하는 사무, 그리고 국가안전보장·국방·외교·통일·조세 등에 관한 일부 사무 등이 제외[31]되어 있어(행정규제기본법 제3조) 중앙행정기관이 보유한 권한을 온전히 대표하지 못한다는 점이다. 그리고 크고 작은 규제가 그 경중에 관계없이 동등 단위로 표현되어 있어 보유 권한 자체가 왜곡될 소지마저 안고 있다(오재록, 2007).

그럼에도 불구하고 행정규제기본법에 의거하여 등록 규제에서 제외된 공소권, 수사권, 조사권, 준사법권, 정책조정권, 자원배분권 등을 합리적으로 반영할 수 있는 측정 방법을 개발할 수만 있다면, 잠재력 측정은 충분히 가능해진다. 문제는 그 합리적 측정 방법이 무엇인가에 있다. 이에 이 연구에서는 지각적 자료를 활용하는 방법을 불가피하게 채택하고자 한다. 즉,

---

행정 목적을 실현하기 위하여 국민의 권리를 제한하거나 의무를 부과하는 것"을 말한다. 그 구체적인 범위는 행정규제기본법시행령 제2조에 따라 다음과 같이 규정되어 있다(오재록, 2007).

1. 허가·인가·특허·면허·승인·지정·인정·시험·검사·검정·확인·증명 등 일정한 요건과 기준을 정하여 놓고 행정기관이 국민으로부터 신청을 받아 처리하는 행정처분 또는 이와 유사한 사항
2. 허가 취소·영업 정지·등록 말소·시정명령·확인·조사·단속·과태료 부과·과징금부과 등 행정 의무의 이행을 확보하기 위하여 행정기관이 행하는 행정처분 또는 감독에 관한 사항
3. 고용 의무·신고 의무·등록 의무·보고 의무·공급 의무·출자 금지·명의대여 금지 기타 영업 등과 관련하여 일정한 작위 또는 부작위 의무를 부과하는 사항
4. 기타 국민의 권리를 제한하거나 의무를 부과하는 행정행위(사실행위를 포함한다)에 관한 사항.

31) 행정규제기본법 제3조에 의거하여 등록 규제에서 제외되는 사무는 다음과 같다(오재록, 2007).

1. 국회·법원·헌법재판소·선거관리위원회 및 감사원이 행하는 사무
2. 형사·행형 및 보안처분에 관한 사무
3. 국가안전보장, 국방, 외교, 통일, 조세 등에 관한 사무 중 이 법을 적용하기 곤란한 사무로서 대통령령이 정하는 사항(행정규제기본법시행령 제3조: 1. 병역법·향토예비군설치법·민방위기본법·비상대비자원관리법에 의한 징집·소집·동원·훈련에 관한 사항 2. 군사시설, 군사기밀 보호 및 방위산업에 관한 특별조치에 관한 사항 3. 조세의 종목·세율·부과 및 징수에 관한 사항).

규제개혁 업무를 담당하고 있는 국무조정실 규제개혁조정관실 국장급 인사들에게 중앙행정기관별 등록 규제의 수를 감안할 때 등록 규제에서 제외되어 있는 권한들의 기관별 상대 점수를 얼마만큼씩 할당할 수 있을지를 묻고, 이를 통해 얻은 기관별 평균 점수와 등록 규제의 수를 AHP 기법으로 얻은 가중치로 합산하는 방법을 활용하고자 하며, 이는 제3장에서 상술한다(오재록, 2007).

소관 법률의 총 쪽수는 새롭게 추가한 것이다. 정부부처들의 법적·공식적 권한은 기본적으로 소관 법률로부터 나온다. 따라서 어떤 부처의 권한이 더 크고 많은가 하는 것은 어떤 부처의 소관 법률에 공식적 권한들이 더 많이 명시되어 있는가 하는 것으로 충분히 치환될 수 있다. 그런데 소관 법률에 명시된 권한을 모두 정리해 그 경중을 일일이 따지는 것이 현실적으로 불가능하기 때문에 여기서는 그 대리지표를 취한다. 가장 좋은 대리지표는 소관 법률의 조문 수가 되겠지만, 조사 편의상 소관 법률의 총 쪽수를 그 대리지표로 채택한다. 법률 조문의 수가 많을수록 법률의 쪽수도 많을 것이고, 같은 규격으로 출판된 자료가 있어 소관별 합리적 비교가 충분히 가능하기 때문이다(오재록, 2011a).

한편, 규제(regulation)란 정부가 법률·시행령·시행규칙과 그 위임에 따라 정해진 고시(告示) 등을 통해 국민생활에 개입하여 국민의 권리를 제한하거나 의무를 부과하는 것을 말한다. 규제라는 용어의 일반적인 의미는 "어떤 실체가 권력적 간섭을 통해 다른 존재의 선택과 행위를 제약하는 것"을 뜻하며, 특히 행정기관이 행사하는 규제를 가리켜 '행정규제' 혹은 '정부규제'라고 따로 부르기도 한다. 여기서 말하는 규제는 정확히 말해 '행정규제' 혹은 '정부규제'에 해당하지만, 편의상 '규제'라고 통칭하기로 한다.

한국 정부는 1990년대부터 정부의 각종 규제를 정비하고 그 정당성이 인정되는 규제들만을 모아 종합적으로 관리하는 시스템을 구축해 왔으며, 그 완결판은 국무총리실이 관장하는 행정규제기본법이라고 할 수 있다. 행정규제기본법은 불필요한 행정규제를 폐지하고 비효율적인 행정규제의 신설을 억제하기 위해 정부부처로 하여금 규제의 명칭·내용·근거·처리기관 등을 규제개혁위원회에 등록하도록 하고 있다(동법 제1조·제6조). 그런데 앞에서 밝혔듯이 동법 제3조는 형사·행형 및 보안처분에 관한 사무, 국가안전보장, 국방, 외교, 통일, 조세 등에 관한 사무 중 일부, 감사원의 사무 등을 그 적용 대상에서 제외하고 있다. 공소권, 수사권, 조사권 등의 특별 권한을 아예 관리 대상에서 제외하고 있는 것이다. 따라서 이 연구에서 '등록 규제'라 함은 "형사·행형 및 보안처분에 관한 사무, 국가안전보장, 국방, 외교, 통일, 조세 등에 관한 사무 중 일부, 감사원의 사무 등을 제외하고 정부부처가 법령을 통해 국민의 권리를 제한하거나 의무를 부과하는 것"을 말한다. 등록 규제의 수는 규제개혁위원회가 공표한 부처별 등록 규제의 수로 측정한다.

제 4 절 관료제 권력지수 산출 방법

1 지수의 개념과 구성 방법

대부분의 사회과학적 개념은 성질상 복합적이기 때문에 하나의 단순 지표(indicator)로 표상하기에는 많은 제약이 따른다. 그래서 되도록이면 여러 항목을 결합하여 복합 측정치(composite measure)로 나타내는 것이 효과적이다. 지수(index)는 이와같이 여러 항목을 결합하여 하나의 수치 점수(numerical score)로 나타낸 것을 말한다(김경동 외, 1994; 남궁근, 2003; 오재록, 2007).

지수(指數)는 개별 속성들에 할당된 점수를 합산해서 구성한다(Babbie, 2002: 203). 물가지수(price index)는 대표적인 몇 가지 품목의 가격을 합산하여 전반적인 물가 수준의 변동을 하나의 값으로 나타낸다. 주가지수는 여러 가지 품목의 주식 시세를 합산하여 주식시장의 상황을 하나의 지수값으로 나타낸다. 사회경제적 지위지수는 개인 또는 가족 단위의 사회계층적 위치를 나타내는 측정치이며, 직업, 학력, 가계소득을 나타내는 지표를 합산한 복합지수의 값으로 나타낸다. 학생들의 성적평점(grade point average)도 일종의 지수다. 성적평점은 학생들이 여러 과목에서 나타낸 학업성취도를 합산하여 하나의 수치로 나타낸 것이다(남궁근, 2003; 오재록, 2007).

지수는 그 취하는 방법에 따라 개별지수와 종합지수, 단순지수와 가중지수로 구분한다. 개별지수(individual index)는 '쌀 수확량 지수'와 같이 단일한 통계 계열의 비교를 목적으로 할 때 사용한다. 종합지수(general index)는 물가지수 · 무역지수 · 생산지수 등과 같이 다수의 통계 계열을 종합하여 작성되는 지수다. 단순지수와 가중지수는 종합지수를 작성할 때 쓰이는 것이다. 단순지수(simple index number)는 각 요소를 동등한 단위로 취급하여 계산하는 방법이고, 가중지수(weighted index number)는 각 요소의 상대적 중요도에 따라 가중치를 고려하여 계산하는 방법이다(오재록, 2007).

지수를 구성하는 데 가장 중시할 점은 포함될 항목을 무엇으로 결정할 것인가에 관한 것이다. 연구자는 항목을 결정할 때 측정하고자 하는 차원을 나타내는 항목이 올바로 선정될 수 있도록 해야 하고, 측정하고자 하는 차원의 모든 측면을 나타냄은 물론 신뢰도가 체크될 수 있도록 충분한 수의 항목이 선정되도록 결정해야 한다(남궁근, 2003; 오재록, 2007).

결정된 항목에 점수를 부여할 때도 신중해야 한다. 지수에 점수를 부여할 때 우선 고려할 일은 점수의 범위인데, 만일 연구자가 되도록 정교하게 강도(intensity)를 측정하고자 한다면 선택지(response alternatives)를 자세하게 작성하여 조사 대상자에게 제시해야 한다. 각 항목에 대해 실제로 점수를 부여하는 단계에서는 기본적으로 지수를 구성하는 항목들에 동일한 가중치(weight)를 부여할 것인지, 아니면 다른 가중치를 부여할 것인지를 결정해야 한다. 이와 관련하여 정해진 규칙이 있는 것은 아니지만 특별히 가중치를 다르게 부여해야 할 분명한 이유가 없다면 동일한 가중치를 부여하는 것도 좋은 방법이다(Babbie, 2002; 오재록, 2007).

그렇지만 가중치를 다르게 부여해야 할 분명한 이유가 있다면 변수의 상이한 측면에 대해 상대적인 가중치를 부여해야 한다. 가중치를 부여하는 기준은 이론적인 가정과 정의를 기준으로 하는 방법과 요인분석과 같은 통계적 기법을 사용하는 방법이 있다. 이론적 관점에서 가중치를 부여할 경우, 자료 수집 이전에 가중치를 결정할 수 있지만, 요인분석과 같은 통계분석기법을 사용할 경우에는 자료 수집이 이뤄진 후에야 가중치가 결정된다(남궁근 2003; 오재록, 2007).

예를 들어 올림픽 메달 집계의 경우를 보자. <표 2-9>는 2002년 시드니 올림픽 국가별 메달 집계 순위를 금메달 획득 수를 기준으로 정렬한 것이다. 그런데 금메달, 은메달, 동메달의 수를 모두 합산하거나 각 메달에 가중

〈표 2-9〉 가중치에 따른 지수 변화의 예(시드니 올림픽 국가별 메달 집계)

순위	국가	획득 메달 수(개)				가중치를 부여한 합계	인구 1000만 명당 총 메달 수
		금메달	은메달	동메달	합계		
1	미국	40	24	33	97	60.25	3.90
2	러시아	32	28	28	88	53.00	5.99
3	중국	28	16	15	59	39.75	0.51
4	호주	16	25	17	58	32.75	74.40
5	독일	13	17	26	56	28.00	9.17
6	프랑스	13	14	11	38	22.75	6.71
7	이태리	13	8	13	34	20.25	5.75
8	네덜란드	12	9	4	25	17.50	16.66
9	쿠바	11	11	7	29	18.25	29.82
10	영국	11	10	7	28	17.75	10.63
11	루마니아	11	6	26	26	16.25	11.40
12	한국	8	10	28	28	15.50	6.28
13	헝가리	8	6	17	17	11.75	16.39
14	폴란드	6	5	14	14	9.250	3.70
15	일본	5	8	18	18	10.25	1.43

※ 각주: 가중치는 금메달 1, 은메달 0.5, 동메달 0.25의 값을 부여한 것임.
※ 출처: 남궁근(2003), 오재록(2007).

치를 부여한 후 합산하여 표준화할 경우에는 일부 국가의 순위가 뒤바뀌게 된다는 사실을 알 수 있다. 획득 메달 수를 단순 합산할 경우 당초 8위인 네덜란드는 당초 공동 9위인 쿠바, 영국, 루마니아는 물론 12위인 한국에도 순위가 뒤진다. 그런데 가중치를 부여하여 합산할 경우 네덜란드는 쿠바와 영국에는 뒤지지만 루마니아와 한국에는 앞선다. 한편, 총 메달 수를 인구 규모 대비로 환산하면 호주가 1위로 올라서고, 쿠바가 2위, 네덜란드가 3위, 헝가리가 4위로 나타난다(남궁근, 2003: 390-392). 이와같이 가중치를 어떻게 부여하느냐에 따라 메달 획득 순위가 다양하게 달라진다는 점에서 지수에 가중치를 부여할 때는 측정하고자 하는 차원이 왜곡되지 않도록 각별히 유의해야 한다(오재록, 2007).

2 개별 측정지표의 표준화

앞에서 제시한 28가지 개별지표들은 각각 상이한 측정 단위를 가지고 있기 때문에, 각각의 방식으로 측정된 관료제 권력의 측정값을 하나의 복합지수로 표현하기 위해서는 개별지표들의 측정값을 표준화(정규화)하는 절차가 필요하다.

일반적인 표준화 방법은 표준편차 방법(Z-score 방법), 참조 거리 방법(distance to reference), 범주형 척도 방법(Categorical scale), 순위 방법(ranking), 크기 조정 방법(re-scaling), 순환적 지표 방법, 연도별 차이 비율 방법 등이 있는데(서규원, 2010), 이 연구에서는 참조 거리 방법을 취하고자 한다.

Z-Score 방법은 측정값을 평균 '0'과 표준편차 '1'의 크기로 전환하고, 범주형 척도 방법은 각 측정값을 '1,2,3,…' 또는 '고, 중, 저' 등으로 표현하며, 크기 조정 방법은 측정값을 동일한 범위(0, 1) 사이에 있도록 표준화하는데, 이러한 방식은 이 연구의 합리적 상대화의 취지에 부합하지 않는 측면이 있다. 반면, 참조 거리 방법은 기준이 되는 참조 위치(최고 점수, 최저 점수 등)에서 주어진 개별 측정값 간의 상대적인 위치의 차이를 측정하므로, 1위

부처의 측정값을 '100'으로 표준화하고 나머지 40개 부처의 측정값을 이에 견줘 상대화하려는 이 연구의 취지에 가장 잘 부합된다. 이때 활용되는 공식은 다음과 같다.

$$norm\ x_i = \frac{x_i}{x_{i=\bar{c}}} \times 100$$

($norm\, x_i$: 표준화된 개별지표, x_i: 개별지표, $x_{i=\bar{c}}$: 참조 위치)

3 가중치 부여 및 권력지수의 도출 방법

이상과 같은 방식으로 얻은 개별지표의 측정값들을 합리적으로 결합하면 하나의 수치 점수(numerical score), 즉 복합지수인 '권력지수(power index)'로 표현할 수 있게 된다. 이때 이론적 구조에 부합하는 적절한 가중치를 부여하는 것이 중요한데, 가중치 부여 방법은 크게 임의적인 가중치 부여 방법과 통계적인 가중치 부여 방법이 있다. 임의적 방법은 자의적으로 가중치를 결정하는 방법이고, 통계적 방법은 균등 가중 방법, 요인분석, 회귀분석, AHP, 예산할당 방법(BAL), 다기준 의사분석(MCDA) 등을 말한다.

이 연구에서는 선행 연구(오재록, 2006/2007/2011a)에서 활용한 AHP 기법을 통한 가중치 산정 방법을 활용하고자 한다. AHP 기법은 인지심리학 분야의 연구 결과에 기초하여 9점 척도[32]를 기본형으로 이용하는데, 이 기법은 각 항목의 상대적 중요도(가중치)를 정량적인 형태로 체계적으로 비율 척도화할 수 있는 장점이 있어 비교적 폭넓게 쓰인다(박재현, 2004; 백주현 외, 2005; 오재록, 2007). 현재로선 이보다 더 나은 대안을 찾을 수 없기 때문에 이를 다시 활용하기로 한 것이다.

이러한 방식으로 산출되는 관료제 권력지수(bureaucratic power index)

32) 엄밀히 말하면 1/9부터 9까지 17점 척도다(오재록, 2007).

는 관료제 권력의 개별 구성 개념—자원, 자율성, 네트워크, 잉여력, 잠재력—으로부터 개별 측정변수에 이르기까지 각각의 세세한 지수화 작업을 필요로 한다. 즉, 관료제 권력지수는 다섯 가지 구성 개념의 개별 지수에 가중치를 부여하여 산출하며, 각 구성 개념의 개별 지수는 그 하위 요소인 측정변수 및 측정지표들에 순차적으로 가중치를 부여하는 방식으로 산출되는 것이다. 이를 자세히 풀어쓰면 다음과 같다(오재록, 2007).

자원 지수(resources index)는 구성 개념 자원(resources)을 구성하는 하위 차원인 인적 자원, 물적 자원, 조직 자원, 법적 자원을 축으로 개별 하위 차원에서의 지수화 작업 또는 측정값을 통해 산출된다. 여기서 지수화 작업과 측정값 중 무엇을 활용하느냐는 측정변수가 복수의 측정지표로 구성되어 있는가에 달려 있다. 즉, 측정변수가 복수의 측정지표로 구성되어 있다면 복수의 측정값들을 종합하기 위해 별도의 지수화작업이 필요하고, 측정변수가 하나의 측정지표로만 구성되어 있다면 별도의 지수화 작업이 필요하지 않고 하나의 측정값 그대로를 활용하면 된다.

이에 따라 인적 자원 지수는 인적 자원을 구성하는 세 가지 지표—총 직원수 지표, 고위직 지표, 최고위직 지표—의 측정값에 각각의 가중치를 부여하여[33] 합산함으로써 산출한다. 법적 자원 지수 역시 법적 자원을 구성하는 두 가지 지표—소관 법률의 수, 소관 법률 1개당 쪽수—의 측정값에 각각의 가중치를 부여하여 합산함으로써 산출한다. 물적 자원과 조직 자원은 측정지표가 하나로 구성되어 있으므로 별도의 지수화 작업을 필요로 하지 않는다. 그리고 자원 지수는 이렇게 해서 도출된 인적 자원 지수, 법적 자원 지수, 물적 자원 측정값, 조직 자원 측정값에 각각의 가중치를 부여하고 합산해 최종 산출한다.

자율성 지수(autonomy index)는 구성 개념 자율성을 구성하는 하위 차원인 정치적 자율성, 재정적 자율성, 입법적 자율성을 축으로 개별 하위 차원에서의 지수화 작업을 통해 산출한다. 정치적 자율성 지수는 정치적 자율성을 대별하는 세 가지 지표—대통령과의 거리, 국회와의 거리, 정책 자

33) 가중치 부여와 관련된 자세한 사항은 제4장에 수록했다.

율성의 정도—의 측정값에 각각의 가중치를 부여하고 합산하여 산출한다. 재정적 자율성 지수는 재정적 자율성을 대별하는 두 가지 지표—특수활동비 합계액, 이용·전용액의 비율—의 측정값에 각각의 가중치를 부여하고 합산하여 산출한다. 입법적 자율성 지수 역시 입법적 자율성을 대별하는 두 가지 지표—하위 법령 제·개정 빈도, 소관 법률 쪽수 대비 하위 법령 쪽수의 비율—의 측정값에 각각의 가중치를 부여하고 합산해 산출한다. 그리고 자율성 지수는 이렇게 도출된 세 가지 지수에 각각의 가중치를 부여하고 합산해 최종 산출한다.

네트워크 지수(network index)는 구성 개념 네트워크를 구성하는 하위 차원인 수직적 네트워크와 수평적 네트워크를 축으로 개별 하위 차원에서의 지수화 작업을 통해 산출한다. 수직적 네트워크 지수는 수직적 네트워크를 대별하는 두 가지 지표—소관 소속기관의 규모와 수준, 산하기관의 규모와 수준—의 측정값에 각각의 가중치를 부여하고 합산하여 산출한다. 수평적 네트워크 지수 역시 수평적 네트워크를 구성하는 두 가지 지표—내향 연결 정도 중심성 지수, 사이 중심성 지수—의 측정값에 각각의 가중치를 부여하고 합산하여 산출한다. 그리고 네트워크 지수는 이렇게 도출된 수직적 네트워크 지수와 수평적 네트워크 지수에 각각의 가중치를 부여하고 합산해 최종 산출한다.

잉여력 지수(surplus power index)는 구성 개념 잉여력을 구성하는 하위 여섯 가지 측정지표의 측정값을 통해 산출한다. 외부 잉여력 지수는 외부 잉여력을 대별하는 네 가지 지표—언론의 관심도, 입법 능력, 국정감사 수감 일수, 퇴직 관료의 재취업 비율—의 측정값에 각각의 가중치를 부여하고 합산해 산출한다. 내부 잉여력 지수는 내부 잉여력을 대별하는 세 가지 지표—장·차관급 배출자 수, 대통령실 및 그 소속 위원회 파견자 수, 주재관의 수—의 측정값에 각각의 가중치를 부여하고 합산해 산출한다. 그리고 잉여력 지수는 이렇게 도출된 외부 잉여력 지수와 내부 잉여력 지수에 각각의 가중치를 부여하고 합산해 최종 산출한다.

잠재력 지수(potential index)는 구성 개념 잠재력을 구성하는 세 가지 측정지표의 측정값만으로 산출한다. 잠재력의 측정변수는 복수로 구성되지 않은 까닭에 중간 단계에서에서 지수화 작업은 필요치 않다. 이에 따라 잠재력 지수는 잠재력을 구성하는 세 가지 측정지표—특별 권한의 정도, 소관 법률의 총 쪽수, 등록 규제의 수—의 측정값에 각각의 가중치를 부여하고 합산해 최종 산출한다.

Chapter 03 정부부처 권력의 측정 결과

제 1 절 자 원

관료제 기관 권력의 첫 번째 구성 개념은 자원(resources)이다. 권력 관계는 의존 관계와 밀접한 관련이 있으며, 자원에 대한 의존은 권력 관계에서 중요한 요소다. 그러므로 어떤 부처가 얼마나 더 많은 자원을 보유하고 있는가를 비교하는 것은 권력의 상대적 크기 측정에서 첫째가는 핵심적인 요소다. 예산, 인력, 법률, 정보, 그리고 의사결정 및 그 실행에 필요한 여타 수단에 대한 접근이 결여될 경우 조직은 존재를 멈추게 된다(Katz & Kahn, 1966; Meier, 1980). 권력을 뒷받침하는 자원의 종류는 지극히 다양하며, 어떤 종류의 자원을 바탕으로 하느냐에 따라 권력의 양태가 달라진다(오재록, 2007).

이 연구에서는 정부부처의 자원을 크게 네 가지로 나눠 측정하고자 한다. 이는 어떤 부처가 상대적으로 더 많은 인적 자원을 보유하고 있는가, 어떤 부처가 상대적으로 더 많은 예산을 보유하고 있는가, 어떤 부처의 조직 규모가 상대적으로 더 큰가, 그리고 어떤 부처가 상대적으로 더 많은 법적 자원을 보유하고 있는가를 측정하는 것이다. 이와 관련해서는 기본적으로 선행 연구(오재록, 2007)를 따르도록 하되, 일부 보완이 필요한 부분에는 약

간의 수정을 가했다. 구체적인 설명은 다음과 같다.

1 인적 자원

정부부처가 보유한 자원 가운데 인적 자원(human resources)은 가장 우선적인 고려 대상이라고 할 수 있다. 정부관료제를 구성하는 것은 다른 무엇보다 사람, 즉 관료들이기 때문에 이들을 가장 먼저 고려해야 하는 것이다. 모든 정부부처는 강력한 조직을 구축하고 사업을 확장하기 위해 인적 자원을 경쟁적으로 확보하려고 한다(Meier, 1980; 오재록, 2007). "인력 규모가 중요한 것은 규모의 크기가 클수록 계층의 수가 많아지고 이에 따라 중간관리층이나 고위관리층은 하위 계층보다 더 많은 보수를 받게 될 뿐만 아니라, 인력 규모가 클수록 예산 삭감이나 조직의 통·폐합 위협으로부터 더 안전할 수 있기 때문이다"(이은국, 1995).

본래 '인적 자원'이란 말은 사회 자원(social resources)[1)]의 일종을 가리키는 경제학적 용어에서 유래되었다. 이는 자연 상태의 자원을 채취·가공하는 과정을 거쳐 경제적 가치를 가지는 '물적 자원'과는 달리, 사람에 체화된 지식, 정보, 기술, 기능, 경험과 지혜 등이 경제적 부가가치를 창출하는 역량을 가리키는 말이다. 인간이 가지고 있는 경제적 가치 등을 다른 물자와 동일하게 생산 자원의 하나로 보는 것이다. 이때 '인적 자원'은 "인적 요소의 종합으로서 축적된 저량(貯量, stock)"을 의미하며(한국직업능력개발원, 2005), 정부의 인적 자원은 "관료들의 인적 요소의 종합으로서 축적된 저량"을 가리킨다(오재록·유인영, 2009).

이 연구에서는 "관료들의 인적 요소의 종합으로서 축적된 저량"을 어떻

---

1) 사회 자원(社會資源, social resources)이란 사회가 일정한 과제를 해결하거나, 특정의 목표를 달성하기 위해 동원하는 도구적·수단적 가치물을 말한다. 사회 자원은 ① 물리적 자연 자원과 에너지 자연 자원 또는 그 가공물인 물적 자원, ② 지식이나 관념 등 여러 형태의 사회정보인 정보적 자원, ③ 물적 자원과 정보적 자원이 특수하게 구성된 인적 자원, ④ 이상의 세 가지 자원에 대한 제어를 포함하는 사회 관계인 관계적 자원(예를 들면 지위·권력·권한·위신·신용 등)으로 크게 나눌 수 있다(오재록·유인영, 2009).

게 측정할 것인가가 관건이 된다. 그러나 개별 관료들의 인적 특성을 완벽무오하게 측정할 방법이 사실상 존재하지 않기 때문에, 대리지표를 개발함으로써 그 한계를 일정 수준 극복해 보고자 한다.

문제는 이를 합리적으로 어떻게 측정·비교할 것이냐에 있다. 정부부처들의 인적 자원 수준을 일률적 기준에 의해 수평적으로 맞비교하는 것은 생각보다 쉽지 않다. 경력직과 특수경력직이 뒤섞여 있고, 경력직 중에도 일반직과 특정직의 계급 구분이 저마다 달라서 이를 합리적이고 통일된 기준으로 비교하기가 상당히 어렵기 때문이다. 그럼에도 불구하고, 여기서는 오재록(2007)의 연구를 따라 총 정원 수, 고위직 지표, 최고위직 지표라는 세 가지 기준으로 인적 자원을 측정하고자 한다(오재록, 2007).

1) 총 정원 수

인적 자원의 가장 기본적 차원은 그 규모(size)다. 고위관리층이든, 중간관리층이든, 하위 계층이든, 일단 그 수가 많을수록 인적 자원은 더 풍부한 것이 된다. 인력 규모(personnel size)는 현원 기준이 아닌 정원 기준으로 측정한다. 현원은 결원 등에 의해 변동이 많기 때문에 정원 기준이 더 적합하다고 할 수 있다. 여기서 '총 정원'이라 함은 부처 본부 인력은 물론 그 소속기관 인력까지 포함하는 의미다. 부처 본부와 그 소속기관의 인력을 분리할 경우 인적 자원이 왜곡될 수 있기 때문이다. 예컨대, 국방부와 교육과학기술부는 실제로는 가장 많은 인력 규모를 자랑함에도 불구하고, 본부 인력만을 기준으로 보면 그 규모가 극히 저평가되고 만다. 부처 본부와 인사 교류가 가능하고 그 영향권 안에 있는 모든 소속기관 인력까지 모두 포함할 때 진정한 인력 규모가 파악될 수 있다.

자료는 행정안전부 정부조직 관리정보시스템(org.mopas.go.kr)에 게시된 자료(엑셀 자료)를 내려받아 활용한다. 기준 시점은 조사 당시 기준으로 가장 최신 자료였던 2009년 12월 31일자다. 그러나 이 게시 자료만으로는 충분치 않았던 일부 부처(국가정보원, 국방부, 경찰청, 교육인적자원부 등)의 경우에는 언론 보도, 국방백서, 경찰백서, 시·도교육청 홈페이지, 국회 업무 보고자료 등을 통해 보강했다. 여기서 유의할 사항이 몇 가지 있다. 국

〈표 3-1〉 기관별 총 정원 수(2009.12.31 기준)

순위	기관명	정원(명)	표준화	순위	기관명	정원(명)	표준화
1	국방부	709,187	100.00	22	환경부	1,755	0.25
2	교육과학기술부	357,328	50.39	23	방송통신위원회	1,626	0.23
3	경찰청	153,396	21.63	24	산림청	1,590	0.22
4	지식경제부	32,594	4.60	25	식품의약품안전청	1,514	0.21
5	국세청	20,016	2.82	26	특허청	1,511	0.21
6	법무부	19,103	2.69	27	기상청	1,291	0.18
7	검찰청	9,553	1.35	28	국가보훈처	1,278	0.18
8	해양경찰청	7,385	1.04	29	감사원	990	0.14
9	국토해양부	5,817	0.82	30	조달청	911	0.13
10	고용노동부	5,726	0.81	31	기획재정부	902	0.13
11	농림수산식품부	4,816	0.68	32	방위사업청	826	0.12
12	관세청	4,421	0.62	33	문화재청	822	0.12
13	국가정보원	4,000	0.56	34	중소기업청	681	0.10
14	보건복지부	3,648	0.51	35	소방방재청	545	0.08
15	행정안전부	2,953	0.42	36	공정거래위원회	493	0.07
16	문화체육관광부	2,478	0.35	37	통일부	475	0.07
17	외교통상부	2,398	0.34	38	국민권익위원회	466	0.07
18	통계청	2,257	0.32	39	법제처	165	0.02
19	농촌진흥청	2,042	0.29	40	국가인권위원회	164	0.02
20	병무청	1,868	0.26	41	여성가족부	109	0.02
21	금융위원회	1,765	0.25				

※ 각주: 표준화 공식=(기관별 정원/1위 기관 정원)×100.

방부의 경우 70여만 명에 이르는 총 정원에는 군인(일반사병 포함), 군무원(예비군 중대장 포함) 등이 모두 포함되었고, 교육과학기술부의 경우 국·공립의 초·중등 교원까지 모두 포함되었으며,[2] 경찰청의 경우에도 전·의

2) 국·공립의 초·중등교원은 지방교육자치의 적용을 받고 있어 명시적으로는 교육과학기술부의 소속기관이라고 할 수 없겠지만, 사실상 그 영향권 안에 강하게 귀속되어 있다고 보아 포함시킨 것이다.

경까지 모두 포함되었다. 또한 금융위원회의 경우 연구 목적상 금융감독원 직원까지 포함한 수치이며, 국가정보원의 경우에는 그 인력 규모가 기밀 사항인 탓에 부득이 언론 보도 내용이 원용되었다.

<표 3-1>은 이와 같은 기준에 의거하여 집계된 총 정원 수를 보여 준다. 이를 보면, 국방부(1위), 교육인적자원부(2위), 경찰청(3위)이 각각 10만 명 이상의 인력을 보유하고 있고 지식경제부(4위), 국세청(5위), 법무부(6위)가 각각 1만 명 이상의 인력을 보유하여 상위를 차지한 것으로 나타났다. 나머지 부처들의 인력 규모는 이와 비교될 수 없을 정도로 미미한 측정값(표준화 점수)을 보였다.

2) 고위직(5급 이상 계급별 가중 합산) 지표

인적 자원 측정의 두 번째 측면은 5급 이상의 중·고위직 공무원을 차등적으로 상대화하여 비교하는 것이다. 인적 자원은 단순한 인력 규모뿐만 아니라 그 질적 수준도 중시되어야 한다. 동일한 인력 규모라고 해도 계급별 인력 분포가 어떠한가에 따라 인적 자원의 질이 달라지기 때문이다(오재록, 2007).

단순히 인력 규모가 많다고 해서 반드시 인적 자원의 수준이 높다고 말하기는 어려운 측면이 있다. 예컨대 중·고위직의 수가 상대적으로 많은 외교통상부의 경우, 인력 규모 순위는 <표 3-1>과 같이 17위에 불과했지만 고위직 지표 순위에서는 <표 3-5>와 같이 3위를 차지한 것으로 나타났는데, 만일 이를 고려하지 않았다면 인적 자원 수준은 크게 왜곡되는 결과가 초래될 것이다.

그렇다면, 5급 이상의 중·고위직 공무원을 차등적으로 어떻게 상대화하여 측정에 반영할 것인가?

이와 관련한 선행 연구들을 보면, 정무직(장·차관급), 고위직(1~3급), 중위직(4~6급), 하위직(7~9급), 생산직(기능직과 고용직) 등으로 세분화한 예가 있고(김근세, 2005a: 41), 최고위직, 고위직, 총 정원 수로 구분한 예가 있다(오재록, 2007). 이 연구에서는 이 중 후자를 따르고자 하는데, 이는 전자보다 후자가 이 연구의 목적에 더 부합할 뿐만 아니라, 좀 더 합리적인 방법이라고 보았기 때문이다.

그러므로 이 연구에서는 6급 이하 공무원을 하위직으로 분류하고, 1~5급 공무원은 고위직으로 분류하되,[3] 고위직을 계급별로 5급, 4급, 3급, 고위공무원단, 2급, 1급으로 세분화한 후, 이를 각 계급별 가중치에 따라 차등적으로 상대화하는 방식을 취하고자 한다. 다만, 6급 이하의 하위직을 차등적으로 상대화하지 않고 인력 규모 상태로 그냥 두었는데, 그 이유는 정부부처의 인적 자원을 상대화하는 데 5급 이상의 차등화만으로도 충분히 비교 목적을 달성할 수 있다고 판단했기 때문이다.

자료는 기본적으로 행정안전부 정부조직 관리정보시스템(org.mopas.go.kr)을 통해 추출했다. 그러나 이를 통해서는 자료 수집이 충분치 않은 부처들도 있었다. 그래서 이들 부처에 대해서는 특별한 수단들을 강구하여 부족한 자료를 보완할 수밖에 없었다(오재록, 2007).

특히, 국가공무원법에 의거하지 않고 개별법에 의해 독자적인 계급 분류체계를 가지고 있는 일부 특정직(군인, 경찰공무원, 소방공무원, 교육공무원, 외무공무원)의 경우에는 '공무원보수규정', '공무원수당 등에 관한 규정', 그리고 '공무원 보수업무 등 처리지침' 등 관련 규정을 참고하여 <표 3-2>와 같이 일반직과 비교가 가능한 형태로 상당 계급 기준표를 별도로 작성했다(오재록, 2007).

〈표 3-2〉 공무원 경력의 상당 계급 기준표

구분	5급	4급	3급	2급	1급	차관급	장관급
군인	소령	중령	대령	준장	소장	중장	대장
경찰공무원	경정	총경	경무관	치안감	치안정감	치안총감	-
소방공무원	소방령	소방정	소방준감	소방감	소방정감	소방총감	-
교육공무원	전문대학 과장, 교감	학과장, 교장	단과대학장	-	전문 대학장	총장(특2) 부총장	총장 (특1호봉)
외무공무원	5등급	6~8등급	9등급	10~11	12~13	14등급	일부 대사

※ 출처: 공무원보수규정, 공무원수당 등에 관한 규정, 공무원 보수업무 등 처리지침에서 재구성.

3) 정무직은 최고위직으로 따로 구분하여 측정한다.

그런데 일부 특정직 공무원(검사)은 이런 방식으로도 합리적인 계급 구분이 되지 않아 추가적인 방법을 따로 강구할 수밖에 없었다. 특히 검사의 경우, 현행 검사정원법상 검사의 계급 구분이 검찰총장과 검사, 두 계급으로만 되어 있지만, 일반 통념상 이들도 일반직 계급과 비교되는 경우가 많고, 검사를 법무부에 보할 때 적용하는 법무부 직제가 일반직과 검사를 병행 임명할 수 있는 직위를 명시적으로 설치해 두고 있는 점 등을 고려할 때, 검사의 상세 계급 구분은 충분히 가능하다. 게다가 종래의 검사정원법에서는 검사의 계급 구분을 명확히 하고 있었던 점을 감안하고, 현행 검사정원법시행령 규정의 암시 등을 활용하여 <표 3-3>과 같이 검사의 계급을 구분하고 그 정원을 추정했다(오재록, 2007).

특정직에 해당하는 국가정보원 직원 역시 일반직과의 합리적 비교가 어려운 측면이 있다. 더구나 국가 기밀상 그 기초 자료마저 구할 수 없다. 따라서 부득이 오재록(2007)의 추정치를 <표 3-4>와 같이 취했다.

〈표 3-3〉 검사의 분류와 계급의 구분 및 정원 추정

일반직	4~5급	3급	2급	1급	차관급	장관급
검사	평검사	지청차장 지검부장 지청부장 고검검사 부없는 지청장 검찰연구관 기획관, 담당관	부를 두는 지청의 지청장	고검부장 지검차장	대검차장 고검장 대검검사 지검장 고검차장	검찰총장
정원	1,300	320	21	27	36	1

※ 출처: 검사정원법시행령, 종래 검사정원법 등을 토대로 한 오재록(2007)의 재구성.

〈표 3-4〉 국가정보원 직원의 계급별 정원 추정

기관명	5급	4급	3급	2급	1급
국가정보원	500	250	50	30	10

※ 출처: 오재록(2007)의 재구성.

이렇게 41개 부처 모두의 고위직 계급 구분을 마무리한 후에는, 계급 간 인적 자원 수준의 합리적 격차 설정을 위한 별도의 산식을 오재록(2007)과 동일한 방식으로 설정했다. 이때 사용된 가중 합산식은 [(5급×1)+(4급×2)+(3급×4)+(고위공무원단×8)+(2급×8)+(1급×16)]이며, 1급 1명은 2급 2명의 가치를, 2급 1명은 3급 2명의 가치를, 3급 1명은 4급 2명의 가치를, 4급 1명은 5급 2명의 가치를 각각 지닌다는 가정에 입각한 것이다. 물론 계급 간의 가치 격차가 이처럼 일률적으로 차등화될 수 있는 성질의 것은 아니겠지만, 합리적 비교를 위한 편익이 이로 인한 측정오차를 과도하게 침해하지는 않을 것으로 보았다(오재록, 2007).

다만, 여기서 '고위공무원단×8' 부분은 오재록(2007)에 없는 것이므로 부연 설명이 필요하다. 이는 오재록(2007)의 연구 이후 고위공무원단 제도가 신설되어 계급 구분이 종전과 동일하게 이뤄지지 않게 된 점을 반영한 것인데, 고위공무원단은 과거 1~3급에 해당하는 직위이므로 이를 평균치인 2급으로 간주했다. 또한 일반직 3급의 경우, 고위공무원단으로 승진하기 이전인 3급 현직자들이 존재하고 통계상으로도 잡혀 있기 때문에 이들을 예전 기준에 그대로 적용하게 되었다.

<표 3-5>는 이와 같은 기준에 의거하여 집계된 고위직 지표를 자세하게 보여 준다. 이를 보면, 교육과학기술부(1위)와 국방부(2위)의 고위직 지표가 압도적으로 높은 수준임을 알 수 있다. 교육과학기술부의 경우에는 국립대학(교) 교원, 국공립 초·중등학교 교감·교장이 포함되어 국방부보다 높은 측정값을 기록할 수 있었다. 국방부의 경우에도 수많은 영관급 장교와 장관급 장교(준장, 소장)가 포함되어 높은 측정값을 기록할 수 있었다. 또한 중·고위직 외교관(5~13등급)을 수천 명 보유하고 있는 외교통상부(3위)와 수천 명의 검사를 보유하고 있는 검찰청(4위) 역시 상대적으로 높은 측정값을 기록했다. 이에 비해 여성가족부(41위), 국가인권위원회(40위), 법제처(39위) 등은 상대적으로 극히 낮은 측정값을 나타내 보였다.

여기서 하나 짚고 넘어갈 대목은 총 정원 수 순위와 고위직 지표 순위가 얼마나 다른가 하는 점이다. 가장 먼저 눈에 띄는 것은 1, 2위를 번갈아 차지하고 있는 국방부와 교육과학기술부다. 일반 병사까지 포함된 총 정원

〈표 3-5〉 고위직 지표(2009.12.31 기준)

순위	기관명	5급	4급	3급	고공	2급	1급	가중 합산	표준화
1	교육과학기술부	13,617	11,992	453	70	100	44	41,477	100.00
2	국방부	11,818	4,812	1,681	18	282	124	32,550	78.48
3	외교통상부	630	665	143	291	24	6	5,148	12.41
4	검찰청	1,074	907	286	25	21	27	4,832	11.65
5	지식경제부	1,684	427	66	47	18	2	3,354	8.09
6	경찰청	1,570	553	40	8	26	4	3,172	7.65
7	행정안전부	670	261	32	104	0	0	2,152	5.19
8	국세청	1,047	318	16	31	0	0	1,995	4.81
9	법무부	764	317	33	35	4	2	1,874	4.52
10	국토해양부	682	280	36	58	0	0	1,850	4.46
11	국가정보원	500	250	40	80	0	0	1,800	4.34
12	특허청	825	298	16	23	0	0	1,669	4.02
13	보건복지부	386	286	46	47	0	0	1,518	3.66
14	농림수산식품부	663	195	17	35	0	0	1,401	3.38
15	금융위원회	520	209	58	10	8	3	1,362	3.28
16	고용노동부	491	151	18	45	0	0	1,225	2.95
17	문화체육관광부	429	137	18	48	0	0	1,159	2.79
18	기획재정부	382	161	28	33	0	0	1,080	2.60
19	감사원	326	175	34	28	0	0	1,036	2.50
20	환경부	394	98	12	30	0	0	878	2.12
21	방송통신위원회	257	99	14	14	2	0	639	1.54
22	식품의약품안전청	302	51	8	22	0	0	612	1.48
23	관세청	254	89	9	14	0	0	580	1.40
24	방위사업청	220	83	18	11	0	0	546	1.32
25	통계청	231	63	5	12	0	0	473	1.14
26	국민권익위원회	171	66	12	15	0	0	471	1.14
27	기상청	202	59	9	14	0	0	468	1.13
28	공정거래위원회	157	70	10	14	0	0	449	1.08
29	산림청	208	43	5	16	0	0	442	1.07
30	농촌진흥청	132	60	3	22	0	0	440	1.06
31	국가보훈처	147	64	7	17	0	0	439	1.06
32	통일부	138	59	6	19	0	0	432	1.04
33	조달청	160	74	8	10	0	0	420	1.01
34	중소기업청	140	59	7	12	0	0	382	0.92
35	해양경찰청	188	47	7	1	3	1	358	0.86
36	병무청	126	45	5	14	0	0	348	0.84
37	소방방재청	90	50	11	6	2	0	298	0.72
38	문화재청	127	44	4	8	0	0	295	0.71
39	법제처	61	41	7	12	0	0	267	0.64
40	국가인권위원회	43	20	2	4	0	0	123	0.30
41	여성가족부	34	15	4	3	0	0	104	0.25

※ 주: 1) 가중합산=(5급×1)+(4급×2)+(3급×4)+(고위공무원단×8)+(2급×8)+(1급×16).
2) 표준화 공식=(기관별 산식 점수/1위 기관 산식 점수)×100.

수에서는 국방부가 교육과학기술부를 두 배 차로 앞섰지만, 고위직 지표에서는 오히려 교육과학기술부가 앞선 것으로 나타났다. 또 총 정원 수에서 3위를 차지한 경찰청은 고위직 지표에서 6위로 밀려났고, 5위를 차지한 국세청은 8위로 밀려난 반면, 17위에 불과했던 외교통상부는 3위로 도약했으며 7위에 머물던 검찰청도 4위로 약진했다. 이러한 결과는 결국, 단순한 인력 규모만으로 인적 자원을 측정하는 것이 왜 문제가 될 수 있는지를 보여준다고 할 수 있다.

3) 최고위직(장·차관급 가중 합산) 지표

장·차관(급) 고위관료들의 보유 수준도 인적 자원을 측정하는 중요한 측면이라고 할 수 있다. 어떤 부처에 장·차관(급) 고위관료들이 상대적으로 더 많이 포진해 있다면, 이는 분명 남다른 인적 권력이 확보되어 있는 것으로 인식될 수 있다. 그러므로 최고위직 지표는 고위직 지표보다 더 높은 수준의 인적 자원을 측정하는 또 다른 차원이 될 수 있다.

최고위직 지표는 장관(급)과 차관(급)의 수로 측정한다. 여기서 '장·차관(급)'이라 함은 장관과 차관을 비롯해 그 밖의 중앙행정기관장 및 부기관장(차관급 아닐 경우 제외) 등을 모두 포함하는 개념이며, 특정직의 경우에는 앞의 <표 3-2>와 <표 3-3>의 분류에서 장·차관급에 해당하는 직위까지 아우르는 개념이다. 다만, 오재록(2007)과 달리 차관보를 제외했다. 오재록(2007)의 경우 차관보가 1급 별정직이지만 특별한 가치가 있다고 보았는데, 이 연구에서는 굳이 그럴 필요가 없다고 보고 순수하게 장·차관(급)만을 상대화한 것이다. 이때, 장관(급)과 차관(급)의 수를 단순히 합산하는 것은 합리적 비교의 정신에 부응하지 못한다고 보고, 장관(급)의 가치를 차관(급)의 가치의 2배로 설정했다. 자료는 행정안전부 정부조직 관리정보시스템(org.mapas. go.kr)을 기본으로 하되, 기관별 직제 등을 통해 보완했다.

<표 3-6>은 이와 같은 기준에 의거하여 집계된 최고위직 지표를 보여준다. 이를 보면, 기본적으로 장관급 부처가 전반적으로 상위에 올라 있고, 차관급 부처는 상대적으로 낮은 순위를 기록했음을 알 수 있다. 특히, 장·차관(급) 국립대학교 총장·부총장을 다수 보유하고 있는 교육과학기술부

〈표 3-6〉 최고위직 지표(2009.12.31 기준)

순위	기관명	차관급	장관급	가중합산	표준화	순위	기관명	차관급	장관급	가중합산	표준화
1	교육과학기술부	45	35	115	100.00	17	공정거래위원회	1	1	3	2.61
2	국방부	34	10	54	46.96	17	여성가족부	1	1	3	2.61
3	검찰청	36	1	38	33.04	24	경찰청	1	0	1	0.87
4	외교통상부	23	4	31	26.96	24	해양경찰청	1	0	1	0.87
5	행정안전부	12	1	14	12.17	24	소방방재청	1	0	1	0.87
6	감사원	7	1	9	7.83	24	국세청	1	0	1	0.87
7	방송통신위원회	4	1	6	5.22	24	관세청	1	0	1	0.87
8	국가정보원	3	1	5	4.35	24	병무청	1	0	1	0.87
8	문화체육관광부	3	1	5	4.35	24	농촌진흥청	1	0	1	0.87
8	국가인권위원회	3	1	5	4.35	24	통계청	1	0	1	0.87
8	국민권익위원회	3	1	5	4.35	24	특허청	1	0	1	0.87
12	국토해양부	2	1	4	3.48	24	국가보훈처	1	0	1	0.87
12	고용노동부	2	1	4	3.48	24	산림청	1	0	1	0.87
12	농림수산식품부	2	1	4	3.48	24	기상청	1	0	1	0.87
12	지식경제부	2	1	4	3.48	24	식품의약품안전청	1	0	1	0.87
12	기획재정부	2	1	4	3.48	24	조달청	1	0	1	0.87
17	법무부	1	1	3	2.61	24	문화재청	1	0	1	0.87
17	금융위원회	1	1	3	2.61	24	중소기업청	1	0	1	0.87
17	보건복지부	1	1	3	2.61	24	법제처	1	0	1	0.87
17	환경부	1	1	3	2.61	24	방위사업청	1	0	1	0.87
17	통일부	1	1	3	2.61						

※ 주: 1) 가중 합산=(차관급×1)+(장관급×2).
2) 표준화 공식=(기관별 산식 점수/1위 기관 산식 점수)×100.

(1위)의 상대값이 압도적으로 높음을 알 수 있다. 또한 장·차관(급)에 해당하는 중장 이상의 장군을 다수 보유한 국방부(2위)와 장·차관(급)에 해당하는 최고위급 검사(대검찰청 차장검사, 고등검찰청장, 대검찰청검사, 지방검찰청장, 고등검찰청 차장검사)를 보유한 검찰청(3위), 그리고 장·차관(급)에 해당하는 주요국 대사와 14등급 외교관을 다수 보유한 외교통상부

(4위) 등이 상대적으로 높은 측정값을 기록한 것으로 나타났다. 이에 비해 방위사업청(24위) 등 18개 기관은 차관급 기관장 1명만을 보유하여 상대적으로 극히 낮은 측정값을 나타내 보였다.

2 물적 자원

정부부처들의 대표적 자원 가운데 하나는 예산(budget), 즉 물적 자원이다. "예산은 의회가 허용해 주는 물적 자원의 추출 범위를 나타내며, 예산을 많이 배정받는 기관은 그렇지 않는 기관에 비해 그 상대적 비중도 높고 자원 추출 능력도 뛰어나다고 할 수 있다"(Meier, 1980). 이와 관련하여 오재록(2007)은 물적 자원을 나타내는 예산 관련 지표를 마이어(Meier, 1980)의 연구에 따라 두 가지로 설정한 바 있다. 일반회계·특별회계·기금(금융성 기금 제외)의 합계액 지표, 그리고 추경예산·예비비·보조금의 합계액 지표가 그것이다. 그러나 이 연구에서는 추경예산·예비비·보조금의 합계액 지표를 제외하고, 일반회계·특별회계·기금(금융성 기금 제외)의 합계액 지표만을 채택하기로 했다. 그 이유는 마이어의 경우 자원의 규모보다는 자원의 증가분(growth)에 초점을 맞췄기 때문에 추경예산 등의 지표가 의미가 있었지만, 여기서는 증가분이 아니라 규모(size)에 초점을 맞추고 있어 그 규모가 상대적으로 극히 미미한 규모인 추경예산 등의 수치는 별 의미가 없어져 버리기 때문이다.

예산 규모는 단위 회계연도에 지출되는 예산액을 말하며, 여기서는 2008~2010년도 본예산 기준 일반회계, 특별회계, 기금의 합계액으로 이를 측정한다. 관련 선행 연구들의 경우, 오재록(2007)을 제외하고 가장 충실한 경우가 일반회계와 특별회계의 합으로 예산 규모를 측정한 사례인데(김근세·권순정, 2001; 김근세, 2005a), 기금을 제외한 측정이 물적 자원의 온전한 측정이라고 보기 어렵기 때문에 오재록(2007)을 따라 금융성 기금을 제외한 기금 규모를 측정에 포함시켰다. 자료는 기획재정부(2010)가 국회에 제출한 자료를 활용했으며, 다만 검찰청 예산은 관행적으로 법무부 예산에 포함되어 계상되는 까닭에 그 일정 비율만큼을 검찰청 예산으로 간주했다.

<표 3-7>은 이와 같은 기준에 의거하여 집계된 예산 규모를 보여 준다. 이를 보면, 일반회계와 특별회계 규모만 고려할 때와 기금까지 함께 고려할 때 물적 자원의 규모가 어떻게 다르게 나타나는지 확연해진다. 일반회계와 특별회계의 합계액으로는 교육과학기술부가 압도적으로 높은 수치를 기록하지만, 기금을 포함할 경우 기획재정부가 압도적으로 높은 수치를 기록한다는 사실을 알 수 있다. 이러한 물적 자원 규모는 기획재정부(1위)가 가장 큰 것으로 나타났고, 교육과학기술부(2위), 행정안전부(3위), 국토해양부(4위), 보건복지부(5위), 국방부(6위), 농림수산식품부(7위), 지식경제부(8위), 고용노동부(9위) 등이 의미 있는 측정값을 기록하면서 그 뒤를 이었다. 이에 비해 법제처(41위), 국가인권위원회(40) 등은 비교할 수 없을 만큼의 미미한 상대값을 나타내 보였다.

〈표 3-7〉 소관별 예산 규모(2008~2010년 본예산 기준)

(단위: 억 원)

순위	기관명	일반회계	특별회계	기금	합계	표준화
1	기획재정부	101,454	0	3,339,140	3,440,594	100.00
2	교육과학기술부	1,169,359	25,384	116,808	1,311,551	38.12
3	행정안전부	896,433	14,443	307,712	1,218,588	35.42
4	국토해양부	160,848	519,962	464,789	1,145,599	33.30
5	보건복지부	511,617	11,230	300,552	823,399	23.93
6	국방부	535,890	17,384	73,123	626,397	18.21
7	농림수산식품부	52,953	218,600	144,587	416,140	12.10
8	지식경제부	77,949	231,220	62,568	371,737	10.80
9	고용노동부	30,149	2,052	313,217	345,418	10.04
10	방위사업청	253,847	0	0	253,847	7.38
11	경찰청	209,730	3,156	4,062	216,948	6.31
12	중소기업청	47,391	10,931	132,238	190,560	5.54
13	환경부	120,101	0	22,650	142,751	4.15

14	국가보훈처	95,829	1,060	3,642	100,531	2.92
15	문화체육관광부	31,181	17,773	36,624	85,578	2.49
16	법무부	66,131	1,844	0	48,543	1.41
17	산림청	19,639	24,298	931	44,868	1.30
18	국세청	41,277	245	0	41,522	1.21
19	외교통상부	39,045	0	2,105	41,150	1.20
20	통일부	4,010	0	33,517	37,527	1.09
21	해양경찰청	25,594	712	0	26,306	0.76
22	금융위원회	22,480	0	0	22,480	0.65
23	방송통신위원회	13,544	3,503	5,432	22,479	0.65
24	농촌진흥청	14,712	6,241	0	20,953	0.61
25	검찰청	0	0	0	19,441	0.57
26	여성가족부	17,139	0	403	17,542	0.51
27	소방방재청	7,605	9,496	0	17,101	0.50
28	국가정보원	14,463	0	0	14,463	0.42
29	문화재청	12,082	1,046	906	14,034	0.41
30	관세청	11,781	21	0	11,802	0.34
31	특허청	0	8,961	0	8,961	0.26
32	통계청	7,960	0	0	7,960	0.23
33	기상청	6,640	52	0	6,692	0.19
34	식품의약품안전청	6,256	49	0	6,305	0.18
35	병무청	5,827	24	0	5,851	0.17
36	조달청	0	3,152	0	3,152	0.09
37	감사원	2,648	0	0	2,648	0.08
38	공정거래위원회	2,135	0	0	2,135	0.06
39	국민권익위원회	1,713	0	0	1,713	0.05
40	국가인권위원회	690	0	0	690	0.02
41	법제처	686	0	0	686	0.02

※ 주: 표준화 공식=(기관별 합계액/1위 기관 합계액)×100.

※ 출처: 기획재정부(2010).

3 조직 자원

부처의 본부 조직 규모도 자원 수준을 측정하는 측면이 될 수 있다. "조직 자원은 대개 인적 자원 및 물적 자원(예산 규모)의 함수이므로 이를 자원 보유 수준에 포함시킬 경우 중복 측정의 우려가 있기는 하지만, 인적 자원 및 물적 자원으로는 온전히 포착되지 않는 부분도 상당한 만큼 별도의 측정변수로 삼아도 무방할 것으로 판단된다"(오재록, 2007). 조직 규모가 큰 부처일수록 더 많은 자원을 보유한 것으로 평가되는 것은 당연한 일인지도 모른다. 예컨대, 3실 45국 73과 체제의 외교통상부가 1실 2국 14과 체제의 여성가족부보다 자원을 더 적게 보유하고 있다고 말할 수는 없을 것이다.

정부부처들의 본부 조직은 다양한 형태로 구성되지만, 기본적으로는 실—국—과 체제를 뼈대로 하기 때문에, 이를 합리적으로 상대화할 필요가 있다. 여기서는 오재록(2007)을 따라 1개의 실(室)은 2개의 국(局)으로 구성되고 1개의 국(局)은 4개의 과(課)로 이뤄진다는 인위적 가정을 수립하고 [(실×8)+(국×4)+(과×1)]라는 가중 합산식으로 조직 자원을 상대화한다. 이것이 현실의 정확한 반영이라고 단언할 수는 없겠지만, 이와 같은 기준 설정이 측정오차를 과도하게 하지는 않을 것으로 본다. 자료는 행정안전부(2009) 「정부기구도표」와 정부조직 관리정보시스템을 활용했으며, 기준 시점은 「정부기구도표」의 작성 기준일인 2009년 6월 1일이다.

<표 3-8>은 이러한 기준에 의거하여 집계된 조직 자원 측정값을 보여준다. 이를 보면, 외교통상부(1위)의 조직 규모가 가장 크고, 국토해양부(2위), 기획재정부(3위), 감사원(4위), 행정안전부(5위), 보건복지부(6위), 교육과학기술부(7위), 국방부(8위), 지식경제부(9위), 문화체육관광부(10위) 등이 외교통상부의 50% 이상 수준으로 그 뒤를 잇고 있다. 주로 장관급 기관이 상위를 차지했으나 차관급 기관 가운데 특허청(14위), 식품의약품안전청(17), 경찰청(18위), 국세청(21위) 등은 상대적으로 높은 수준인 것으로

〈표 3-8〉 조직 자원 지표(2009.6.01 기준)

순위	기관명	실	국	과	가중합산	표준화	순위	기관명	실	국	과	가중합산	표준화
1	외교통상부	3	45	73	277	100.00	22	검찰청	1	11	27	79	28.52
2	국토해양부	6	24	99	243	87.73	23	공정거래위원회	0	9	33	69	24.91
3	기획재정부	4	27	88	228	82.31	24	법제처	0	9	29	65	23.47
4	감사원	4	18	118	222	80.14	25	통일부	2	6	22	62	22.38
5	행정안전부	5	24	64	200	72.20	26	통계청	0	6	34	58	20.94
6	보건복지부	4	22	70	190	68.59	27	기상청	0	8	22	54	19.49
7	교육과학기술부	4	20	70	182	65.70	28	조달청	0	5	31	51	18.41
8	국방부	4	19	68	176	63.54	29	중소기업청	0	6	24	48	17.33
9	지식경제부	5	16	62	166	59.93	30	관세청	0	6	23	47	16.97
10	문화체육관광부	4	18	54	158	57.04	30	해양경찰청	0	6	23	47	16.97
11	농림수산식품부	3	15	49	133	48.01	32	방위사업청	0	5	20	40	14.44
12	법무부	4	12	43	123	44.40	33	국가보훈처	0	5	19	39	14.08
13	국가정보원	2	12	51	115	41.52	34	소방방재청	0	4	22	38	13.72
14	특허청	0	9	66	102	36.82	35	금융위원회	0	5	16	36	13.00
15	환경부	2	11	36	96	34.66	35	농촌진흥청	0	4	20	36	13.00
16	고용노동부	2	11	35	95	34.30	35	산림청	0	4	20	36	13.00
17	식품의약품안전청	0	11	48	92	33.21	38	병무청	0	4	17	33	11.91
18	경찰청	0	13	38	90	32.49	39	문화재청	0	4	16	32	11.55
19	방송통신위원회	2	10	33	89	32.13	40	여성가족부	1	2	14	30	10.83
20	국민권익위원회	1	9	38	82	29.60	41	국가인권위원회	0	3	11	23	8.30
21	국세청	0	11	37	81	29.24							

※ 주: 1) 가중 합산=(실×8)+(국×4)+(과×1).
2) 표준화 공식=(기관별 가중 합산/1위 기관 가중 합산)×100.
※ 출처: 행정안전부(2009), 정부조직 관리정보시스템(org.mapas.go.kr).

나타났으며, 국가인권위원회(41위)의 조직 규모가 가장 작은 수준인 것으로 나타났다.

4 법적 자원

법적 자원은 정부조직의 특성상 빼놓을 수 없는 중요한 자원이다. 어떤 부처가 많은 법률들을 소관하고 있고 또 그 법률 조문도 상대적으로 더 많다면, 그 부처가 보유한 공적 임무 및 법적 권위는 분명 다른 부처들에 비해 더 크다고 할 수 있다. 이와 관련하여 마이어(Meier, 1980)는 법적 자원을 새로운 입법을 관철해내는 능력(new legislation)으로 보았고, 오재록(2007)도 이를 따라 특정 기간 동안 국회에서 제·개정된 소관 법률의 수로 법적 자원을 측정한 바 있다. 그러나 이 연구는 이를 따르지 않는다. 왜냐하면, 이 같은 방식은 보유하고 있는 자원을 측정하는 것이 아니라 입법 능력을 측정하는 것이기 때문이다. 즉, 이는 관료제가 자신의 정치적 주인(의회)을 상대로 자신의 입법 의도를 얼마나 더 관철할 수 있는지를 나타내는 것으로, 이 연구에서는 이것이 외부 잉여력 지표에 더 가깝다고 보았기 때문이다. 이에 따라 여기서는 법적 자원을 소관 법률의 수와 소관 법률 1개당 쪽수로 측정하고자 하며, 이에 대한 설명은 다음과 같다.

1) 소관 법률의 수

법적 자원의 첫 번째 요소는 소관 법률의 수라고 할 수 있다. 국민의 대표기관인 의회가 부여하는 공적 임무 및 법적 권위를 담고 있는 법률을 더 많이 보유할수록 법적 자원의 수준은 더 높다고 할 수 있다. 물론 법률의 수보다는 법률의 내용이 더 중요할 수 있고, 더 나아가 법률의 조항 수나 쪽수까지도 고려하는 방법도 생각해 볼 수 있겠지만, 일단은 소관 법률의 수 자체만으로도 일정 수준 의의는 갖는다고 할 수 있다.

소관 법률의 수는 『대한민국 현행 법령집』에 수록된 법률의 수로 측정한다. 기준 시점은 조사 시점인 2010년 3월 31일이며, 『대한민국 현행 법령집』의 판본은 국회도서관 법령자료실 소장본이다. 그러므로 그 이전에 폐지되었거나 그 이후에 법령 가제가 이뤄진 부분은 이 연구에 포함되지 않는다.

다만, 여기에는 몇 가지 유의할 사항이 있다. 법무부 소관 법률 가운데는 민법, 상법 등 일반법이 다수 포함되어 있을 뿐만 아니라 법원이나 검찰청 소관 법률도 모두 법무부 소관으로 설정되어 있어 이를 합리적으로 구분하지 않으면 법무부 소관 법률이 실제 이상으로 과다 측정될 수밖에 없다. 이에 따라 명백하게 법무부 고유 업무라고 판단되는 법률만 법무부 소관으로 분류하고, 형사소송법 등 검찰청 소관이 명백한 법률들은 검찰청 소관으로

〈표 3-9〉 소관 법률의 수(2010.3.31 기준)

순위	기관명	소관 법률의 수	표준화	순위	기관명	소관 법률의 수	표준화
1	국토해양부	130	100.00	22	방송통신위원회	12	9.23
2	교육과학기술부	89	68.46	23	공정거래위원회	11	8.46
3	행정안전부	86	66.15	24	식품의약품안전청	9	6.92
4	지식경제부	85	65.38	24	통일부	9	6.92
5	보건복지부	82	63.08	26	특허청	8	6.15
6	농림수산식품부	70	53.85	27	관세청	7	5.38
7	국방부	51	39.23	28	여성가족부	6	4.62
8	문화체육관광부	42	32.31	29	조달청	4	3.08
9	환경부	41	31.54	30	국가정보원	3	2.31
10	기획재정부	40	30.77	30	기상청	3	2.31
11	금융위원회	39	30.00	30	문화재청	3	2.31
12	고용노동부	36	27.69	30	해양경찰청	3	2.31
13	법무부	26	20.00	34	농촌진흥청	2	1.54
14	경찰청	20	15.38	34	국민권익위원회	2	1.54
15	소방방재청	19	14.62	36	방위사업청	1	0.77
16	외교통상부	18	13.85	36	병무청	1	0.77
16	검찰청	18	13.85	36	통계청	1	0.77
18	국세청	17	13.08	36	국가인권위원회	1	0.77
19	국가보훈처	15	11.54	36	감사원	1	0.77
20	중소기업청	14	10.77	41	법제처	0	0.00
21	산림청	13	10.00				

※ 주: 표준화 공식=(기관별 법률 수/1위 기관 법률 수)×100.
※ 출처: 『대한민국 현행 법령집』.

분리해냈다. 또 국방부나 기획재정부 등 일부 부처의 소관 법률 가운데도 소속 외청의 소관 법률로 보는 것이 명백한 경우가 있어 이 역시 해당 외청의 홈페이지 등을 검색해 분리해냈다.

<표 3-9>는 이와 같은 기준에 의거하여 집계된 소관 법률의 수를 보여준다. 이를 보면, 국토해양부(1위)가 130개의 법률로 가장 많은 법률을 소관하고 있음을 알 수 있다. 교육과학기술부(2위)가 89개, 행정안전부(3위) 86개, 지식경제부(4위) 85개, 보건복지부(5위) 82개, 농림수산식품부(6위)가 70개로 그 뒤를 잇는다. 이에 비해, 법제처(41위)는 소관 법률이 하나도 없으며, 방위사업청(36위), 병무청(36위), 통계청(36위), 국가인권위원회(36위), 감사원(36위) 등은 소관 법률이 각각 1개에 불과해 상대적으로 극히 낮은 측정값을 나타내 보였다. 전반적으로 부 단위 기관들의 소관 법률 수가 상대적으로 더 많고 청 단위 기관들의 소관 법률 수는 상대적으로 더 적다는 특징도 발견된다. 다만, 경찰청(20개, 14위), 소방방재청(19개, 15위), 검찰청(18개, 16위), 국가보훈처(15개, 19위), 중소기업청(14개, 20위), 산림청(13개, 21위) 등은 청 단위 기관 중에서도 소관 법률의 수가 상대적으로 많은 편에 속하는 것으로 나타났다.

2) 소관 법률 1개당 쪽수

소관 법률의 수는 개별 법률의 내용이나 분량에 상관없이 모든 법률을 같은 값으로 간주하기 때문에 불합리한 점이 있다. 소관 법률 1개당 쪽수는 이를 보정해 줄 수 있는 효과적인 지표라고 할 수 있다. 앞에서 언급했듯이 정부부처들의 법적 자원 측정은 법률의 수 이외에 법률의 내용이나 법률 조항의 수, 또는 쪽수까지 포함할 필요가 있다. 왜냐하면, 소관 법률의 수는 적지만 그 내용이나 분량은 방대한 경우가 있고, 또 소관 법률의 수는 많지만 그 내용이나 분량은 빈약한 경우가 있기 때문이다. 예컨대, 감사원의 소관 법률은 1개에 불과한데, 이로부터 감사원의 법적 자원—공적 임무와 법적 권위—이 빈약하다고 할 수는 없을 것이다. 또 국가정보원의 소관 법률이 3개에 불과하다는 사실 때문에 국가정보원의 법적 자원이 빈약하다고 할 수는 없는 것이다. 이러한 점에서 소관 법률 1개당 쪽수는 소관 법률의 수 지표가 자칫 왜곡할 수도 있는 법적 자원 수준을 효과적으로 보정해 주는 역할을 한다.

이 지표는 두 가지 이점을 동시에 갖는다. 첫째, 소관 법률의 조항 수가 많을수록 쪽수도 많아지기 때문에 조사 편의상 쪽수를 측정하는 것이 조항 수를 측정하는 것보다 제반 비용을 절감케 한다. 둘째, 소관 법률의 쪽수가 많을수록 법률이 담고 있는 내용도 풍부한 것으로 간주될 수 있으므로 법률의 내용까지 일일이 살피지 않더라도 법적 자원의 상대적 비교를 가능케 한다. 물론 쪽수가 많다고 해서 반드시 조항이 많은 것은 아니고 또 그 내용까지 풍부한 것만은 아니다. 얼마든지 그 예외도 있을 수 있다. 하지만 대개의 경우 그 상관 관계는 뚜렷하다고 할 수 있기 때문에 일정한 경향성을 측정하는 데는 큰 무리가 없다고 본다. 더구나 법률의 내용에 대해서는 이 연구의 다섯 번째 구성 개념인 '잠재력' 부분에서 별도로 비중 있게 취급하고 있기 때문에, 여기서는 굳이 중복해서 이를 감안해 줄 필요가 없다.

여기서 관건은 쪽수에 있으므로 법률과 법령의 쪽수가 일정한 규격으로 제시된 자료가 반드시 필요하다. 법제처가 주관하고 한국법제연구원이 출간하여 주기적으로 관리하는[4] 『대한민국 현행 법령집』은 일정한 규격을 갖추고 있어 이에 적합한 자료다. 그런데 이 법령집은 법률이 제·개정될 때마다 내용이 수시로 바뀌기 때문에 조사 시점에 따라 쪽수가 조금씩 달라질 수도 있다(오재록, 2007). 이 연구의 조사 시점은 2010년 2월과 3월이었으며, 국회도서관 법령자료실에 비치된 총 50여 권의 법령집에서 소관별·기관별로 법령을 분류한 후 쪽수를 일일이 세어 자료를 작성했다.

소관 법률의 경우 단일 기관 소관인 경우만 대상으로 했고, 둘 이상 기관의 공동 소관 법률은 조사에서 제외했다. 왜냐하면, 공동 소관 법률의 경우에는 어떤 기준으로 얼마만큼의 분량을 특정 기관의 소관으로 떼어내야 할지 그 기준을 정할 수가 없었기 때문이다. 한편, 검찰청 소관 법률은 모두 법무부 소관으로 되어 있으나 수사 및 사법과 관련된 법률들을 따로 떼어 검찰청 소관으로 인위적으로 분류해냈다. 기타 소관이 불분명하거나 청(廳)

4) 한국법제연구원은 주기적으로 법률 및 법령 가제를 실시하고 있다.

소관이 분명한데도 형식상 부(部) 소관으로 적시된 경우에도 입법 취지 등을 고려해 소관을 인위적으로 분리해냈다. 따라서 실제 각 기관의 법령집에 나타난 쪽수와 이 연구의 쪽수는 다소 차이가 있을 수 있다(오재록, 2007).

<표 3-10>은 이와 같은 기준에 의거하여 집계된 소관 법률 1개당 쪽수를 보여 준다. 이를 보면, 관세청(1위) 소관 법률들의 평균 쪽수가 90쪽으로 가장 많은 수준임을 알 수 있다. 그 다음으로 국세청(2위)이 평균 53쪽, 특허청(3위) 35쪽, 방위사업청(4위) 30쪽, 금융위원회(5위) 30쪽, 식품의약품안전청(6위) 27쪽, 감사원(7위) 24쪽, 국민권익위원회(8위) 24쪽, 방송통신위원회(9위)가 23쪽 등으로 상대적으로 쪽수가 많은 편에 속했다. 이에 비해 법제처(41위), 농촌진흥청(40위) 등은 상대적으로 극히 미미한 측정값을 나타내 보였다.

전반적으로 청 단위 기관들과 위원회 단위 기관들의 소관 법률 쪽수가 부 단위 기관들보다 상대적으로 더 많은 것으로 나타났다. 이를 법률의 수 지표와 비교해 보면, 전반적으로 부 단위 기관들이 청 단위 기관들보다 소관 법률의 수가 상대적으로 더 많은 편에 속했고, 청 단위 기관들은 부 단위 기관들보다 소관 법률의 평균 쪽수가 상대적으로 더 많은 편에 속했다. 이는 부 단위 기관들이 주로 정책결정 기능을 수행한다는 점, 그리고 청 단위 기관들이 주로 정책집행 기능을 수행한다는 점이 잘 반영된 결과라고 볼 수 있다.

가장 단적인 예는 관세청과 교육과학기술부다. 관세청은 소관 법률이 7개에 불과하지만 그 총 쪽수는 629쪽에 달해 소관 법률의 평균 쪽수가 90쪽에 이르는 데 비해, 교육과학기술부는 소관 법률이 89개나 되지만 그 총 쪽수는 811쪽으로 소관 법률의 평균 쪽수는 10쪽에 불과했다. 그 결과, 관세청은 소관 법률의 수 지표에서 27위에 머물렀지만 소관 법률 1개당 쪽수 지표에서는 1위로 도약했다.

반면, 교육과학기술부는 소관 법률의 수 지표에서 2위를 차지했지만 소관 법률 1개당 쪽수 지표에서 33위로 급락했다. 이와 같은 결과는 법적 자원 측정에서 소관 법률의 수 이외에 소관 법률 1개당 쪽수 지표가 왜 더 필요한지를 말해 준다.

〈표 3-10〉 소관 법률 1개당 쪽수(2010. 3.31 기준)

순위	기관명	법률 수 (A)	법률 쪽수 (B)	B/A	표준화	순위	기관명	법률 수 (A)	법률 쪽수 (B)	B/A	표준화
1	관세청	7	629	89.86	100.00	22	행정안전부	86	1,370	15.93	17.73
2	국세청	17	896	52.71	58.66	23	기획재정부	40	625	15.63	17.39
3	특허청	8	279	34.88	38.81	24	법무부	26	368	14.15	15.75
4	방위사업청	1	30	30.00	33.39	25	기상청	3	38	12.67	14.10
5	금융위원회	39	1,166	29.90	33.27	26	문화체육관광부	42	519	12.36	13.75
6	식품의약품안전청	9	237	26.33	29.31	27	해양경찰청	3	37	12.33	13.73
7	감사원	1	24	24.00	26.71	28	소방방재청	19	229	12.05	13.41
8	국민권익위원회	2	47	23.50	26.15	29	보건복지부	82	976	11.90	13.25
9	방송통신위원회	12	275	22.92	25.50	30	국방부	51	599	11.75	13.07
10	국토해양부	130	2,955	22.73	25.30	31	경찰청	20	226	11.30	12.58
11	환경부	41	917	22.37	24.89	32	여성가족부	6	56	9.33	10.39
12	공정거래위원회	11	237	21.55	23.98	33	교육과학기술부	89	811	9.11	10.14
13	문화재청	3	61	20.33	22.63	34	검찰청	18	156	8.67	9.64
14	산림청	13	259	19.92	22.17	35	병무청	1	8	8.00	8.90
15	국가인권위원회	1	19	19.00	21.14	36	조달청	4	31	7.75	8.62
16	중소기업청	14	259	18.50	20.59	37	통일부	9	69	7.67	8.53
17	통계청	1	18	18.00	20.03	38	국가정보원	3	20	6.67	7.42
18	농림수산식품부	70	1,225	17.50	19.48	39	외교통상부	18	89	4.94	5.50
19	지식경제부	85	1,426	16.78	18.67	40	농촌진흥청	2	8	4.00	4.45
20	국가보훈처	15	250	16.67	18.55	41	법제처	0	0	0.00	0.00
21	고용노동부	36	576	16.00	17.81						

※ 주: 표준화 공식=(기관별 산식 점수/1위 기관 산식 점수)×100.
※ 출처: 『대한민국 현행 법령집』.

제 2 절 자율성

관료적 자율성(bureaucratic autonomy)은 정치적 자율성(political autonomy),

재정적 자율성(financial autonomy), 입법적 자율성(legislative autonomy)으로 개념화할 수 있다.

정치적 자율성은 정부부처가 자신의 정치적 주인들로부터 얼마나 많은 재량권을 부여받을 수 있는 위치에 있는가를 나타내고, 재정적 자율성은 정부부처가 배정된 자원(예산)을 얼마나 재량껏 사용할 수 있는지를 나타내며, 입법적 자율성은 의회에서 부여하는 법률 이외에도 정부부처 스스로 시행령과 시행규칙 등의 하위 법령을 얼마나 자율적으로 설치할 수 있는지를 나타낸다.

1 정치적 자율성

정치적 자율성은 정부부처들이 자신의 정치적 주인으로부터 얼마나 많은 재량권을 부여받을 수 있는 위치에 있는가 하는 정도로 측정된다. 이를 위해 의사결정 능력과 관련된 사전적(*ex ante*) 및 사후적(*ex post*) 측면을 동시에 고려한 세 가지 지표를 설정했다. 첫째가 대통령과의 정치적 거리, 둘째가 국회와의 정치적 거리, 셋째는 정책 자율성의 정도다.

1) 대통령과의 거리(회의 · 면담 · 접촉 횟수)

한국적 상황에서는 정부부처와 대통령과의 정치적 거리가 특히 중요하다. 이른바 '제왕적 대통령제'로 불리는 한국의 독특한 국가 권력구조 하에서 대통령과의 정치적 거리는 각 부처의 관료적 자율성을 가늠할 수 있는 중요한 요소 가운데 하나라고 할 수 있다. 대통령과 정치적으로 가까운 부처는 그렇지 않은 부처에 비해 더 많은 정치적 자율성을 부여받을 수 있다. 주의할 점은, 이때 말하는 자율성은 대통령에 대한 각 부처의 자율성에 방점이 놓이는 것이 아니라, 대통령과 가깝거나 멀다는 사실 때문에 파생되는 영향에 방점이 놓이는 것을 말한다. 사실 각 부처와 대통령과 정치적 거리는 이중적 효과를 내포한다. 일견 각 부처가 대통령과 가깝다는 것은 그만큼 대통령의 간여를 더 많이 받아 부처의 자율성이 약해진다는 뜻이 되겠지만, 실질적으로는 대통령과 가까운 부처가 다른 부처들과의 관계에서는 그만큼 더 많은 자율성과 재량권을 갖게 된다는 의미도 크다고 할 수 있다. 특히, 이 연구는 41개 부처의 자율성의 크기를 측정하는 데 목적이 있으므로 전자보다는 후자에 방점을 두고 지표를 구성했다.

대통령과의 정치적 거리는 대통령과의 회의·면담·접촉 횟수로 측정한다. 그런데, 이와 관련된 비공식 기록은 구할 수 없는 관계로 대통령실 누리집에 공개된 대통령 일정과 관련 언론 보도를 종합하는 방식으로 측정한다. 여기에는 국무회의, 비상경제대책회의 등의 각종 공식회의가 기본적으로 모두 포함되고 대통령이 참여하는 각종 행사도 포함되며, 독대 보고 및 별도 보고 등의 모든 접촉이 포함된다. 조사 대상 기간은 대통령 취임일(2008. 2. 25)로부터 2년간이다.

대통령과의 회의·면담·접촉 횟수는 다음과 같이 네 가지 범주로 유형화되었다. 첫째, 모든 국무위원과 법제처장, 국가보훈처장, 공정거래위원장, 금융위원장이 참석하는 '국무회의', 둘째 외교사절 접견, 신문의 날 행사 등 '각종 행사', 셋째 비상경제대책회의, 국가경쟁력강화위원회, 국가교육과학기술자문회의 등 '각종 회의', 그리고 국가정보원장이나 감사원장 등의 '별도 보고'(주로 독대 보고) 등이다. 다만 독대 보고와 각종 행사에서 단순한 접촉을 동일하게 취급하는 것은 불합리하다고 보고 [(각종 행사×1)+(각종 회의×2)+(국무회의×3)+(별도 보고×6)]이라는 가중 합산식으로 네 가지 범주를 상대화했다. 이 가중 합산식의 의미는 각종 행사에서의 단순한 접촉에 비해 의사결정에 다소라도 참여할 수 있는 각종 회의나 국무회의가 두세 배 정도의 중요도가 있다는 것을 나타내고, 주로 독대가 이뤄지는 별도 보고의 경우 다수가 참여하는 국무회의보다 2배 이상 더 중요하다는 것을 나타낸다. 물론 현실적 중요도의 차이가 이렇게 일률적이지는 않겠지만, 이로 인한 측정 오차가 합리적 상대화의 편익을 과도하게 침해하지는 않을 것으로 보았다.

다만, 가중치가 높은 별도 보고의 경우 공개된 자료를 최대한 활용했지만, 공개된 자료가 없는 경우에는 언론보도 등을 통해 불가피하게 그 횟수를 추정할 수밖에 없었다. 예컨대, 감사원장의 독대 보고 횟수는 김황식 전

감사원장의 국무총리 인사청문회 과정에서 자료가 공개되어 61회로 측정되었다. 물론 그 전임 감사원장이 얼마나 더 독대 보고를 했는지 공개되지 않았지만, 일단 공개된 자료상의 횟수를 그대로 인용하는 쪽을 선택했다. 국세청의 경우, 한상률 전 청장이 노무현 전 대통령 관련 사건에 대해 대통령 독대 보고를 일주일에 두 차례씩 가졌던 것으로 언론에 보도된 바 있는데, 감사원과 국가정보원의 경우 등을 감안하여 별도 추정했다. 국가정보원의 경우, 야당 의원들이 지속적으로 문제를 삼아왔듯이 취임 이후 계속해서 주례보고나 수시보고가 이뤄져 왔으므로, 이를 감안해 추정했다. 검찰청의 경우 검찰총장의 대면 보고가 이뤄지고 있는지는 알 수 없지만, 권력의 특성상 직접 대면 보고가 아닐지라도 여러 방식으로 얼마든지 별도 접촉이 이뤄진다고 보고 국가정보원과 동일하게 추정했다. 또한 경찰청의 경우 국세청에 준해 추정했고, 대통령의 최측근 실세가 임명된 부처들도 이를 감안해 측정값을 다소 높게 설정했다.

<표 3-11>은 이와 같은 기준에 의거하여 집계된 대통령과의 거리(회의·면담·접촉 횟수)를 보여 준다. 이를 보면, 대통령과의 정치적 거리가 가장 가까운 기관은 기획재정부(1위)인 것으로 나타났다. 기획재정부는 별도 보고(추정치)를 제외할 때 국무회의(55회), 각종 행사(85회), 각종 회의(111회)로 대통령을 가장 가까운 거리에서 보좌해 온 것으로 나타났다. 은밀한 접촉이 많은 국가정보원(2위)과 검찰청(3위)도 이에 못지않게 대통령과 정치적으로 가까운 것으로 나타났으며, 각종 외교행사가 빈번한 외교통상부(4위), 독대 보고가 많았던 감사원(5위) 등도 비교적 높은 순위를 보였다. 금융위원회(6위), 지식경제부(7위), 법무부(8위), 교육과학기술부(9위), 국토해양부(10위) 등이 그 뒤를 이었다. 반면, 국가인권위원회(41위), 통계청(39위), 조달청(39위), 병무청(36위), 특허청(36위), 관세청(36위) 등은 대통령과의 정치적 거리가 상대적으로 먼 것으로 나타났다.

2) 국회와의 거리(상임위 출석 일수 대비 국감 일수)

정부부처의 자율성을 대별하는 데 국회와의 정치적 거리도 중요한 요소라고 할 수 있다. 한국과 같이 강성 야당이 존재하는 국회로부터는 그 정

〈표 3-11〉 대통령과의 회의·면담·접촉 횟수

순위	기관명	국무회의	각종 행사	각종 회의	별도 보고	가중 합산	표준화
1	기획재정부	55	85	111	30	652	100.00
2	국가정보원	0	30	7	100	644	98.77
3	검찰청	0	1	7	100	615	94.33
4	외교통상부	55	112	17	12	383	58.74
5	감사원	0	2	0	61	368	56.44
6	금융위원회	55	33	67	6	368	56.44
7	지식경제부	55	57	52	6	362	55.52
8	법무부	55	10	8	24	335	51.38
9	교육과학기술부	55	27	35	12	334	51.23
10	국토해양부	55	23	34	12	328	50.31
11	경찰청	0	4	5	50	314	48.16
12	국세청	0	5	4	50	313	48.01
13	문화체육관광부	55	28	23	12	311	47.70
14	행정안전부	55	37	29	6	296	45.40
15	국방부	55	41	14	6	270	41.41
16	농림수산식품부	55	19	25	6	270	41.41
17	통일부	55	5	6	12	254	38.96
18	보건복지부	55	26	12	6	251	38.50
19	환경부	55	16	22	2	237	36.35
20	방송통신위원회	0	17	16	30	229	35.12
21	공정거래위원회	55	7	4	6	216	33.13
22	고용노동부	55	14	10	2	211	32.36
23	여성가족부	55	13	9	2	208	31.90
24	국가보훈처	55	13	2	4	206	31.60
25	법제처	55	3	2	2	184	28.22
26	국민권익위원회	0	3	0	30	183	28.07
27	방위사업청	0	15	3	2	33	5.06
27	중소기업청	0	13	4	2	33	5.06
29	소방방재청	0	4	2	2	20	3.07
29	산림청	0	0	7	1	20	3.07
31	해양경찰청	0	1	1	2	15	2.30
32	식품의약품안전청	0	2	2	1	12	1.84
33	기상청	0	3	0	1	9	1.38
33	문화재청	0	1	1	1	9	1.38
33	농촌진흥청	0	1	1	1	9	1.38
36	관세청	0	2	0	1	8	1.23
36	특허청	0	2	0	1	8	1.23
36	병무청	0	2	0	1	8	1.23
39	조달청	0	1	0	1	7	1.07
39	통계청	0	1	0	1	7	1.07
41	국가인권위원회	0	1	0	0	1	0.15

※ 주: 1) 가중 합산=(국무회의×3)+(각종 행사×1)+(각종 회의×2)+(별도 보고×6)

2) 표준화 공식=(기관별 가중 합산/1위 기관 가중 합산)×1000.

※ 출처: 청와대 누리집, 언론 보도.

치적 거리가 멀수록 정부부처에 더 많은 자율성을 안겨준다고 할 수 있을 것이다. 국회의 통제로부터 상대적으로 더 많이 벗어나 있을수록 상대적으로 더 많은 정치적 자율성이 부여되는 것이다.

자료는 국회 각 상임위원회 누리집에 게시된 '상임위 회의 일정'과 '국정감사 계획표'를 내려받아 활용했다. 상임위원회 회의의 경우 2008년 4월 · 6월 정기 임시회, 2009년 2월 · 4월 · 6월 정기 임시회, 2010년 2월 · 4월 정기 임시회가 대상이었으며, 국정감사의 경우에는 2008과 2009년 정기회가 조사 대상이었다.[5] 두 경우 모두 하루에 여러 기관이 출석하여 '업무 현황 보고' 및 '질의 응답'을 한 경우에는 피감기관의 수로 하루를 나눠 계산했으며(1/N), 상임위원회 출석 일수와 국정감사 출석 일수를 맞비교하는 것은 타당하지 않으므로 이를 각각 표준화한 값으로 비교했다.[6] 다만, 검찰청의 경우 상임위 출석 일수가 '0'인 관계로 분수 계산이 '불능'으로 나오지 않게 하기 위해 분모를 '0.5'로 인위적으로 설정했다.[7]

<표 3-12>는 이와 같은 기준에 의거하여 집계된 상임위원회 출석 일수 대비 국정감사 수감 일수를 보여 준다. 이를 보면, 검찰청(1위)의 측정값이 가장 높은 수준임을 알 수 있다. 그 다음으로 국가정보원(2위), 국가인권위원회(3위), 국방부(4위), 국세청(5위) 등이 상대적으로 높은 측정값을 기록했다. 여기서 국가인권위원회가 비교적 높은 수위를 차지한 점이 눈에 띈다. 국가인권위원회는 국제인권기구 권고에 의거하여 정부 행정위원회로 회로 설치될 당시 대통령 소속이 아닌 독립기구로 설치될 것이 요청되었지만, 현행 헌법을 수정하지 않고는 대통령 소속이 아닌 기구를 별도로 설치할 수 없어 불가피하게 대통령 소속으로 두되 그 실질적 운영은 대통령으

5) 국회법은 국회 회의 일정을 구체적으로 규정하고 있다. 정기 임시회는 매년 2월, 4월, 6월에 개최하며, 정기회는 매년 9월에 100일간 개최한다. 그 밖에 수시 임시회는 교섭단체 간 합의로 개최한다. 따라서 상임위원회 출석 일수는 2월, 4월, 6월 임시회에 해당한다. 특히, '업무 현황보고'가 들어 있는 경우만 측정한다. 기타 예산 심의나 결산 심의 등은 연구 목적상 제외한다.

6) 다만, 검찰청의 경우 상임위원회 출석 일수가 0인 관계로 분수가 "불능"이 될 수밖에 없어 불가피하게 분모에 '0.5'를 설정하는 방식으로 합리적 상대화를 꾀했다.

7) 이 '0.5'는 측정값의 합리적 상대화를 위해 편의상 설정한 것임을 밝혀둔다.

〈표 3-12〉 상임위원회 출석 일수 대비 국정감사 수감 일수(2008~2010년)

순위	기관명	국감	표준화1(A)	상임위	표준화(B)	산식(A/B)	표준화
1	검찰청	6.00	41.38	0.50	6.25	6.62	100.00
2	국가정보원	8.00	55.17	1.25	15.63	3.53	53.33
3	국가인권위원회	0.60	4.14	0.20	2.50	1.66	25.00
4	국방부	14.50	100.00	5.50	68.75	1.45	21.97
5	국세청	6.50	44.83	2.50	31.25	1.43	21.67
6	환경부	8.02	55.31	3.10	38.75	1.43	21.56
7	공정거래위원회	4.00	27.59	1.75	21.88	1.26	19.05
8	고용노동부	8.00	55.17	3.55	44.38	1.24	18.78
9	식품의약품안전청	3.25	22.41	1.50	18.75	1.20	18.06
10	해양경찰청	2.00	13.79	1.00	12.50	1.10	16.67
10	관세청	2.00	13.79	1.00	12.50	1.10	16.67
10	농촌진흥청	2.00	13.79	1.00	12.50	1.10	16.67
10	산림청	2.00	13.79	1.00	12.50	1.10	16.67
10	경찰청	6.00	41.38	3.00	37.50	1.10	16.67
15	보건복지부	6.50	44.83	3.50	43.75	1.02	15.48
16	기획재정부	7.00	48.28	4.00	50.00	0.97	14.58
17	국민권익위원회	1.20	8.28	0.75	9.38	0.88	13.33
18	기상청	2.00	13.79	1.30	16.25	0.85	12.82
18	병무청	2.00	13.79	1.30	16.25	0.85	12.82
18	소방방재청	2.00	13.79	1.30	16.25	0.85	12.82
21	특허청	1.50	10.34	1.00	12.50	0.83	12.50
21	외교통상부	12.00	82.76	8.00	100.00	0.83	12.50
21	법제처	1.50	10.34	1.00	12.50	0.83	12.50
24	문화재청	2.50	17.24	1.80	22.50	0.77	11.57
25	감사원	2.00	13.79	1.50	18.75	0.74	11.11
26	교육과학기술부	5.00	34.48	4.00	50.00	0.69	10.42
27	행정안전부	3.00	20.69	2.50	31.25	0.66	10.00
28	방송통신위원회	4.00	27.59	3.50	43.75	0.63	9.52
29	조달청	1.00	6.90	0.90	11.25	0.61	9.26
29	통계청	1.00	6.90	0.90	11.25	0.61	9.26
31	금융위원회	7.00	48.28	6.50	81.25	0.59	8.97
32	법무부	4.00	27.59	3.75	46.88	0.59	8.89
33	지식경제부	4.00	27.59	4.00	50.00	0.55	8.33
34	방위사업청	2.00	13.79	2.30	28.75	0.48	7.25
35	농림수산식품부	5.00	34.48	6.75	84.38	0.41	6.17
36	통일부	4.00	27.59	6.00	75.00	0.37	5.56
37	문화체육관광부	4.00	27.59	6.50	81.25	0.34	5.13
38	국토해양부	3.50	24.14	6.50	81.25	0.30	4.49
39	중소기업청	1.50	10.34	3.25	40.63	0.25	3.85
40	국가보훈처	0.45	3.10	1.00	12.50	0.25	3.75
41	여성가족부	1.00	6.90	3.25	40.63	0.17	2.56

※ 주: 표준화공식=(기관별 산식 점수/1위 기관 산식 점수)×100.

※ 출처: 국회 상임위원회별 누리집.

로부터 독립되도록 한다는 취지로 애초부터 설립된 기관이다. 그러므로 <표 3-12>에서처럼 국가인권위원회가 독립성 또는 자율성이 높은 것으로 나타나는 것은 극히 자연스러운 현상이며, 이 지표가 그만큼 타당하다는 점을 보여 주는 좋은 사례라고도 할 수 있다. 한편, 여성가족부(41위), 국가보훈처(40위), 중소기업청(39위) 등은 상대적으로 극히 낮은 측정값을 기록했다.

3) 정책 자율성의 정도

정책 자율성을 측정하려면, 모든 정부부처의 정책 과정 하나하나를 살피고 분석하여 일정한 기준으로 이를 계량화하거나, 각 부처의 주요 정책에 대한 사례분석을 일일이 실시해 정량화할 필요가 있다. 하지만, 현실적으로 모든 부처를 대상으로 이러한 분석을 실시하는 것은 불가능하고, 관련 선행 연구도 없는 마당에 마땅한 대리지표를 찾는 것도 쉽지 않다. 이런 상황에서는 전문가 조사가 하나의 좋은 대안이 될 수 있다고 보았다. 정부의 정책 과정 전반을 잘 들여다볼 수 있는 능통한 전문가들의 견해를 종합한다면, 합리적인 상대화의 목적을 일정 수준 달성할 수 있다고 본 것이다.

문제는 그러한 안목과 식견을 가진 전문가를 어디에서 고르느냐에 있을 터인데, 여기서는 국무총리실 국·과장 간부들을 그 대상으로 선정했다. 그 이유는 국무총리실이 조사 대상기관에 속하지 않아 비교적 객관적인 평가를 내리기에 적합하거니와, 그 간부들은 정부 업무를 오랫동안 총괄적·거시적으로 수행한 경험이 있어 각 부처의 정책 자율성 정도를 가장 합리적으로 판별해 줄 수 있는 당대 최적의 전문가라고 보았기 때문이다.[8] 조사는 2010년 4월에 실시되었으며, 구체적인 조사 대상자는 국장급 10명, 과장급 10명 등 총 20명의 간부로 구성되었다. 이들에게 조사 대상 41개 부처를 열거해 주고 이 중 정책 자율성의 수준이 상대적으로 크다고 생각되는 기관 다섯 곳과, 작다고 생각되는 기관 다섯 곳을 순위대로 기입하게 한 후,

---

8) 대통령실 간부들도 고려해 볼 수 있겠지만, 이들은 정권 교체에 따라 잦은 교체가 이뤄져 국무총리실 간부들보다 상대적으로 덜 전문적이라고 할 수 있다.

상위 5개 부처에는 41~37점을, 하위 5개 부처에는 1~5점을 순차적으로 부여하는 방식으로 상대화했다. 그리고 상·하위 5곳에 언급되지 않은 부처에는 평균값인 '20.5'를 부여했으며, 이렇게 20명이 각각 부여한 부처별 점수를 최종적으로 합산하여 정책 자율성의 정도를 상대화하는 방식을 취했다.

정책 자율성 평가를 위한 설문서는 개방형 질문으로 다음과 같이 세 가지 문항을 제시했다.

【질문 1】 아래 41개 기관들 중, 정책목표와 정책 수단 모두를 자율적으로 수립·결정할 수 있다고 생각되는 기관 다섯 곳을 순서대로 적어 주시기 바랍니다(자율성이 큰 기관순).

【질문 2】 아래 41개 기관들 중, 정책목표를 스스로 수립·결정할 능력은 없는 대신 정책 수단만큼은 자율적으로 결정할 수 있는 능력이 있다고 생각되는 기관을 있는 대로 모두 적어 주시기 바랍니다.

【질문 3】 아래 41개 기관들 중, 정책목표와 정책 수단을 자율적으로 수립·결정할 수는 없고 오로지 그 하부 절차를 수립하는 데만 재량권을 갖는다고 생각되는 기관을 다섯 곳만 순서대로 적어 주시기 바랍니다(자율성이 작은 기관순).

20명의 국·과장들의 응답은 다음과 같은 방법으로 상대화되었다. 【질문 1】에 기입된 상위 5개 부처에는 1위부터 각각 41~37점을 순차적으로 부여했고, 【질문 3】에 기입된 하위 5개 부처에는 41위부터 각각 1~5점을 순차적으로 부여했으며, 【질문 2는 별도로 고려하지 않고 【질문 1】과 【질문 2】에 언급되지 않은 부처 모두에 위의 평균값인 '20.5'를 부여했다.

<표 3-13>은 분량 관계상 20명 중 4명의 응답을 어떻게 처리했는지를 예시적으로 보여 주며, 동시에 이와 같은 방식에 의거하여 집계된 정책 자율성의 정도까지 나타내 주고 있다. 이를 보면, 기획재정부(1위)의 정책 자율성이 상대적으로 가장 높은 것으로 나타났다. 이와 같은 결과는 오재록(2009)의 분석과도 일치한다는 점에서 흥미롭다.

기획재정부의 역할에 대한 이명박 대통령의 관심과 지지는 평소 행태에서

> 도 곧잘 드러나지만, 원천적으로 대통령의 지지를 전폭적으로 받을 수밖에 없는 구조라는 점이 더 중요하다. 기획재정부는 이명박 대통령이 '국정의 조타수' 또는 '경제의 컨트롤 타워'로 삼기 위해 재벌그룹의 '구조조정본부'에 비견되는 조직, 즉 핵심 중의 핵심 부처로 애당초 설계되었다. 국정 방향 및 장기·거시적 관점의 기획·조정 역할을 담당하는 기구로 그 역할이 설정된 만큼(대통령직인수위원회, 2008), 대통령의 남다른 관심을 받지 않을 수 없는 것이다(오재록, 2007: 222).

국무총리실의 국·과장급 간부들은 바로 이러한 점을 강하게 의식했던 것으로 보인다. <표 3-13>을 보면, 기획재정부(1위)의 뒤를 이어 국가정보원(2위), 감사원(3위), 검찰청(4위), 법무부(5위), 지식경제부(6위), 국방부(7위), 행정안전부(8위), 교육과학기술부(9위) 등도 상대적으로 높은 정책 자율성을 지닌 것으로 평가되었다. 이들 부처는 일부 사안에 대해 정책 수단뿐만 아니라 자신들이 바라는 정책목표까지도 일정 수준 스스로 결정할 수 있는 능력을 보유하고 있는 부처들이라고 평가된 것이다.[9] 전반적으로 부, 원, 위원회 단위 기관의 정책 자율성이 상대적으로 높다고 평가된 반면, 청과 처 단위 기관들의 정책 자율성은 상대적으로 낮게 평가되었음을 알 수 있다. 그러나 청 단위 기관 가운데 검찰청(4위)은 예외적으로 정책 자율성이 높게 평가되었고, 부 단위 기관 가운데는 통일부(28위)와 환경부(24위)가 예외적으로 정책 자율성이 낮게 평가되었다.

2 재정적 자율성

정부부처의 재정적 자율성은 자원(예산) 이용에서의 자율재량을 의미한다. 이는 마이어(Meier, 1980)와 오재록(2007)의 예산 재량권(budgetary discretion)과 유사하면서도 다소 차이가 있다. 여기서는 마이어(Meier,

9) 여기서 하나 특이한 점은 국민권익위원회(10위)가 비교적 높은 순위로 평가되고 있다는 대목인데, 이는 이명박 대통령의 최측근 실세로 분류되는 이재오 전 위원장으로 인한 일시적 영향이 아닌가 생각된다.

〈표 3-13〉 정책 자율성의 정도

순위	기관명 \ 응답자	1	2	…	19	20	합계	표준화
1	기획재정부	20.5	40.0	...	41.0	20.5	698.5	100.00
2	국가정보원	38.0	41.0	...	20.5	41.0	654.5	93.70
3	감사원	40.0	20.5	...	20.5	20.5	634.0	90.77
4	검찰청	20.5	20.5	...	20.5	40.0	559.0	80.03
5	법무부	39.0	20.5	...	37.0	20.5	528.5	75.66
6	지식경제부	20.5	39.0	...	39.0	20.5	519.0	74.30
7	국방부	20.5	37.0	...	20.5	20.5	515.0	73.73
8	행정안전부	20.5	20.5	...	40.0	20.5	500.5	71.65
9	교육과학기술부	20.5	38.0	...	20.5	20.5	484.0	69.29
10	국민권익위원회	37.0	20.5	...	20.5	38.0	474.0	67.86
11	국가인권위원회	41.0	20.5	...	20.5	39.0	463.5	66.36
12	공정거래위원회	20.5	20.5	...	20.5	20.5	457.5	65.50
13	국토해양부	20.5	20.5	...	20.5	20.5	443.0	63.42
14	금융위원회	20.5	20.5	...	20.5	20.5	440.0	62.99
15	외교통상부	20.5	20.5	...	20.5	20.5	428.5	61.35
16	문화체육관광부	20.5	20.5	...	38.0	20.5	422.5	60.49
16	보건복지부	20.5	20.5	...	20.5	20.5	422.5	60.49
18	농림수산식품부	20.5	20.5	...	20.5	20.5	421.5	60.34
19	고용노동부	20.5	20.5	...	20.5	20.5	409.0	58.55
20	방송통신위원회	20.5	20.5	...	20.5	37.0	406.0	58.12
21	여성가족부	20.5	20.5	...	20.5	20.5	389.5	55.76
22	식품의약품안전청	20.5	4.0	...	20.5	20.5	388.5	55.62
23	관세청	20.5	20.5	...	20.5	20.5	387.5	55.48
24	환경부	20.5	20.5	...	20.5	20.5	385.5	55.19
25	특허청	20.5	20.5	...	5.0	20.5	373.0	53.40
26	중소기업청	20.5	20.5	...	20.5	20.5	372.0	53.26
27	해양경찰청	20.5	20.5	...	20.5	20.5	371.0	53.11
28	국세청	20.5	20.5	...	20.5	20.5	370.0	52.97
28	통일부	20.5	20.5	...	20.5	20.5	370.0	52.97
30	법제처	20.5	20.5	...	20.5	20.5	356.5	51.04
31	경찰청	20.5	5.0	...	20.5	20.5	354.5	50.75
31	국가보훈처	4.0	20.5	...	20.5	20.5	354.5	50.75
31	소방방재청	20.5	20.5	...	20.5	5.0	354.5	50.75
34	방위사업청	20.5	1.0	...	20.5	4.0	349.5	50.04
35	문화재청	20.5	20.5	...	20.5	20.5	334.0	47.82
36	조달청	1.0	20.5	...	2.0	1.0	274.5	39.30
37	통계청	20.5	20.5	...	3.0	2.0	266.0	38.08
38	병무청	2.0	20.5	...	4.0	20.5	263.0	37.65
39	산림청	20.5	20.5	...	20.5	20.5	262.0	37.51
40	농촌진흥청	5.0	2.0	...	20.5	20.5	229.0	32.78
41	기상청	3.0	3.0	...	20.5	3.0	222.0	31.78

※ 주: 표준화 공식=(기관별 합계 점수/1위 기관 합계 점수)×100.

1980)를 한국적 상황에 맞게 수정・변형한 오재록(2007)을 재차 수정・보완하여 재정적 자율성을 측정했다. 즉, 오재록(2007)의 세 가지 지표를 두 가지로 바꿔 세출예산 대비 이용・전용액의 비율 지표 및 소관별 특수활동비 합계액(2008~2010년) 지표를 설정한 것이다.

1) 세출예산 대비 이용・전용액의 비율

배정된 소관 예산을 얼마나 자율적으로 이용하는가를 알아보기 위해서는 예산의 전용 및 이용 비율을 보는 것이 좋다. 이용(移用) 비율은 입법부에 대한 자율재량을 나타내고, 전용(轉用) 비율은 중앙예산기관에 대한 자율재량을 나타낸다. 오재록(2007)의 경우 이들을 각각 별도의 지표로 설정했으나 이 연구에서는 이 둘을 가중 합산하는 방식으로 하나의 지표로 묶었다. 비슷한 성질을 가진 것들을 두 가지 지표로 독립시켜 놓았을 경우 AHP 기법을 통한 가중치 산정 과정에서 두 가지 지표 각각의 가중치가 상대적으로 더 높게 부여되는 불합리함이 발생할 수밖에 없어 이를 피하기 위한 조치였다. 두 지표를 가중 합산할 때는 오재록(2007)에서 산출한 각각의 가중치(이용 비율 .689; 전용 비율 .311)를 그대로 적용했다.

자료는 2008년도 세출결산 자료[10]와 기획재정부가 국회에 제출한 자료(엑셀 자료)가 함께 활용되었다. 다만, 예산배분권을 지니고 있어 자율재량이 극대화되어 있다고 할 수 있는 기획재정부, 그리고 소관 예산 전체를 자율적으로 사용할 수 있는 국가정보원의 경우에는 최고 수준의 측정값을 부여하는 것이 타당하다고 보아 인위적인 최고의 측정값을 부여했으며, 검찰청의 경우 소관 예산 전체가 법무부 소관으로 분류되어 있어 이를 분리하기가 어려웠던 관계로 법무부와 같은 값을 부여했다.

<표 3-14>는 이와 같은 방식으로 집계된 세출예산 대비 이용・전용액의 비율을 보여 준다. 이를 보면, 인위적으로 설정된 기획재정부(1위), 국가정보원(1위)을 제외하고 문화체육관광부(3위)의 비율이 상대적으로 가장

10) 조사 시점에서 2009년도 세출 결산이 확정되지 않은 관계로 2008년도 세출 결산을 사용했다.

〈표 3-14〉 세출예산 대비 이용·전용액의 비율(2008회계연도)

순위	기관명	이용 비율	전용 비율	가중 합산	표준화	순위	기관명	이용 비율	전용 비율	가중 합산	표준화
1	기획재정부	2.618	1.569	2.292	100.00	22	병무청	0.000	1.947	0.606	26.43
1	국가정보원	2.618	1.569	2.292	100.00	23	중소기업청	0.000	1.790	0.557	24.30
3	문화체육관광부	2.730	1.128	2.232	97.40	24	특허청	0.000	1.687	0.525	22.90
4	공정거래위원회	0.728	4.084	1.772	77.33	25	농림수산식품부	0.256	0.916	0.461	20.12
5	국가보훈처	1.360	2.618	1.751	76.42	26	문화재청	0.000	1.468	0.456	19.92
6	국민권익위원회	0.000	5.264	1.637	71.44	27	조달청	0.420	0.535	0.456	19.88
7	소방방재청	1.414	1.295	1.377	60.11	28	지식경제부	0.254	0.801	0.424	18.50
8	기상청	0.947	2.002	1.275	55.63	29	법제처	0.000	1.053	0.327	14.29
9	해양경찰청	1.292	1.165	1.252	54.65	30	경찰청	0.005	0.927	0.292	12.73
10	식품의약품안전청	0.515	2.427	1.110	48.42	31	보건복지부	0.094	0.589	0.248	10.83
11	농촌진흥청	0.056	3.062	0.991	43.23	32	교육과학기술부	0.130	0.423	0.221	9.65
12	국가인권위원회	0.000	3.092	0.962	41.97	33	통일부	0.084	0.361	0.170	7.44
13	고용노동부	0.000	2.755	0.857	37.40	34	국방부	0.000	0.530	0.165	7.20
14	국토해양부	0.024	2.558	0.812	35.44	34	환경부	0.060	0.398	0.165	7.20
15	방위사업청	0.359	1.770	0.798	34.82	36	감사원	0.000	0.527	0.164	7.15
16	법무부	0.708	0.918	0.773	33.75	37	방송통신위원회	0.102	0.122	0.108	4.72
16	검찰청	0.708	0.918	0.773	33.75	38	금융위원회	0.043	0.124	0.068	2.97
18	통계청	0.000	2.388	0.743	32.41	39	산림청	0.000	0.207	0.064	2.81
19	관세청	0.108	1.981	0.691	30.14	40	행정안전부	0.016	0.168	0.063	2.77
20	국세청	0.000	2.006	0.624	27.23	41	여성가족부	0.029	0.125	0.059	2.57
21	외교통상부	0.376	1.154	0.618	26.98						

※ 주: 1) 가중 합산=(이용 비율×0.689)+(전용 비율×0.311)
　　2) 표준화 공식=(소관별 가중 합산/1위 기관 가중 합산)×100.
※ 출처: 기획재정부(2010).

높은 수준임을 알 수 있다. 그 뒤를 공정거래위원회(4위), 국가보훈처(5위), 국민권익위원회(6위), 소방방재청(7위), 기상청(8위), 해양경찰청(9위) 등이 잇고 있다. 이에 비해 여성가족부(41위), 행정안전부(40위), 산림청(39위), 금융위원회(38위) 등은 상대적으로 낮은 측정값을 나타내 보였다.

2) 재정통제 유예(특수활동비 합계액)

한국 정부에서 예산 사용에서 그 통제가 유예되어 있는 유일한 비목은 '특수활동비(特殊活動費)'다. 이는 "기밀 유지가 요구되는 정보 및 사건 수사, 이에 준하는 국정 수행활동 등에 직접 소요되는 경비"를 말하며(예산 및 기금 운영계획 지침), 특수활동을 수행하는 공무원에게 필요한 시기에 따라 지급된다. 그런데 그 구체적 지급 대상과 지급 방법 및 시기는 각 부처가 개별 업무의 특성을 감안해 집행하므로 일률적인 기준이 없다. 감사원의 '특수활동비 계산증명지침'에 따르면, 활동비를 지급한 상대방에게 영수증의 교부를 요구하는 것이 적당하지 않은 경우에는 그 사유와 지급 일자, 지급 목적, 지급 상대방, 지급액을 명시한 관계 공무원의 영수증서로 대신할 수 있으며, 현금으로 미리 지급한 뒤 나중에 집행 내용 확인서만 붙일 수도 있고 경우에 따라서는 이를 생략할 수도 있다. 특히, 국회에 제출하는 예산안에 부처별 특수활동비 총액만 계상하고 그 세부 내역은 밝히지 않아도 돼 그 용처를 알기도 어렵다. 따라서 특수활동비는 사실상 재정통제가 유예된, 즉 자율재량이 가장 높은 예산이라고 할 수 있다. 2009년도의 경우 대통령실 등 20개 기관이 사용한 특수활동비 규모는 8,623억 원가량이며, 2010년도에는 8,647억 원이 계상되었다.

특수활동비는 세출예산에서 차지하는 비중보다는 그 규모가 더 중요하다. 상당수 부처는 이를 한 푼도 배정받지 못하는 현실을 감안하면 더욱 그렇다. 따라서 특수활동비 지표만큼은 그 규모를 중심으로 지표를 구성하고자 했는데, 여기서는 이명박 정부 출범 이후 3년 동안의 부처별 합계액으로 측정했다. 자료는 기획재정부가 국회에 제출한 자료(엑셀 자료)가 활용되었다. 다만, 소관 예산 전체가 특수활동비로 구성되어 있는 국가정보원, 그리고 국가정보원 예산이 형식상 기획재정부 소관으로 편성되어 있는 점 등을 감안하여 국가정보원과 기획재정부에 대해서만큼은 최고 수준의 측정값을 인위적으로 부여했다.

자료는 기획재정부(2010)가 국회에 제출한 자료를 활용했다. 다만, 기획재정부의 수치는 인위적으로 조정했다. 소관 예산 전액이 특수활동비인 국가정보원 예산이 형식상 기획재정부 소관인 경우가 많은 데다, 이를 편성하고 운용하는 기획재정부의 재정적 자율성은 이미 최고 수준일 수밖에 없다고 보았기 때문이다. 한편, 다른 부처 소관 예산으로 편성된 특수활동비 가운데 상당액은 사실상 국가정보원 소관인 것이 많은데, 그 상세한 내역이 공개되지 않는 관계로 이를 일일이 분리할 수 없어 명목상 편성된 경우라도 일단은 그 부처의 소관으로 간주했다.

<표 3-15>는 이러한 방식으로 집계된 최근 3년 동안의 특수활동비 합계액을 보여 준다. 이를 보면, 최근 3년 동안 특수활동비가 조금이라도 책정된 기관은 41개 기관 중 16개 기관 정도임을 알 수 있다. 소관 예산 전액이 특수활동비인 국가정보원(1위)의 규모가 가장 컸고, 재정적 자율성이 최고일 수밖에 없어 수치가 조정된 기획재정부(1위)를 제외하면, 국방부(3위), 경찰청(4위), 검찰청(5위), 해양경찰청(6위), 감사원(7위), 방송통신위원회(8위), 교육과학기술부(9위), 통일부(10위) 등의 순으로 나타났다. 그 밖에 외교통상부(11위), 국세청(12위), 관세청(13위), 국민권익위원회(14위), 지식경제부(15위), 문화체육관광부(16위) 등도 특수활동비를 조금이라도 확보하고 있는 것으로 나타났다.

〈표 3-15〉 소관별 특수활동비 합계액 (단위: 백만 원)

순위	기관명	2008	2009	2010	합계	표준화
1	국가정보원	476,617	485,984	483,672	1,446,273	100.00
1	기획재정부	476,617	485,984	483,672	1,446,273	100.00
3	국방부	160,561	163,970	163,150	487,681	33.72
4	경찰청	129,729	126,912	124,942	381,583	26.38
5	검찰청	27,011	27,945	26,019	80,975	5.60
6	해양경찰청	9,371	9,680	10,283	29,334	2.03
7	감사원	4,273	4,273	4,073	12,619	0.87
8	방송통신위원회	3,470	2,936	2,818	9,224	0.64
9	교육과학기술부	2,258	2,355	2,527	7,140	0.49
10	통일부	1,488	1,564	1,633	4,685	0.32
11	외교통상부	1,300	1,200	811	3,311	0.23

12	국세청	984	984	984	2,952	0.20
13	관세청	757	757	757	2,271	0.16
14	국민권익위원회	690	690	690	2,070	0.14
15	지식경제부	0	643	639	1,282	0.09
16	문화체육관광부	0	90	90	180	0.01
17	법무부	0	0	0	0	0.00
17	국토해양부	0	0	0	0	0.00
17	고용노동부	0	0	0	0	0.00
17	농림수산식품부	0	0	0	0	0.00
17	보건복지부	0	0	0	0	0.00
17	행정안전부	0	0	0	0	0.00
17	통계청	0	0	0	0	0.00
17	농촌진흥청	0	0	0	0	0.00
17	병무청	0	0	0	0	0.00
17	금융위원회	0	0	0	0	0.00
17	환경부	0	0	0	0	0.00
17	산림청	0	0	0	0	0.00
17	식품의약안전청	0	0	0	0	0.00
17	특허청	0	0	0	0	0.00
17	기상청	0	0	0	0	0.00
17	국가보훈처	0	0	0	0	0.00
17	조달청	0	0	0	0	0.00
17	방위사업청	0	0	0	0	0.00
17	문화재청	0	0	0	0	0.00
17	중소기업청	0	0	0	0	0.00
17	소방방재청	0	0	0	0	0.00
17	공정거래위원회	0	0	0	0	0.00
17	법제처	0	0	0	0	0.00
17	국가인권위원회	0	0	0	0	0.00
17	여성가족부	0	0	0	0	0.00

※ 주: 표준화 공식=(기관별 합계액/1위 기관 합계액)×100.

※ 출처: 기획재정부(2010).

3 입법적 자율성

입법적 자율성은 정부부처가 소관 법률의 시행령과 시행규칙을 얼마나 자율적으로 설치할 수 있는가를 나타내는 것이다. "법률에 나타난 불분명한 용어들 때문에 관료들은 법률로부터 명확한 행동지침을 끌어내야만 하고, 이 불분명한 위임(fuzzy mandates)으로 인해 법률로 표현된 정치적 위임의 행정적 해석과 관료적 재량권 행사가 빈번하게 이뤄진다"(전영한, 2004). 이는 정치적 위임의 모호성 정도를 나타내는데, 모호성이 더하다는 것은 수임 기관에게 그만큼의 재량이 더 부여된다는 것을 의미한다(오재록·전영한, 2007; 오재록 외, 2010). 그런 의미에서 입법적 자율성은 준입법재량(시행령·시행규칙의 제·개정 빈도)과 법률 대비 법령 재량(소관 법률 쪽수 대비 하위 법령 쪽수의 비율)으로 측정할 수 있다.

1) 준입법 재량(시행령·시행규칙의 제·개정 빈도)

정부부처가 소관 시행령과 시행규칙(대통령령·총리령·부령)을 빈번히 제·개정한다는 것은 그만큼 재량의 범위가 넓다는 것을 의미한다. 법률 제·개정은 관료제 외부인 국회로부터 얻어내는 것이지만, 시행령과 시행규칙(대통령령·총리령·부령)의 제·개정은 관료제 내부에서 재량껏 이뤄지기 때문이다(오재록 외, 2010). 시행령과 시행규칙의 제·개정 빈도는 2008년 2월 25일부터 2010년 2월 28일까지 기간 동안 제·개정된 시행령과 시행규칙(대통령령·총리령·부령)의 빈도로 측정한다. 자료는 법제처 홈페이지에 수록된 법령 정보를 내려받아 활용했다.

<표 3-16>은 이렇게 집계된 시행령·시행규칙의 제·개정 빈도를 보여준다. 이를 보면, 국토해양부(1위)가 308건으로 가장 많고, 보건복지부(2위), 행정안전부(3위), 교육과학기술부(4위), 지식경제부(5위), 농림수산식품부(6위), 기획재정부(7위) 등이 그 뒤를 잇는 것으로 나타났다. 전반적으로 부 단위 기관들의 시행령과 시행규칙(대통령령·총리령·부령) 제·개

〈표 3-16〉 시행령·시행규칙의 제·개정 빈도(2008.3.01~2010.2.28)

순위	기관명	대통령령	총리령	부령	빈도	표준화
1	국토해양부	147	0	161	308	100.00
2	보건복지부	94	0	105	199	64.61
3	행정안전부	139	0	57	196	63.64
4	교육과학기술부	115	0	77	192	62.34
5	지식경제부	91	0	75	166	53.90
6	농림수산식품부	73	0	82	155	50.32
7	기획재정부	73	0	48	121	39.29
8	환경부	44	0	44	88	28.57
9	국방부	53	0	34	87	28.25
10	법무부	49	1	32	82	26.62
11	문화체육관광부	49	0	30	79	25.65
12	금융위원회	41	18	0	59	19.16
13	소방방재청	24	0	21	45	14.61
14	외교통상부	21	0	14	35	11.36
15	경찰청	17	0	11	28	9.09
16	산림청	14	0	12	26	8.44
16	특허청	14	0	12	26	8.44
18	고용노동부	0	0	24	24	7.79
19	국가보훈처	12	10	0	22	7.14
20	중소기업청	16	0	5	21	6.82
21	검찰청	5	0	12	17	5.52
22	방송통신위원회	15	0	0	15	4.87
23	여성가족부	7	0	6	13	4.22
23	통일부	9	0	4	13	4.22
25	공정거래위원회	10	2	0	12	3.90
26	조달청	7	0	4	11	3.57
26	통계청	4	0	7	11	3.57
28	해양경찰청	3	0	7	10	3.25
29	문화재청	6	0	3	9	2.92
30	기상청	4	0	4	8	2.60
31	국민권익위원회	4	2	0	6	1.95
32	법제처	3	2	0	5	1.62
33	병무청	2	0	2	4	1.30
34	농촌진흥청	2	0	1	3	0.97
34	방위사업청	2	0	1	3	0.97
36	관세청	1	0	1	2	0.65
36	식품의약품안전청	1	0	1	2	0.65
38	국세청	1	0	0	1	0.32
38	국가인권위원회	1	0	0	1	0.32
40	감사원	0	0	0	0	0.00
40	국가정보원	0	0	0	0	0.00

※ 주: 표준화 공식=(기관별 빈도/1위 기관 빈도)×100.

※ 출처: 법제처 누리집.

정 빈도가 높고 원·청 단위 기관들의 빈도는 상대적으로 낮은 것으로 나타났다. 이는 부 단위 기관들이 주로 정책결정 업무와 관련이 많고 청 단위 기관들은 정책집행 업무와 관련이 많기 때문이라고 할 수 있다. 국가정보원(40위)과 감사원(40위)은 같은 기간 동안 단 한 번도 소관 시행령과 시행규칙(대통령령·총리령·부령)을 개정하지 않아 이 지표에서 상대적으로 극히 낮은 측정값을 기록했으며, 국가인권위원회(38위)와 국세청(38위)도 미미한 측정값을 나타내 보였다.

2) 법률 대비 법령 재량(소관 법률 쪽수 대비 하위 법령 쪽수의 비율)

소관 법률의 쪽수에 비해 그에 딸린 시행령과 시행규칙의 쪽수가 상대적으로 더 많다는 것은 위임의 모호성이 더한 것이자 재량의 범위가 크다는 뜻이 되고, 그 역의 경우에는 위임의 모호성이 덜한 것이자 재량의 범위가 작다는 뜻이 된다. 따라서 소관 법률의 쪽수 대비 그에 딸린 하위 법령(시행령과 시행규칙)의 쪽수의 비율은 입법부가 당초 설정해 준 임무의 범위로부터 얼마만큼 더 자율적으로 임무 범위를 확장할 수 있는가를 나타내 주는 중요한 지표가 될 수 있다(오재록·전영한, 2007; 오재록 외, 2010).

여기서 관건은 쪽수에 있으므로 법률과 법령의 쪽수가 일정한 규격으로 제시된 자료가 반드시 필요하다. 법제처가 주관하고 한국법제연구원이 출간하여 주기적으로 관리하는 『대한민국 현행 법령집』은 일정한 규격을 갖추고 있어 이에 적합한 자료다. 그런데 이 법령집은 법률이 제·개정될 때마다 내용이 수시로 바뀌기 때문에 조사 시점에 따라 쪽수가 조금씩 달라질 수도 있다(오재록, 2007). 이 연구의 조사 시점은 2010년 2월과 3월이었으며, 국회도서관 법령자료실에 비치된 총 50여 권의 법령집에서 소관별·기관별로 법령을 분류한 후 쪽수를 일일이 세어 자료를 작성했다.

소관 법률의 경우 단일 기관 소관인 경우만 대상으로 했고 둘 이상 기관의 공동 소관 법률은 조사에서 제외했다. 그리고 하위 법령(시행령과 시행규칙)의 경우에는 법률에 딸린 시행령과 시행규칙만 대상으로 했을 뿐, 그 밖에 법률은 없고 대통령·총리령·부령으로만 존재하는 경우와 고시, 예규, 내규, 훈령, 지침 등은 모두 제외했다. 왜냐하면, 공동 소관 법률의 경우에는 어떤 기준으로 얼마만큼의 분량을 특정 기관의 소관으로 떼어내야 할지 그 기준을 정할 수가 없었고, 독립 하위 법령의 경우 비교 기준이 되는 모법(母法)이 아예 존재하지 않았기 때문이다. 한편, 법무부나 검찰청 소관 법률 중에는 형법·민법과 같이 포괄적 성격의 법률도 있고 법원 소관 법률마저 형식상 모두 법무부 소관으로 되어 있는데, 이런 경우에도 모두 분석에서 제외했다. 그리고 검찰청 소관 법률은 모두 법무부 소관으로 되어 있으나 수사 및 사법과 관련된 법률들을 따로 떼어 검찰청 소관으로 인위적으로 분류했다. 기타 소관이 불분명하거나 청(廳) 소관이 분명한 데도 형식상 부(部) 소관으로 적시된 경우에도 입법 취지 등을 고려해 소관을 인위적으로 분류했다. 따라서 실제 각 기관의 법령집에 나타난 쪽수와 이 연구의 쪽수는 다소 차이가 있을 수도 있다(오재록, 2007).

<표 3-17>은 이와 같은 방식에 의거하여 집계된 소관별 법률 쪽수 대비 하위 법령 쪽수의 비율을 보여 준다. 이를 보면, 조달청(1위)의 비율이 가장 높고, 식품의약품안전청(2위), 감사원(3위), 특허청(4위), 소방방재청(5위), 문화재청(6위), 경찰청(7위), 해양경찰청(8위), 고용노동부(9위) 등의 비율도 상대적으로 높은 수준임을 알 수 있다. 전반적으로 청 단위 기관들의 비율이 높은 가운데, 고용노동부(9위), 환경부(11위), 보건복지부(16위) 등은 부 단위 기관들 중 상대적으로 높은 순위를 기록했다. 이는 조달청 소관 법률들의 입법 모호성이 상대적으로 가장 크다고 해석할 수 있으며, 전반적으로 청 단위 정책집행기관들의 법률 모호성이 부 단위 정책결정기관의 법률 모호성보다 대체적으로 높은 것으로 해석할 수 있는 대목이다. 다시 말해, 정책집행 업무를 주로 담당하는 부처에게 상대적으로 더 많은 집행 재량권이 주어지고 있다고 말할 수 있다. 이는 앞의 시행령·시행규칙의 제·개정 지표와 좋은 대조를 보이고 있는데, 앞의 지표는 정책결정에서의 입법적 자율성을, 뒤의 지표는 정책집행에서의 입법적 자율성을 각각 다른 차원에서 골고루 대별해 주고 있는 것이 아닌가 생각된다. 한편, 소관 법률이 없는 법제처(41위)의 측정값이 가장 낮았고, 관세청(40위)도 극히 미미한 상대값을 나타내 보였다.

〈표 3-17〉 소관별 법률 쪽수 대비 하위 법령 쪽수의 비율

순위	기관명	법률 쪽수(A)	법령 쪽수(B)	B/A	표준화
1	조달청	31	236	7.613	100.00
2	식품의약품안전청	237	1,110	4.684	61.52
3	감사원	24	107	4.458	58.56
4	특허청	279	1,238	4.437	58.29
5	소방방재청	229	973	4.249	55.81
6	문화재청	61	257	4.213	55.34
7	경찰청	226	949	4.199	55.16
8	해양경찰청	37	153	4.135	54.32
9	고용노동부	576	2,311	4.012	52.70
10	국세청	896	3,081	3.439	45.17
11	환경부	917	3,004	3.276	43.03
12	병무청	8	26	3.250	42.69
13	검찰청	156	505	3.237	42.52
14	통계청	18	54	3.000	39.41
15	방위사업청	30	86	2.867	37.66
16	보건복지부	976	2,637	2.702	35.49
17	지식경제부	1,426	3,602	2.526	33.18
18	통일부	69	174	2.522	33.12
19	국토해양부	2,955	7,422	2.512	32.99
20	기획재정부	625	1,546	2.474	32.49
21	농림수산식품부	1,225	3,003	2.451	32.20
22	외교통상부	89	213	2.393	31.44
23	산림청	259	618	2.386	31.34
24	행정안전부	1,370	3,261	2.380	31.27
25	여성가족부	56	117	2.089	27.44
26	국가보훈처	250	509	2.036	26.74
27	국방부	599	1,201	2.005	26.34
28	문화체육관광부	519	1,015	1.956	25.69
29	국가정보원	20	39	1.950	25.61
30	법무부	368	705	1.916	25.16
31	농촌진흥청	8	12	1.500	19.70
32	교육과학기술부	811	1,210	1.492	19.60
33	기상청	38	54	1.421	18.67
34	방송통신위원회	275	373	1.356	17.82
35	국민권익위원회	47	62	1.319	17.33
36	중소기업청	259	301	1.162	15.27
37	공정거래위원회	237	241	1.017	13.36
38	금융위원회	1,166	1,146	0.983	12.91
39	국가인권위원회	19	17	0.895	11.75
40	관세청	629	273	0.434	5.70
41	법제처	0	0	0.000	0.00

※ 주: 표준화 공식=소관별 비율(B/A)/1위 기관 비율)×100.

※ 출처: 『대한민국 현행 법령집』.

제 3 절 네트워크

관료제 권력의 세 번째 구성 개념은 네트워크(network)다. 네트워크가 좋은 조직은 그렇지 못한 조직에 비해 대개 더 많은 권력을 행사한다(지충남·유병선, 2005). 어떤 부처도 필요로 하는 소기의 자원을 모두 가지고 있을 수는 없기 때문에 어떤 식으로든 다른 행위자들에게 의존할 수밖에 없게 되고(유재원·소순창, 2005), 그로 인해 조직 단위들은 제도적 매개를 통해 상호간에 얽혀 있는 상호 의존의 관계구조, 즉 네트워크를 형성하게 되는 것이다. 여기서는 오재록(2007)과 같이 네트워크를 수직적 네트워크와 수평적 네트워크로 구분하고, 이를 각각 2개씩의 측정지표로 나눠 측정하고자 한다.

1 수직적 네트워크

수직적 네트워크는 정부부처와 소관 하위기관들 간의 관계구조를 말한다. 수직적 네트워크는 상층부와 하층부 행위자들이 일련의 연속된 경로에서 함께 행동하면서 허브 기관을 중심으로 네트워크를 형성한다(Kim, 2006). 우리나라의 경우, 상층부의 허브 기관은 이 연구의 대상인 41개 부처 각각이 될 것이고, 하층부 행위자들은 소관 소속기관과 산하기관을 비롯한 각종 유관 단체와 이익집단, 그리고 영리조직과 비영리조직 등이 모두 망라될 것이다. 그런데 정부부처의 소속기관과 산하기관은 그 소속이 분명한데 비해, 각종 유관 단체와 이익집단, 그리고 영리조직과 비영리조직 등은 그 소관이 불분명한 경우가 많다. 이에 이 연구에서는 소속기관과 산하기관의 수로 측정 범위를 한정하고자 한다. 이때 '소속기관'이라 함은 정부조직법에 규정된 공식적인 정부기관으로서 각 부처의 본부조직을 제외한 소속 행정기관 모두를 일컫는 말이다. 또 '산하기관'이라 함은 공식적인 행정기관은 아니어서 정부조직으로도 분류되지는 않지만, 정부부처와 매우 밀접한 관계를 맺고 있을 뿐만 아니라, 정부(기획재정부)가 법률(공공기관의 운영에 관한 법률)을 통해 특별히 관리할 정도로 비중이 큰 공공조직(공기업, 공공기관)을 말한다. 이러한 소속기관과 산하기관의 규모 및 수준을 합리적으로 상대화할 수 있다면, 정부부처들의 수직적 네트워크 수준은 효과적으로 비교될 수 있을 것이다(오재록, 2011b).

1) 소속기관의 규모 및 수준

정부조직법상 소속기관은 1차 소속기관, 2차 소속기관, 3차 소속기관으로 구분된다. 이러한 구분을 감안하여 소속기관의 수준에 일정한 격차를 부여하는 방법으로 일률적인 차등적 상대화를 시도하고자 한다. 이렇게 하지 않는다면, 소속기관과의 연계성은 불합리하게 상대화되는 결과를 피할 수 없게 된다. 즉, 시·도 교육청(1차 소속기관)과 지역교육청(2차 소속기관) 및 초·중등학교(3차 소속기관)를 같은 수준으로 보고 단순 합산하는 것은 불합리하며, 지방경찰청(1차 소속기관)과 경찰서(2차 소속기관) 및 지구대·파출소(3차 소속기관)를 동급으로 취급하는 것은 어색하다(오재록, 2007/2011b).

따라서 여기서는 적어도 1차 소속기관에 대해서만큼은 실·국·과의 규모를 감안해 주고, 이어서 1차, 2차, 3차 소속기관을 차등화하는 방식을 취했다. 합리적 비교의 목적상 2차 및 3차 소속기관의 실, 국, 과까지는 굳이 견줄 필요가 없다고 보았기 때문이다. 그 측정 방식은 1차 소속기관 조직—실·국·과—의 규모를 조직 자원 지표와 유사하게 차등화하고, 2차 소속기관과 3차 소속기관의 수를 차등화하는 방식이다. 이를 위해 오재록(2007)과 같이 [(1차 소속기관×3)+(1차 소속기관의 실×8)+(1차 소속기관의 국×4)+(1차 소속기관의 과×1)+(2차 소속기관×2)+(3차 소속기관×1)]이라는 '가중 합산식 1'을 <표 3-19>와 같이 설정했다. 이는 3차 소속기관 1개가 1차 소속기관의 1개 과에, 2차 소속기관 1개가 3차 소속기관 2개에, 그리고 1차 소속기관의 1개 국이 2차 소속기관 2개에, 그리고 1차 소속기관의 1개 실이 3차 소속기관 8개와 견줄 수 있다는 일률적 가정에 따른 것이다. 물론 이러한 일률적 차등화가 현실과 반드시 일치한다고 말할 수는 없을 것이다. 그렇지만, 이로 인한 측정오차가 합리적 상대화의 편익을 과도하게 침해하지는 않을 것으로 보았다(오재록, 2007/ 2011b).

1차, 2차, 3차 소속기관의 구분은 행정안전부(2009)의 「정부기구도표」의 기준을 그대로 따랐다. 다만, 검찰청의 경우에는 그 구분이 상대적으로 불합리한 측면이 있다고 판단되어 이를 인위적으로 조정했다. 경찰청의 경우 지방경찰청이 1차 소속기관으로 분류되어 있는 데 비해, 검찰청은 고등검찰청만 1차 소속기관으로 분류되어 있고 지방검찰청은 2차 소속기관으로 분류되어 있어, 이를 그대로 따를 경우 지방검찰청이 경찰서와 동급으로 취급되는 불합리성이 노정된다. 이를 감안하여 여기서는 지방검찰청을 1차 소속기관으로, 지청을 2차 소속기관으로 조정했다(오재록, 2007/2011b).

자료는 행정자치부(2004)의 「정부기구도표」를 기본으로 하되 각 기관의 직제를 보충적으로 활용했다. 그러나 그렇게 해서도 소속기관의 규모와 질이 온전히 파악되지 않는 경우도 있어 다음과 같이 보완했다. 국방부의 경우, 오재록(2007)과 같이 군 기관 누리집(합동참모본부, 육군본부, 해군본부, 공군본부)을 통하거나 오재록(2007)의 추정치를 원용했다. 교육인적자원부의 경우에도 오재록(2007)과 같이 시·도 교육청 누리집 게시 자료를 내려받거나 오재록(2007)의 추정치를 활용했다. 국가정보원의 경우에도 국가 기밀상 그 존재 자체만 알려진 지부, 출장소, 해외 지부 등에 대해 오재록(2007)의 추정치를 사용했다(오재록, 2007/2011b).

소속기관의 상대화에는 한 가지 기준이 더 적용되었으며, 이는 <표 3-19>의 '가중 합산식 2'에 적용되었다. 여기서 '가중 합산식 2'는 '가중 합산식 1'에 일정한 가중치를 합산한 것이다. 여기서 '가중치'라 함은 청(廳) 단위 기관을 소속기관으로 두고 있는 부(部) 단위 기관들의 수직적 연계성을 추가로 감안해 주기 위한 장치다. 예컨대 기획경제부의 경우, 국세청·관세청·조달청·통계청 등 4개의 굵직한 외청을 소속기관으로 두고 있으므로, 이들 4개 외청의 수직적 연계성 중 일정 부분만큼은 기획재정부의 것으로 간주될 수 있다고 보고, 이들 4개 외청의 측정값의 10%를 각각 기획재정부에 추가해 준 것이다. 즉, 해당 청(廳)의 '가중 합산 1' 점수를 10으로 나눈 값의 합계(소속 외청이 2개 이상일 경우에만 합계)를 '가중 합산 1' 점수에 다시 합산한 것이 바로 '가중 합산 2' 점수다. 이 가중치의 효과는 <표 3-18>에서 곧바로 확인된다. 행정안전부의 경우 가중치가 부여된 최종 순위는 11위이지만, 가중치가 부여되지 않은 '가중 합산 1' 점수로만 보면 가중치가 부여된 최종 순위가 20위인 기상청보다도 아래에 위치한다. 이러한 결과는 '가중 합산식 2'가 왜 필요한지를 말해 준다(오재록, 2007/2011b).

<표 3-18>은 이와 같은 기준과 방식에 의거하여 집계된 소관별 소속기관의 규모 및 수준을 보여 준다. 이를 보면, 교육과학기술부(1위)와 국방부(2위)는 독보적인 측정값을 나타내며 1, 2위를 차지했음을 알 수 있다. 두 기관 모두 3차 소속기관의 수가 압도적으로 많았던 것이 주된 원인이다. 3차 소속기관의 수가 비교적 많은 지식경제부(3위)와 경찰청(4위)도 상대적으로 높은 순위를 차지할 수 있었다. 검찰청(5위)과 외교통상부(6위)는 1차 소속기관의 편재가 두드러짐에도 불구하고 3차 소속기관의 편재가 미약함으로 인해 상당한 격차를 보이며 5, 6위에 머물렀다. 한편, 감사원(38위), 법제처(38위), 국민권익위원회(38위), 여성가족부(38위) 등 4개 기관은 소속기관을 단 하나도 보유하지 않아 지표상의 수직적 네트워크 측정값을 전혀 나타내지 못한 것으로 나타났다.

〈표 3-18〉 소관별 소속기관의 규모 및 수준(2009년 6월 1일 기준)

순위	기관명	1차	(실)	(국)	(과)	2차	3차	가중 합산 1	가중치	가중 합산 2	표준화
1	교육과학기술부	24	0	39	198	407	12,770	14,010	0	140,10.00	100.00
2	국방부	17	27	57	406	137	10,000	11,175	21.3	11,196.30	79.92
3	지식경제부	22	0	26	136	19	3,656	4,000	21.7	4,021.70	28.71
4	경찰청	22	17	15	216	284	1,455	2,501	0	2,501.00	17.85
5	검찰청	23	24	123	127	39	0	958	292.5	1,250.50	8.93
6	외교통상부	157	0	7	631	0	0	1,130	0	1,130.00	8.07
7	법무부	57	0	8	201	107	5	623	95.8	718.80	5.13
8	국세청	9	0	42	162	107	17	588	0	588.00	4.20
9	국토해양부	30	0	28	152	53	33	493	0	493.00	3.52

10	농림수산식품부	9	0	10	79	50	150	396	31.4	427.40	3.05
11	행정안전부	10	0	12	52	14	3	161	252.5	413.50	2.95
12	관세청	50	0	13	173	5	0	385	0	385.00	2.75
13	기획재정부	1	0	0	3	0	0	6	368.7	374.70	2.67
14	보건복지부	12	0	21	162	19	10	330	10.7	340.70	2.43
15	국가정보원	10	0	20	60	50	0	270	50	320.00	2.28
16	문화체육관광부	11	0	31	72	19	0	267	12.2	279.20	1.99
17	고용노동부	21	0	15	67	41	0	272	0	272.00	1.94
18	환경부	12	0	17	97	7	0	215	0	215.00	1.53
19	금융위원회	1	0	0	3	0	0	6	200	206.00	1.47
20	기상청	8	0	0	28	63	0	178	0	178.00	1.27
21	산림청	11	0	4	36	38	0	161	0	161.00	1.15
22	해양경찰청	6	0	0	34	14	74	154	0	154.00	1.10
23	농촌진흥청	5	0	12	61	11	7	153	0	153.00	1.09
24	특허청	3	0	11	97	0	0	150	0	150.00	1.07
25	병무청	13	0	0	104	2	0	147	0	147.00	1.05
26	통계청	7	0	0	25	49	0	144	0	144.00	1.03
27	문화재청	25	0	1	21	11	0	122	0	122.00	0.87
28	국가보훈처	32	0	0	25	0	0	121	0	121.00	0.86
29	식품의약품안전청	7	0	3	60	7	0	107	0	107.00	0.76
30	조달청	12	0	0	34	0	0	70	0	70.00	0.50
31	중소기업청	11	0	0	34	0	0	67	0	67.00	0.48
32	방위사업청	2	0	6	36	0	0	66	0	66.00	0.47
33	통일부	5	0	5	18	0	0	53	0	53.00	0.38
34	방송통신위원회	2	0	0	11	14	0	45	0	45.00	0.32
35	공정거래위원회	5	0	0	25	0	0	40	0	40.00	0.29
36	소방방재청	3	0	0	13	1	0	24	0	24.00	0.17
37	국가인권위원회	3	0	0	0	0	0	9	0	9.00	0.06
38	감사원	0	0	0	0	0	0	0	0	0.00	0.00
38	법제처	0	0	0	0	0	0	0	0	0.00	0.00

38	국민권익위원회	0	0	0	0	0	0	0	0	0.00	0.00
38	여성가족부	0	0	0	0	0	0	0	0	0.00	0.00

※ 주: 1) 가중 합산1=(1차 기관×3)+(1차 실×8)+(1차 국×4)+(1차 과×1)+(2차 기관×2)+(3차 기관×1).
2) 가중 합산2=[가중 합산 1+가중치(외청의 가중 합산 1 점수를 10으로 나눈 값의 합계)].
3) 표준화 공식=(기관별 가중 합산 2 점수/1위 기관 가중 합산 2 점수)×100.
※ 출처: 행정안전부(2009).

2) 산하기관의 규모 및 수준

산하기관은 공무원조직이 아니지만 정부부처의 공식적 계선 바깥에 위치해 있으면서도 정부부처와 밀접하게 연계되는 공공조직이다. 정부부처와 소관 산하기관 간의 관계는 삼성, 현대자동차, SK, LG 등 대규모 기업집단(재벌그룹)이 자신의 계열 회사를 통해 경제력(economic power)을 집중시키고 시장 권력을 행사하는 관계와 닮아 있다. 대규모 기업집단의 경우 그 계열 회사들의 규모가 크고 종류가 다양할수록 경제력이 큰 것처럼, 정부부처의 경우에도 소관 산하기관의 규모가 크고 종류가 다양할수록 정부부처의 수직적 네트워크가 상대적으로 더 우월하다고 할 수 있다(오재록, 2007). 예컨대, 공정거래법상 자산 순위(2010년 4월 기준) 2위인 한국토지주택공사, 9위인 한국도로공사, 18위인 한국철도공사 등을 관할하는 국토해양부, 그리고 자산 순위 3위인 한국전력공사와 17위인 한국가스공사를 관할하는 지식경제부 등은 수직적 네트워크의 수준이 상대적으로 더 높다고 할 수 있다(오재록, 2011b).

문제는 산하기관의 범위를 어느 정도까지로 정할 것이냐에 있다. 한때 각 부처에 산재한 산하기관의 방만한 운영이 심각한 문제로 대두되자, 정부는 지난 10년 동안 산하기관 및 공공기관을 대대적으로 정리하고 이를 종합적으로 관리하기에 이르렀다. 그리고 그 결과물로 '공공기관의 운영에 관한 법률'을 제정·운영하고 있으며, 과거 기획예산처 담당이던 이 업무는 기획재정부로 통합되어 체계적으로 관리가 이뤄지고 있다. 그러므로 여기서는 산하기관의 규모와 수준을 측정하는 데 이 법에 의한 공공기관의 분류를 그대로 따르기로 했다. 동법 제5조(공공기관의 구분)는 모든 공공기관을 공기업, 준정부기관, 기타 공공기관으로 나누고 있다. 공기업은 다시 '시장형 공기업'과 '준시장형 공기업'으로, 준정부기관은 '기금관리형 준정부기관'과 '위탁집행형 준정부기관'으로 나뉜다. 이때 '시장형 공기업'이란 자산 규모가 2조 원 이상이고 총수입액 중 자체수입액이 85% 이상인 공기업을, '준시장형 공기업'은 시장형 공기업이 아닌 공기업을 가리킨다. 또 '기금관리형 준정부기관'은 국가재정법에 따라 기금을 관리하거나 기금의 관리를 위탁받은 준정부기관을, '위탁집행형 준정부기관'은 기금관리형 준정부기관이 아닌 준정부기관을 일컫는다. 이들 어디에도 속하지 않는 산하기관들은 '기타 공공기관'으로 분류된다(오재록, 2011b).

자료는 기획재정부가 집계한 2009년도 공공기관 지정 자료를 사용한다. 당시 기획재정부가 분류·지정한 공공기관은 모두 297개로, 여기서는 이를 [(시장형 공기업×10)+(준시장형 공기업×5)+(기금관리형 공공기관×3)+(위탁집행형 공공기관×2)+(기타 공공기관×1)]이라는 가중 합산식으로 상대화한다. 시장형 공기업에는 2009년 현재 공정거래법상 자산 순위(4월 기준) 2위인 한국전력공사[11]와 18위인 한국가스공사 등이 포함되어 있고, 준시장형 공기업에는 6위인 대한주택공사, 9위인 한국도로공사, 10인 한국토지공사, 21위인 한국철도공사, 23위인 한국석유공사 등이 포함되어 있다. 이들 공기업은 삼성, 현대자동차, SK, LG, 포스코, 롯데, 현대중공업, GS, 금호아시아나, 한진 등 굴지의 재벌그룹(총수가 있는 대규모 기업집단)에 필적할 만큼 거대한 조직이다. 이 점을 감안하여 시장형 공기업과 준시장형 공기업에는 각각 10과 5만큼을 곱하여 차등화하고, 나머지 기관들에는 순차적으로 약간씩의 격차를 두어 차등화했다. 준시장형 공기업 중에는 그 규모가 그다지 크지 않은 한국조폐공사, 한국방송광고공사, 한국광물자원공사, 대한석탄공사, 한국지역난방공사, 한국산재의료원 등이 포함되어 있어 시장형 공기업의 2분의 1 수준으로 간주하는 것이 합리적이라고 보았다.

<표 3-19>는 이와 같은 기준에 의거하여 집계된 소관별 산하기관의 규

11) 2003~4년의 경우 한국전력공사는 삼성그룹을 제치고 자산 순위 1위를 차지하기도 했다. 2009년의 경우에도 한국전력공사는 삼성그룹에 필적하는 유일한 수준으로 2위를 차지했다.

〈표 3-19〉 소관별 산하기관의 규모 및 수준(2009년 1월 기준)

순위	기관명	시장형	준시장형	기금관리	위탁집행	기타	가중 합산	표준화
1	지식경제부	2	4	3	20	38	127	100.00
2	국토해양부	4	9	0	7	18	117	92.13
3	문화체육관광부	0	2	3	3	23	48	37.80
4	교육과학기술부	0	0	1	0	34	37	29.13
5	금융위원회	0	0	5	2	11	30	23.62
6	보건복지부	0	0	1	5	11	24	18.90
7	고용노동부	0	1	1	4	4	20	15.75
8	농림수산식품부	0	1	0	3	4	15	11.81
9	기획재정부	0	0	0	5	2	12	9.45
10	환경부	0	0	0	4	2	10	7.87
11	중소기업청	0	0	1	1	4	9	7.09
12	방송통신위원회	0	0	0	3	1	7	5.51
13	행정안전부	0	0	0	2	1	5	3.94
13	국가보훈처	0	0	0	2	1	5	3.94
15	외교통상부	0	0	0	0	3	3	2.36
15	법무부	0	0	0	0	3	3	2.36
15	국방부	0	0	0	0	3	3	2.36
18	특허청	0	0	0	0	2	2	1.57
18	방위사업청	0	0	0	0	2	2	1.57
18	공정거래위원회	0	0	0	1	0	2	1.57
18	경찰청	0	0	0	1	0	2	1.57
18	소방방재청	0	0	0	1	0	2	1.57
23	문화재청	0	0	0	0	1	1	0.79
23	산림청	0	0	0	0	1	1	0.79
25	검찰청	0	0	0	0	0	0	0.00
25	조달청	0	0	0	0	0	0	0.00
25	관세청	0	0	0	0	0	0	0.00
25	병무청	0	0	0	0	0	0	0.00
25	국세청	0	0	0	0	0	0	0.00
25	국민권익위원회	0	0	0	0	0	0	0.00
25	감사원	0	0	0	0	0	0	0.00
25	해양경찰청	0	0	0	0	0	0	0.00
25	통일부	0	0	0	0	0	0	0.00
25	식품의약품안전청	0	0	0	0	0	0	0.00
25	통계청	0	0	0	0	0	0	0.00
25	농촌진흥청	0	0	0	0	0	0	0.00
25	법제처	0	0	0	0	0	0	0.00
25	기상청	0	0	0	0	0	0	0.00
25	국가정보원	0	0	0	0	0	0	0.00
25	여성가족부	0	0	0	0	0	0	0.00
25	국가인권위원회	0	0	0	0	0	0	0.00

※ 주: 1) 가중 합산=(시장형×10)+(준시장형×5)+(기금관리×3)+(위탁집행×2)+(기타×1).
2) 표준화 공식=(기관별 가중 합산/1위 기관 가중 합산)×100.

※ 출처: 기획재정부(2009).

모 및 수준을 보여 준다. 이를 보면, 시장형 공기업 2개(한국전력공사, 한국가스공사), 준시장형 공기업 4개(한국석유공사 등), 기금관리형 공공기관 3개(한국수출보험공사 등), 위탁집행형 공공기관 20개(대한무역투자진흥공사 등), 기타 공공기관 38개(한국전자통신연구원 등) 등 67개의 공공기관을 거느린 지식경제부(1위)의 측정값이 가장 높게 나타났다. 또한 시장형 공기업 4개(인천국제공항공사 등), 준시장형 공기업 9개(대한주택공사 등), 위탁집행형 공공기관 7개(교통안전공단 등), 기타 공공기관 18개(주택관리공단 등)를 소관하고 있는 국토해양부(2위) 역시 1위와 큰 차이 없는 수치로 2위를 차지한 것으로 나타났다. 문화체육관광부(3위), 교육과학기술부(4위), 금융위원회(5위), 보건복지부(6위), 고용노동부(7위), 농림수산식품부(8위) 등이 상당한 격차를 두고 그 뒤를 잇고 있다. 전반적으로 부 단위 기관의 산하기관 지표가 높았고 청 단위 기관은 상대적으로 낮았다. 다만, 중소기업청(11위)과 국가보훈처(13위)가 청 단위 기관 중 높은 순위를 차지했다. 국가인권위원회(25위), 여성가족부(25위) 등 17개 부처는 산하기관을 하나도 보유하지 못하고 있는 것으로 나타났다.

2 수평적 네트워크[12)]

수평적 네트워크는 정부부처 간의 관계구조를 말한다. 정부부처 간의 수평적 네트워크 분석은 대개 결속성 또는 근접성(cohesion or distance), 그리고 중심성(centrality)과 구조적 등위성(structural equivalence)의 정도 등으로 파악될 수 있으며(Burt, 1992; Faust & Wasseman, 1994; Lee & Strang, 2006; 이창길, 2006; 홍형득, 2006), 이러한 분석에서 국무회의 안건 자료를 활용하는 경우도 있다 (이창길, 2006). 일반적으로 특정한 네트워크에서 어떤 행위자가 전체 네트워크의 중심에 위치하는 정도를 표현하는

12) 수평적 네트워크 분석은 중앙대 박치성 교수의 도움으로 이루어졌다. 박 교수께 감사드린다.

지표로 널리 활용되는 것은 중심성 분석(centrality analysis)이다 (손동원, 2002). 이를 측정하는 방법은 여러 가지가 있는데, 이 연구에서는 내향 연결 정도 중심성(in-degree centrality, prestige centrality)과 매개 중심성(betweenness centrality)을 사용한다 (오재록, 2007/2011b).

1) 내향 연결 정도 중심성 지수

정부부처들이 수평적으로 어떻게 연계되어 있는가는 부처 간에 문서를 얼마나 주고받는가의 정도로 측정될 수 있다. 내향 연결 정도 중심성(in-degree centrality)은 내향 중심성(in-centrality)과 연결 정도 중심성(degree dentrality)이 합쳐진 네트워크 개념이다. 이것은 정부부처들 간의 교류 방향과 연결 정도가 동시에 고려된 개념이다. 이 연구에서는 이를 41개 부처들 간의 전자문서 유통 현황을 통해 측정 하고자 한다. 이때 내향 연결 정도 중심성 지수는 문서를 많이 수신할수록 높은 점수를 갖는다. 문서 수신이 상대적으로 많다는 것은 다른 부처들이 상대적으로 그만큼 그 부처에 대해 의존적이거나, 또는 그 부처의 소관 업무가 광대하여 많은 업무 협조를 구하는 것으로 해석될 수 있다 (오재록, 2011b).

분석 자료는 행정안전부가 집계하는 "중앙행정기관 간 전자문서 유통 현황"을 사용했다. 집계 시점은 2008년 4월 1일부터 2010년 2월 28일까지의 기간이다. 부처 간 문서 교환은 2004년 이후 사실상 전자화되었기 때문에 이 연구의 시간적 범위상(2008~2010) 전자문서 교환 건수만으로 측정은 충분하다.

41개 부처의 A→B, B→A 관계를 모두 상정해 보았을 때, 총 1,640개의 부처 간 문서 송·수신 관계가 존재한다. 이 1,640개의 부처 간 문서 송수신 빈도 분포를 살펴보면, 왼쪽 꼬리로 치우치는(skewed to right) 분포를 나타내기 때문에 이 분포를 대표하는 값으로 산술 평균(1,158.3건)보다는 중위수(340.5건)가 더 적당하고 판단되었다. 또한 특정 부처 간 문서 송·수신 빈도가 현저하게 높은 경우(법무부와 검찰청이 가장 대표적: 법무부→검찰청은 91,977건, 검찰청→법무부는 128,354건: 이는 1,640개의 문서 송수신 관계 중 최대값에 해당함), 이 두 부처 간 관계는 괄목하게(일종의 outlier) 많지만, 이러한 것이 왜곡(bias)된 중심성 분석 결과를 가져오게 되므로, 이러한 왜곡 현상을 최소화하고자 문서 송·수신 원자료를 10분위수로 다음과 같이 재가공한 후 중심성 지수를 측정했다(오재록, 2011b).

1분위 → 0(5건 – 61건): 5건이 최소값임
2분위 → 1(62건 – 114건)
3분위 → 2(115건 – 165건)
4분위 → 3(166건 – 236건)
5분위 → 4(237건 – 340건)
6분위 → 5(341건 – 499건)
7분위 → 6(500건 – 738건)
8분위 → 7(739건 – 1,207건)
9분위 → 8(1208건 – 2,659건)
10분위 → 9(2,660건 – 128,354건): 최대값까지

<표 3-20>은 이와 같은 방식에 의거하여 집계된 내향 연결 정도 중심성 지수를 보여 준다. 이를 보면, 행정안전부의 내향 연결 정도 중심성 지수가 가장 높은 것으로 나타났다. 외교통상부(2위), 국토해양부(3위), 보건복지부(4위), 조달청(5위), 기획재정부(6위), 농림수산식품부(7위), 문화체육관광부(8위), 법무부(9위), 교육과학기술부(9위) 등이 그 뒤를 이었다. 이에 비해 방위사업청(41위), 국가인권위원회(40위), 금융위원회(39위), 농촌진흥청(38위), 기상청(37위) 등은 내향 연결 정도 중심성 지수가 상대적으로 낮은 것으로 나타났다.

2) 사이 중심성 지수

사이 중심성(betweenness centrality)은 네트워크 내에서 한 점이 담당하는 매개자 혹은 중재자 역할의 정도를 가리킨다. 예를 들어 A, B, C가 있다고 가정하자. A와 C가 오직 B를 통해서만 관계를 맺을 수 있다고 했을 때, 행위자 B는 높은 사이 중심성을 갖는다고 할 수 있다. 그리고 이 행위자 B는 잠재적으로 A와 C 사이를 통제할 수 있는 조정자(broker) 또는 다리(bridge) 역할을 하는 것으로 간주한다. 한 행위자가 네트워크의 구성원

〈표 3-20〉 내향 연결 정도 중심성 지수

순위	기관명	내향 연결 정도 중심성 지수	표준화	순위	기관명	내향 연결 정도 중심성 지수	표준화
1	행정안전부	99.167	100.00	22	법제처	47.500	47.90
2	외교통상부	84.444	85.15	23	산림청	40.556	40.90
3	국토해양부	81.944	82.63	24	관세청	39.722	40.06
4	보건복지부	78.889	79.55	24	통일부	39.722	40.06
5	조달청	77.778	78.43	26	국가정보원	38.611	38.94
6	기획재정부	76.389	77.03	27	중소기업청	37.500	37.81
7	농림수산식품부	72.222	72.83	28	국세청	36.944	37.25
8	문화체육관광부	71.667	72.27	29	방송통신위원회	36.111	36.41
9	법무부	66.667	67.23	30	해양경찰청	35.833	36.13
9	교육과학기술부	66.667	67.23	31	식품의약품안전청	34.722	35.01
11	국민권익위원회	66.389	66.95	32	특허청	31.111	31.37
12	병무청	64.722	65.27	33	감사원	30.556	30.81
13	지식경제부	62.500	63.02	34	여성가족부	29.722	29.97
14	고용노동부	62.222	62.74	35	문화재청	29.444	29.69
14	환경부	62.222	62.74	36	공정거래위원회	26.667	26.89
16	경찰청	59.167	59.66	37	기상청	25.556	25.77
17	검찰청	55.000	55.46	38	농촌진흥청	23.611	23.81
18	통계청	54.444	54.90	39	금융위원회	23.333	23.53
19	국가보훈처	49.444	49.86	40	국가인권위원회	17.500	17.65
20	소방방재청	48.889	49.30	41	방위사업청	15.556	15.69
21	국방부	48.611	49.02				

※ 주: 표준화 공식=(기관별 지수/1위 기관 지수)×100.
※ 출처: 행정안전부(2010).

들에 대한 실제적인 혹은 잠재적인 중재 역할의 중요성이 클수록 통제력은 그만큼 커지게 되며, 이에 대한 다른 행위자들의 의존성도 커지게 된다. 이렇게 사이 중심성은 한 행위자가 네트워크 내에서 자신의 이웃을 넘어 네트워크 전체에 걸쳐 정보 교류를 통제할 수 있는 능력을 얼마만큼 가지고 있는가를 나타내 주는 지표라는 점에서 글로벌(global) 중심성의 의미가 강하다 (손동원, 2002; 오재록, 2011b).

이 연구에서 사용하고자 하는 사이 중심성 지수는 A라는 부처가 C라는 부처와 업무 연계를 하기 위해 중간에 꼭 거쳐야만 하는, 즉 다리 또는 조정 역할을 하는 정도를 타나내는 측정값이다. 이 연구의 자료는 이진수가 아닌 정수이기 때문에 흐름 매개(flow betweenness)를 통해 측정한다. 분석 자료는 내향 연결 정도 중심성 지수와 마찬가지로 "중앙행정기관 간 전자문서 유통 현황"을 사용한다. 집계 시점 역시 같고 원자료를 10분위수로 재가공한 후 측정한 방식도 같다. 다만 분석의 초점이 다를 뿐이다 (오재록, 2011b).

1분위 → 0(5건 – 61건): 5건이 최소값임
2분위 → 1(62건 – 114건)
3분위 → 2(115건 – 165건)
4분위 → 3(166건 – 236건)
5분위 → 4(237건 – 340건)
6분위 → 5(341건 – 499건)
7분위 → 6(500건 – 738건)
8분위 → 7(739건 – 1,207건)
9분위 → 8(1,208건 – 2,659건)
10분위 → 9(2,660건 – 128,354건): 최대값까지

<표 3-21>은 이와 같은 방식에 의거하여 집계된 사이 중심성 지수를 보여 준다. 이를 보면, 행정안전부(1위)의 사이 중심성이 가장 높은 수준임을 알 수 있다. 그 뒤를 기획재정부(2위), 외교통상부(3위), 국토해양부(4위), 조달청(5위), 보건복지부(6위), 농림수산식품부(7위), 법무부(8위), 검찰청(9위), 문화체육관광부(10위) 등이 잇고 있다. 이에 비해 국가인권위원회(41위), 방위사업청(40위), 금융위원회(39위), 여성가족부(38위), 기상청(37위), 문화재청(36위) 등은 다른 부처들과의 연계성이 상대적으로 낮은 수준인 것으로 나타났다.

〈표 3-21〉 사이 중심성 지수

순위	기관명	사이 중심성 지수	표준화	순위	기관명	사이 중심성 지수	표준화
1	행정안전부	6.796	100.00	22	국가보훈처	2.058	30.28
2	기획재정부	5.116	75.28	23	법제처	1.919	28.24
3	외교통상부	4.792	70.51	24	소방방재청	1.805	26.56
4	국토해양부	4.431	65.20	25	감사원	1.786	26.28
5	조달청	4.195	61.73	26	중소기업청	1.707	25.12
6	보건복지부	4.065	59.81	27	산림청	1.701	25.03
7	농림수산식품부	3.741	55.05	28	해양경찰청	1.564	23.01
8	법무부	3.700	54.44	29	국가정보원	1.470	21.63
9	검찰청	3.606	53.06	30	통일부	1.467	21.59
10	문화체육관광부	3.560	52.38	31	방송통신위원회	1.410	20.75
11	교육과학기술부	3.416	50.26	32	식품의약품안전청	1.295	19.06
12	경찰청	3.344	49.21	33	특허청	1.209	17.79
13	지식경제부	3.284	48.32	34	공정거래위원회	1.114	16.39
14	국민권익위원회	3.280	48.26	35	농촌진흥청	1.046	15.39
15	병무청	3.220	47.38	36	문화재청	1.005	14.79
16	고용노동부	3.043	44.78	37	기상청	0.977	14.38
17	국방부	2.980	43.85	38	여성가족부	0.974	14.33
18	환경부	2.947	43.36	39	금융위원회	0.807	11.87
19	관세청	2.283	33.59	40	방위사업청	0.655	9.64
20	국세청	2.227	32.77	41	국가인권위원회	0.339	4.99
21	통계청	2.159	31.77				

※ 주: 표준화 공식=(기관별 지수/1위 기관 지수)×100.
※ 출처: 행정안전부(2010).

제 4 절 잉여력

정부부처들의 권력을 구성하는 네 번째 개념은 잉여력(surplus power)

이다. 이는 어떤 부처가 집단적으로 창출해내는 힘의 크기 가운데 여타 구성 개념이 미처 포괄하지 못하는 잉여 부분만큼을 포착하기 위한 구성 개념이다. 다르게 말하면 여타 구성 개념의 개념적 공간을 메워 주는 여집합(complementary set) 같은 개념이다. 일반 사회조직이 아닌 정부조직의 특성상 권력의 크기를 측정하는 데 잉여력은 특히 포함될 필요가 있는 개념이다. 정부부처들의 권력(관료제 권력)은 비공개적으로 행사되거나 곧잘 은폐되는 경향이 있기 때문에 숨은 부분을 제대로 반영하지 않으면 정부부처 권력의 측정이 자칫 왜곡될 소지가 있다.

이러한 점에서 잉여력은 "어떤 부처가 비공식적으로 행사하는 권력의 정도", 혹은 "권력의 행사 결과(outcomes) 또는 권력의 영향(impact)"으로 정의할 수 있다(오재록, 2007). 잉여력은 외부를 향한 것(외부 잉여력)과 내부를 향한 것(내부 잉여력)으로 구분할 수 있다. 외부 잉여력은 행정부 바깥을 향해 비공식적으로 권력을 표출하는 정도를 가리키고, 내부 잉여력은 행정부 내부에서 행사되는 권력의 영향 또는 권력의 행사 결과를 나타낸다.

1 외부 잉여력

정부부처들은 자신들의 권력을 행정부 바깥으로 은연중 표출하게 된다. 그것은 부처 스스로가 원하든 원치 않든 간에 부지불식간에 표출되어 다양한 형태의 영향 또는 파급 효과를 끼친다. 그리고 그 영향은 중요하거나 결정적인 경우가 많아서 관련 행위자들의 관심을 끄는 일이 많으며, 파급 효과는 국회, 법원, 언론, 기업, 시민단체, 학생, 노동자, 농민 등 관련 행위자들에게 광범위하게 다가간다. '외부 잉여력'은 바로 이 점을 포착해내기 위한 변수다. 문제는 이를 어떻게 측정하고 상대화할 것이냐에 있다. 여기서는 언론의 관심도, 입법 능력, 국정감사 수감 일수, 퇴직 관료의 재취업 비율 등 네 가지 대리지표로 이를 측정하고자 한다. 언론의 관심도는 일반 대중에 대한 영향을 나타내는 것이고, 입법 능력과 국정감사 수감 일수는 입법부에 대한 영향을 나타내는 것이며, 퇴직 관료의 재취업 비율은 민간 부문에 대한 영향을 나타내는 것이다(오재록, 2011a).

1) 언론의 관심도(중앙일간지 1면 기사 게재 비중)

언론의 관심을 많이 받는 부처일수록 권력이 큰 기관일 가능성은 상당하다. 이는 이미 우리의 경험칙을 통해 알려져 있다. 중요하고 비중 있는 부처가 표출하는 행위들은 주요 뉴스로 다뤄지는 경우가 많다. 극히 예외적인 사건이나 특수한 이슈가 있어 이례적으로 관심이 집중되는 경우도 있지만, 대개는 영향력이 큰 부처가 언론의 주목을 더 많이 받는다. 여기서는 이를 중앙일간지 1면 기사 게재 비중으로 측정한다. 방송 뉴스보다 신문 보도가 훨씬 더 다양하고 많은 정보를 담고 있다는 점에서 신문을 선택한 것이고, 언론의 '관심'이라는 측면에서 1면 기사만큼 중요한 것은 없을 것이므로 이를 대상으로 삼는다.

물론 언론의 관심도를 다른 방식으로 측정한 선행 연구들도 있다. 그런데 대개 한국언론재단 신문기사 검색 시스템(kinds)의 검색 건수로 이를 측정한다(김근세·권순정, 2001 등). 그러나 이 경우 비중 있는 기사와 단순 기사가 구별되지 않는다. 오재록(2007)은 중앙일간지 1면 게재 기사를 상대화하는 방법을 개발·활용했는데, 여기서는 이를 따르고자 한다.

그 측정 방법은 이렇다. 첫째, 비교적 공정하고 균형감 있는 보도를 하는 것으로 판단되는 보수적 신문 1개와 진보적 신문 1개를 선정한다. 둘째, 최근 2년 동안의 1면 게재 기사를 모두 조사한다. 셋째, 1면 머릿기사(5점)부터 1면 말단 기사(1점)까지 점수를 차등 부여한 후 이를 합산한다. 넷째, 이를 표준화한다.

이 연구에서는 '한겨레'와 '중앙일보'의 2008년도 및 2009년도 기사를 대상으로 삼았다. 2008년도와 2009년도로 한정한 것은 조사 시점(2010년 1월) 현재 이명박 정부 출범 이후 자료는 이것이 전부이기 때문이다. 다만, 예외적인 사건 또는 이슈 등으로 인해 예년에 비해 보도 비중이 갑자기 높아졌다고 판단되는 경우에는 측정에서 제외했다. 또 보도된 기사가 어느 부처에 해당되는 기사인가를 판별할 때, 부처명이 단순 인용되거나 병행 언급된 경우는 제외했고, 해당 부처의 비중이 온전히 반영되었다고 볼 수 있는 경우에만 대상으로 삼았다(오재록, 2007).

<표 3-22>는 이와 같은 기준과 방식에 의해 집계된 중앙일간지 1면 기사 게재 비중(언론의 관심도)을 보여 준다. 이를 보면, 검찰청(1위)에 대한 언론의 관심도가 압도적으로 높다는 점을 알 수 있다. 이는 정치인, 고위공무원, 기업인, 저명인사 등에 대한 검찰 수사가 빈번하게 이뤄지고 이를 언론이 관심 있게 보도는 경향이 있기 때문인 것으로 보인다. 그 뒤를 이어 교육과학기술부(2위), 기획재정부(3위), 국토해양부(4위), 경찰청(5위), 외교통상부(6위) 등도 언론의 관심도가 높은 것으로 나타났다. 이에 비해 특허청(39위), 조달청(39위), 농촌진흥청(39위) 등은 지난 2년 동안 1면 기사에 단 한 차례도 언급된 적이 없을 정도로 언론의 관심도가 낮은 것으로 나타났다.

2) 입법 능력(소관 법률의 제·개정 빈도)

정부부처의 비공식적 권력 행사는 국회를 상대로도 나타난다. 그 지표 중 하나는 소관 법률의 제·개정 빈도, 즉 입법 능력이라고 할 수 있다. 소관 법률의 제·개정 빈도가 곧 입법 능력이라고 볼 수 있는 것은 20세기 이후 행정국가화 현상이 진행되면서 입법부는 사실상 '통법부(通法府)'로 전락하고 행정부 관료제가 입법 기능까지 수행하고 있기 때문이다(오재록, 1998). 한국도 예외가 아니어서 행정부의 입법 의도는 행정입법은 물론 의원입법에까지 반영되고 있는 실정이다. 이에 소관 법률의 제·개정 빈도, 즉 새로운 입법(new legislation)을 측정하는 것은 곧 정부부처의 입법 능력을 측정하는 것이라고 할 수 있다. "모든 관료제 기관들은 의회를 상대로 법적 권위를 더 부여해달라고 항상 요구하며 각 기관들의 이와 같은 요구는 법률 제·개정이라고 하는 '새로운 입법'에 반영되어 나타난다(Meier, 1980). 이는 해당 기관의 영향력 확대로 이어진다(오재록, 2007).

여기서 입법 능력(소관 법률의 제·개정 빈도)은 2008년 2월 말부터 2010년 3월 말까지의 기간 동안 제·개정된 법률의 수로 측정한다. 국회 통과 새 법률 자료는 국회 누리집을 통해 내려받았으며, 이를 부처별로 분류하고 제정법과 개정법을 차등 합산하여 측정했다. 제정법과 개정법의 비중

〈표 3-22〉 중앙일간지(중앙일보/한겨레) 1면 기사 게재 비중(2008~2009년)

순위	기관명	중앙(2009)	중앙(2008)	한겨레(2009)	한겨레(2008)	합계	표준화
1	검찰청	256	156	304	157	873	100.00
2	교육과학기술부	89	37	131	75	332	38.03
3	기획재정부	44	94	41	91	270	30.93
4	국토해양부	43	67	79	76	265	30.36
5	경찰청	36	36	76	82	230	26.35
6	외교통상부	45	62	47	60	214	24.51
7	국방부	59	27	18	45	149	17.07
8	고용노동부	38	23	38	28	127	14.55
9	방송통신위원회	6	32	10	76	124	14.20
10	농림수산식품부	7	58	5	53	123	14.09
11	통일부	49	18	33	17	117	13.40
12	지식경제부	36	30	7	29	102	11.68
13	금융위원회	4	28	12	56	100	11.45
14	감사원	23	39	2	32	96	11.00
15	방위사업청	0	0	56	38	94	10.77
16	산림청	0	0	78	15	93	10.65
17	문화체육관광부	37	24	21	0	82	9.39
17	통계청	15	17	29	21	82	9.39
19	보건복지부	41	30	6	3	80	9.16
20	법무부	21	53	0	0	74	8.48
21	기상청	25	10	33	0	68	7.79
22	법제처	0	3	16	46	65	7.45
23	행정안전부	27	9	7	18	61	6.99
24	국가정보원	11	8	5	36	60	6.87
25	식품의약품안전청	0	14	13	31	58	6.64
26	국세청	13	9	29	6	57	6.53
27	환경부	5	3	37	3	48	5.50
28	국가인권위원회	0	0	31	14	45	5.15
29	소방방재청	25	0	0	0	25	2.86
30	공정거래위원회	6	2	9	3	20	2.29
31	여성가족부	5	5	3	4	17	1.95
31	중소기업청	0	0	11	6	17	1.95
33	국가보훈처	0	0	3	7	10	1.15
34	국민권익위원회	5	0	0	0	5	0.57
35	문화재청	0	4	0	0	4	0.46
36	해양경찰청	2	1	0	0	3	0.34
37	관세청	2	0	0	0	2	0.23
37	병무청	0	2	0	0	2	0.23
39	농촌진흥청	0	0	0	0	0	0.00
39	조달청	0	0	0	0	0	0.00
39	특허청	0	0	0	0	0	0.00

※ 주: 표준화 공식=(기관별 합계/1위 기관 합계)×100.

※ 출처: 중앙일보, 한겨레.

은 상당한 차이가 있다. 개정은 단순히 조문 하나나 어휘 몇 개를 고치는 수준이지만, 제정은 공청회를 실시해야 하고 관련 이해당사자들의 의견을 종합적으로 수렴해야 하는 등 상당히 까다로운 절차를 필요로 하는 어려운 작업이다. 오재록(2007)은 이를 감안하여 제정 법률 1개의 가치를 개정 법률 3개의 가치로 상정하고 제정법에 3을 곱했다. 하지만 여기서는 제정법의 가치가 그보다 훨씬 더 높다고 간주하고 제정법에 10을 곱하기로 한다. 물론 이것이 현실을 온전하게 반영하는 것이라고 단언할 수는 없지만, 합리적 상대화를 위해서라면 이 편이 더 낫다고 보았다.

<표 3-23>은 이와 같은 기준에 따라 집계된 소관 법률의 제·개정 빈도(입법 능력)를 보여 준다. 이를 보면, 국토해양부(1위)의 입법 능력이 가장 높은 수준임을 알 수 있다. 국토해양부는 조사 대상 2년여 기간 동안 법률 6개를 제정하고 103개를 개정해내는 괄목할 만한 능력을 보여 주었다. 그 뒤를 이어 농림수산식품부(2위)와 지식경제부(3위)도 국토해양부의 3분의 2 수준으로 비교적 높은 입법 능력을 보였다. 행정안전부(4위), 보건복지부(5위), 교육과학기술부(6위)도 1위의 3분의 1 수준을 나타내 보였고, 법무부(7위), 방송통신위원회(8위), 금융위원회(9위), 기획재정부(10위) 등도 1위의 4분의 1 또는 5분의 1 수준의 입법 능력을 보여 주었다. 주로 부 단위 기관들의 입법 능력이 상대적으로 더 높은 수준인 것으로 나타난 반면, 해양경찰청(37위), 특허청(37위), 병무청(37위), 국가인권위원회(37위), 법제처(37위) 등은 2년여 기간 동안 단 하나의 법률에도 손을 대지 못했을 정도로 입법 능력이 상대적으로 떨어지는 것으로 나타났다.

3) 국정감사 수감 일수

국회를 상대로 한 외부 잉여력 측정에는 국정감사 수감 일수도 중요하다. 매년 정기국회가 열리는 20일 동안의 국정감사 기간에 어떤 부처가 더 많은 시간 동안 국회의 감사를 받느냐는 정부부처들의 권력 지표 가운데 하나가 될 수 있다. 그 이유는 다음과 같다.

한국의 경우, 100일의 정기국회 기간 중 약 20일 동안 진행되는 국정감사는 입법부가 행정부를 감시하고 통제하는 효과적인 수단으로 기능한다.

〈표 3-23〉 소관 법률의 제·개정 빈도(2008.2~2010.3)

순위	기관명	제정	개정	가중합산	표준화	순위	기관명	제정	개정	가중합산	표준화
1	국토해양부	6	103	163	100.00	22	국가보훈처	0	11	11	6.75
2	농림수산식품부	5	59	109	66.87	22	국민권익위원회	1	1	11	6.75
3	지식경제부	2	88	108	66.26	24	식품의약품안전청	0	7	7	4.29
4	행정안전부	1	51	61	37.42	25	공정거래위원회	0	6	6	3.68
5	보건복지부	3	30	60	36.81	25	중소기업청	0	6	6	3.68
6	교육과학기술부	1	38	48	29.45	27	관세청	0	4	4	2.45
7	법무부	3	13	43	26.38	27	경찰청	0	4	4	2.45
8	방송통신위원회	2	18	38	23.31	29	통일부	0	3	3	1.84
9	금융위원회	1	26	36	22.09	29	기상청	0	3	3	1.84
10	기획재정부	1	23	33	20.25	31	조달청	0	2	2	1.23
11	문화체육관광부	0	31	31	19.02	31	방위사업청	0	2	2	1.23
12	검찰청	2	10	30	18.40	33	감사원	0	1	1	0.61
13	국방부	0	29	29	17.79	33	국가정보원	0	1	1	0.61
14	고용노동부	0	24	24	14.72	33	통계청	0	1	1	0.61
15	국세청	0	22	22	13.50	33	농촌진흥청	0	1	1	0.61
15	환경부	0	22	22	13.50	37	법제처	0	0	0	0.00
17	산림청	1	10	20	12.27	37	국가인권위원회	0	0	0	0.00
18	여성가족부	1	7	17	10.43	37	병무청	0	0	0	0.00
19	외교통상부	0	16	16	9.82	37	특허청	0	0	0	0.00
20	소방방재청	1	5	15	9.20	37	해양경찰청	0	0	0	0.00
20	문화재청	1	5	15	9.20						

※ 주: 1) 산식=(제정법×10)+(개정법×1).
2) 표준화 공식=(기관별 가중 합산/1위 기관 가중 합산)×100.
※ 출처: 대한민국 국회 홈페이지.

그런데 이 과정에서 정부부처들의 잉여력이 상대화되어 드러나는 측면이 있다. 이와 같은 현상은 평소 열리는 상임위원회 때보다는 국정감사에서 더 많이 나타난다. 그 이유는 상임위원회에 출석하지 않는 정부부처마저도 국정감사에만큼은 빠짐없이 출석해야 한다는 점에 기인한다.

그 대표적인 예가 검찰청이다. 검찰총장은 관례적으로 상임위원회(법제사법위원회)에 출석하지 않지만, 국정감사 때는 반드시 출석해야 한다. 국정감사의 이러한 특성 때문에 상임위원회는 국정감사 대상기관 및 감사 일정을 편성할 때, 피감기관의 비중 또는 영향력 등을 감안하여 감사 일정에 편차를 두는 경향이 있다. 각 상임위원회는 힘 있는 부처라고 생각되는 부처에 더 많은 감사 일정을 부여하고, 그렇지 않은 부처에는 구색 맞추기식으로 감사 일정을 형식적으로 잡거나 아예 제외시켜 버리는 경우가 많다. 따라서 최근 몇 년간의 국정감사 수감 일수를 집계해 보면 영향력이 큰 기관과 그렇지 못한 기관이 확연히 구별될 수 있다.

오재록(2007)은 최근 3개년도 국정감사 수감 일수로 이를 측정한 바 있다. 이 연구에서는 이 방식을 따르기로 하되, 조사 시점 기준으로 이명박 정부 출범 이후 2년간 자료밖에는 존재하지 않으므로 2개 연도(2008~2009년) 국정감사 수감 일수만 지표에 포함했다. 자료는 국회 각 상임위원회 누리집에 게시된 "국정감사 계획서"를 내려받아 활용했다. 다만, 소관 부처가 하나인 상임위원회의 경우에는 소관 부처가 여러 곳인 상임위원회와 균형을 맞추기 위해 일부 조정했으며, 하루에 2개, 3개 혹은 4개 부처의 감사가 병행 실시된 경우에는 2분의 1, 3분의 1, 4분의 1 등으로 표시했다.

<표 3-24>는 이와 같은 기준과 방식에 의해 집계된 부처별 국정감사 수감·일수를 보여 준다. 이를 보면, 국방부(1위)가 가장 많은 수감 일수를 기록했고, 외교통상부(2위)도 그에 필적할 만한 수준의 수감 일수를 기록했음을 알 수 있다. 또 그 절반 수준으로 환경부(3위), 고용노동부(4위), 국가정보원(5위), 기획재정부(6위), 금융위원회(6위), 국세청(8위), 보건복지부(8위) 등이 그 뒤를 잇고 있다. 이에 비해, 국가보훈처(41위), 국가인권위원회(40위), 통계청(37위), 조달청(37위), 여성가족부(37위) 등은 국회의 관심으로부터 상대적으로 가장 먼 것으로 나타났다. 전반적으로 볼 때, 경찰청(10위)과 검찰청(10위)을 제외한 대다수 청 단위 기관들의 수감 일수가 적었고, 부 단위 기관들의 수감 일수는 상대적으로 더 많았다.

〈표 3-24〉 국정감사 수감 일수(2008~2009년)

순위	기관명	2008년도	2009년도	합계	표준화	순위	기관명	2008년도	2009년도	합계	표준화
1	국방부	7.5	7	14.5	100.00	22	행정안전부	1.5	1.5	3	20.69
2	외교통상부	6	6	12	82.76	23	문화재청	1.5	1	2.5	17.24
3	환경부	3.52	4.5	8.02	55.31	24	감사원	1	1	2	13.79
4	고용노동부	4	4	8	55.17	24	농촌진흥청	1	1	2	13.79
4	국가정보원	4	4	8	55.17	24	병무청	1	1	2	13.79
6	기획재정부	3.5	3.5	7	48.28	24	해양경찰청	1	1	2	13.79
6	금융위원회	3	4	7	48.28	24	관세청	0.5	1.5	2	13.79
8	국세청	4	2.5	6.5	44.83	24	기상청	1	1	2	13.79
8	보건복지부	3.5	3	6.5	44.83	24	소방방재청	1	1	2	13.79
10	경찰청	3	3	6	41.38	24	산림청	1	1	2	13.79
10	검찰청	3	3	6	41.38	24	방위사업청	1	1	2	13.79
12	교육과학기술부	2	3	5	34.48	33	법제처	1	0.5	1.5	10.34
12	농림수산식품부	2	3	5	34.48	33	중소기업청	0.5	1	1.5	10.34
14	법무부	2	2	4	27.59	33	특허청	0.5	1	1.5	10.34
14	지식경제부	2	2	4	27.59	36	국민권익위원회	1	0.2	1.2	8.28
14	통일부	2	2	4	27.59	37	여성가족부	0.5	0.5	1	6.90
14	문화체육관광부	1.5	2.5	4	27.59	37	조달청	0.5	0.5	1	6.90
14	방송통신위원회	2	2	4	27.59	37	통계청	0.5	0.5	1	6.90
14	공정거래위원회	2.5	1.5	4	27.59	40	국가인권위원회	0.2	0.4	0.6	4.14
20	국토해양부	2	1.5	3.5	24.14	41	국가보훈처	0.25	0.2	0.45	3.10
21	식품의약품안전청	1.75	1.5	3.25	22.41						

※ 주: 표준화 공식=(기관별 합계/1위 기관 합계)×100.
※ 출처: 국회 각 상임위원회 누리집.

4) 퇴직 관료의 재취업 비율

정부부처의 잉여력은 민간 부문과 공공 부문에도 행사된다. 정부부처가 민간 부문 또는 공공 부문을 상대로 영향력을 발휘하는 대표적인 경우는 퇴직 관료가 재취업하는 경우라고 할 수 있다. 퇴직 관료의 재취업 여부는 현직 관료들에게 대단히 중요한 관심사다. 자신들의 퇴직 후 진로가 어떠한가는 현직 관료들의 근무 의욕, 사기, 직무 몰입 등 각종 조직 행태(organizational behavior)에 많은 영향을 미칠 수밖에 없다. 이에 따라 각 부처들은 저마다 관료들의 퇴로를 확보하는 데 온갖 노력을 기울인다.

그 좋은 예는 옛 재정경제원에서 찾을 수 있다. "재정경제원의 고위 간부들은 퇴직 후 금융과 관련된 국책기관장 자리를 모조리 독식하는 것이 다반사였다. 당시 은행감독원장, 증권감독원장, 보험감독원장 자리는 모두 재정경제원이나 그 전신인 경제기획원 및 재무부 출신 관료들이 장악했고, 가장 큰 기관투자사인 3대 투자신탁회사의 사장 자리도 이들이 장악했으며, 심지어 건설교통부나 통상산업부 등 다른 부처의 장관까지도 재정경제원 출신이 맡는 경우가 허다했다"(오재록, 2007). 퇴직 관료들의 재취업 여부는 당해 부처의 영향력에 달려 있는 경우가 많으며, 실제로 현직 관료들의 조직적인 노력(앞에서 끌어 주고 뒤에서 밀어 주는 식)은 곳곳에서 감지된다. 따라서 퇴직 관료의 재취업 비율을 합리적으로 상대화할 수 있다면, 정부부처들의 외부 잉여력도 일정 수준 판별할 수 있다.

문제는 이를 어떻게 상대화하느냐에 있다. 오재록(2007)은 경향신문의 2005년도 기획 보도 내용과 행정자치부(2005)의 '4급 이상 퇴직 공무원의 취업 제한 대상 업체에 취업한 현황' 자료를 혼합하는 방식을 쓴 바 있다. 그런데 이명박 정부 들어 어떤 언론도 이와 관련된 보도를 내놓은 바가 없고, 행정안전부도 기밀 유지를 이유로 더 이상 자료를 제공하지 않았다. 그런 가운데 시민단체인 참여연대가 2008년과 2009년에 걸쳐 연속으로 「퇴직 후 취업제한제도 운영실태 보고서」를 발표했다. 따라서 이 연구에서는 별 수 없이 이를 활용하기로 한다(오재록, 2011a).

공직자윤리법은 공직자의 부정한 재산 증식을 방지하고 이해 충돌을 방지하기 위해 '퇴직 후 취업제한제도'를 운영하고 있다. 공직자윤리법상 재산등록의무자는 퇴직 이후 자본금 50억 원 이상, 외형 거래액 150억 원 이상의 영리사기업체 및 관련 협회 등에 취업하려면, 퇴직 전 3년간 담당했던 부서의 업무와 취업 예정 업체 간 밀접한 업무 관련성이 있는지에 대해 공직자윤리위원회로부터 취업 제한 대상 업체[13] 해당 여부를 확인받아야 한다. 이 제도는 퇴직을 예상한 공직자가 퇴직 이전에 취업이 예정되거나 취업이 가능한 업체에 유리하도록 업무를 진행하거나, 퇴직 후 영리사기업에 취업하여 전 소속기관이나 이전 동료 공직자가 수행하는 업무의 공정성을 훼손할 우려가 있어 이를 억제하기 위해 만들어졌다.

참여연대는 퇴직 후 취업제한제도가 "이해 충돌의 회피"라는 입법 취지에 맞게 운영되고 있는지를 확인하기 위해 2006년 두 차례, 2008년과 2009년 각각 한 차례씩 보고서를 발표했다(참여연대, 2009). 여기서는 이명박 정부에 해당하는 2008년 및 2009년 보고서를 인용했다. 2009년 조사의 경우 그 조사 방식은 다음과 같다.

조사 대상은 2008년 6월 1일부터 2009년 5월 31일까지 공직자윤리위원회가 취업이 가능하다고 통보한 181명(중복 가능) 중 업무 관련성 판단이 가능한 152명(중복 가능, 부처 업무 특성상 정보 수집이 어려워 업무 관련성 판단을 유보한 감사원, 검찰청과 국가정보원 퇴직자 29명 제외)이다.

조사 내용은 퇴직자의 퇴직 전 3년간 부서의 업무와 취업 대상 영리사기업체 또는 영리사기업체의 공동 이익과 상호 협력을 위해 설립된 법인 및 단체(협회)의 관련성 및 공직자윤리법 위반 여부 등이다. 이 조사 결과, 공직자윤리위원회는 이 기간 취업 제한 여부 확인을 요청한 퇴직 공직자 190명 중 9명에 대해 취업을 제한하고 181명에게 취업이 가능하다고 통보했지만, 이들 중 82명이 부처 관련 업체 및 협회(부처의 정책결정에 의해 직·간접적으로 영향을 받을 수 있는 업체 및 협회)에 취업했으며, 최소 22명은 퇴직 전 업무와 밀접하게 연관된 취업 제한 업체 및 협회에 취업한 것으로 판별되었다.

이 연구에서는 2009년의 조사 대상자 152명과 2008년의 109명을 대상으로 부처별 재취업률을 계산했다. 다만, 검찰청과 국가정보원의 경우에는 기관

---

13) 공직자윤리법시행령 제33조(취업이 제한되는 영리사기업체의 규모 및 협회의 범위): ① 법 제17조 제2항의 규정에 의한 영리사기업체의 규모는 자본금이 50억 원 이상이며 외형 거래액이 연간 150억 원 이상인 기업체로 한다. ② 법 제17조 제2항의 규정에 의한 관련 협회의 범위는 법 제17조 제1항의 규정에 의하여 취업이 제한되는 영리사기업체가 가입하고 있는 협회로 한다.

〈표 3-25〉 퇴직 관료의 재취업 비율(2008~2009년)

순위	기관명	2008		2009		합계	표준화
		재취업자	재취업률	재취업자	재취업률		
1	검찰청	30	27.52	40	26.32	53.84	100.00
2	금융위원회	27	24.77	36	23.68	48.45	90.00
3	국가정보원	25	22.94	30	19.74	42.67	79.26
4	국방부	21	19.27	31	20.39	39.66	73.67
5	국세청	13	11.93	11	7.24	19.16	35.59
6	지식경제부	13	11.93	4	2.63	14.56	27.04
7	국토해양부	6	5.50	9	5.92	11.43	21.22
8	경찰청	7	6.42	5	3.29	9.71	18.04
9	기획재정부	5	4.59	6	3.95	8.53	15.85
9	외교통상부	5	4.59	6	3.95	8.53	15.85
11	농림수산식품부	2	1.83	7	4.61	6.44	11.96
12	행정안전부	1	0.92	7	4.61	5.52	10.26
13	공정거래위원회	2	1.83	5	3.29	5.12	9.52
14	관세청	1	0.92	4	2.63	3.55	6.59
15	조달청	0	0.00	5	3.29	3.29	6.11
16	국민권익위원회	2	1.83	2	1.32	3.15	5.85
17	문화체육관광부	0	0.00	4	2.63	2.63	4.89
17	소방방재청	0	0.00	4	2.63	2.63	4.89
19	방위사업청	2	1.83	1	0.66	2.49	4.63
20	산림청	1	0.92	2	1.32	2.23	4.15
21	국가보훈처	0	0.00	3	1.97	1.97	3.67
22	법무부	0	0.00	2	1.32	1.32	2.44
22	법제처	0	0.00	2	1.32	1.32	2.44
22	보건복지부	0	0.00	2	1.32	1.32	2.44
25	중소기업청	1	0.92	0	0.00	0.92	1.70
25	통계청	1	0.92	0	0.00	0.92	1.70
25	해양경찰청	1	0.92	0	0.00	0.92	1.70
25	환경부	1	0.92	0	0.00	0.92	1.70
29	교육과학기술부	0	0.00	1	0.66	0.66	1.22
29	문화재청	0	0.00	1	0.66	0.66	1.22
29	방송통신위원회	0	0.00	1	0.66	0.66	1.22
32	고용노동부	0	0.00	0	0.00	0.00	0.00
32	농촌진흥청	0	0.00	0	0.00	0.00	0.00
32	병무청	0	0.00	0	0.00	0.00	0.00
32	식품의약품안전청	0	0.00	0	0.00	0.00	0.00
32	특허청	0	0.00	0	0.00	0.00	0.00
32	기상청	0	0.00	0	0.00	0.00	0.00
32	감사원	0	0.00	0	0.00	0.00	0.00
32	통일부	0	0.00	0	0.00	0.00	0.00
32	국가인권위원회	0	0.00	0	0.00	0.00	0.00
32	여성가족부	0	0.00	0	0.00	0.00	0.00

※ 주: 표준화 공식=(기관별 합계/1위 기관 합계)×100.

※ 출처: 참여연대(2008/2009).

특성상 다음과 같이 수치를 조정했다. 검찰청의 경우 일반 통념상 검사 퇴직 후 거의 대부분이 변호사로 재취업하고 있고 국가정보원의 경우에도 은밀한 재취업이 상당 수준 이뤄진다고 보아 최상위 수준의 수치를 부여했다.

<표 3-25>는 이와 같은 기준과 방식에 의거하여 집계된 퇴직 관료의 재취업 비율을 보여 준다. 이를 보면, 인위적으로 최상위 수치가 부여된 검찰청(1위)과 국가정보원(3위)을 제외하고 금융위원회(2위)의 재취업 비율이 가장 높은 수준임을 알 수 있다. 이는 종래 재정경제부의 금융정책국이 금융위원회로 모두 옮겨간 탓에 기획재정부의 순위가 낮아지고 금융위원회의 순위가 높아진 결과로 생각된다. 국방부(4위)의 재취업 비율도 금융위원회 못지않게 높았으며, 그 뒤를 이어 국세청(5위), 지식경제부(6위), 국토해양부(7위), 경찰청(8위), 기획재정부(9위), 외교통상부(9위) 등이 상대적으로 높은 값을 보였다. 이에 비해, 여성가족부(32위), 국가인권위원회(32위), 통일부(32위), 기상청(32위), 특허청(32위), 식품의약품안전청(32위), 병무청(32위), 농촌진흥청(32위), 고용노동부(32위) 등은 상대적으로 낮은 비율을 나타내 보였다(감사원의 경우 자료 누락으로 판단 불가).

2 내부 잉여력

정부부처들의 비공식적 권력 행사는 행정부 내부에서도 나타난다. 치열하게 전개되는 정부부처들의 힘겨루기는 그 결과로 여러 흔적들을 남긴다. 이 연구에서는 이를 '내부 잉여력'이라고 명명하고 세 가지 지표로 구성한다. 장·차관(급) 배출자 수, 대통령실 및 그 소속 위원회 파견자(계급별 가중 합산) 수, 주재관(계급별 가중 합산)의 수 지표가 그것이다(오재록, 2011a).

1) 장·차관(급) 배출자 수

장·차관(급)을 얼마나 배출할 수 있느냐는 잉여력의 중요한 지표가 될 수 있다. "장·차관 또는 동급 기관장(원장·처장·청장·총장·위원장 등

공무원 조직의 기관장 또는 차장·사무처장·부위원장 등 차관급 부기관장)을 많이 배출한 기관은 그만큼 잉여력이 크다고 할 수 있다. 물론 임명권자인 대통령의 특별한 총애나 사적인 인맥 관계, 그리고 정치적 이해 관계 등이 더 크게 작용할 수도 있겠으나, 관료 출신 장·차관들의 경우에는 그러한 요인 이외에도 기관 자체의 권력도 무시할 수 없을 만큼 작용"한다고 보는 것이 타당하다(오재록, 2007). 그 좋은 예는 기획재정부와 검찰청의 경우라고 할 수 있다. 기획재정부와 검찰청 출신 관료들은 <표 3-26>에서도 확인되듯이, 여타 부처들에 비해 장·차관 배출자의 수가 압도적으로 많다. 이는 기획재정부와 검찰청의 잉여력이 상대적으로 그만큼 크다는 것을 나타내 주는 것이다.

장·차관 배출자 수는 행정안전부(2010)가 국회에 제출한 자료를 토대로 집계되었다. 이 자료는 이명박 정부의 정무직(장관, 원장, 총장, 위원장 등 기관장 및 차장, 처장, 청장, 부위원장, 위원 등) 명단(2010년 3월까지)을 수록하고 있다. 출신 부처 판별은 해당 기관의 누리집에 게재된 정보를 활용하거나 '네이버 인물정보'를 통해 파악했다. 또한 어느 기관 출신인지 불분명한 인사들의 경우, 그리고 두 개 이상의 부처에 걸쳐 경력이 중복되거나 해당 부처를 조기에 퇴직한 경우에는 어느 부처에서 국장을 역임했는가, 그리고 어느 부처에서 최소한 국장까지 근무했는가를 기준으로 삼았다(오재록, 2007). 최종 집계 시에는 오재록(2007)과 같이 [(장관×2)+(차관×1)]이라는 가중 합산식을 설정했다. 장관 1명이 차관 2명의 가치를 지닌다는 가정에 입각한 것인데, 이는 합리적인 비교를 위한 불가피한 것으로 이로 인한 측정오차가 과도하지 않을 것으로 보았다.

<표 3-26>은 이와 같은 기준과 방식에 의거하여 집계된 장·차관(급) 배출자 수를 보여 준다. 이를 보면, 2년여 동안 장관(급) 6명과 차관(급) 22명을 배출한 기획재정부(1위)가 압도적인 측정값을 보이고 있음을 알 수 있다. 장관(급) 4명과 차관(급) 15명을 배출한 검찰청(2위), 장관(급) 2명과 차관(급) 14명을 배출한 행정안전부(3위)도 높은 값을 기록했다. 그 뒤를 이어 외교통상부(4위), 국방부(5위), 지식경제부(6위), 국토해양부(7위), 감사원(7위) 등도 비교적 높은 순위를 차지했다. 이에 비해 여성가족부(22

〈표 3-26〉 장・차관(급) 배출자 수(2008.2~2010.3)

순위	기관명	장관	차관	가중 합산	표준화	순위	기관명	장관	차관	가중 합산	표준화
1	기획재정부	6	22	34	100.00	22	조달청	0	0	0	0.00
2	검찰청	4	15	23	67.65	22	법무부	0	0	0	0.00
3	행정안전부	2	14	18	52.94	22	병무청	0	0	0	0.00
4	외교통상부	3	7	13	38.24	22	국민권익위원회	0	0	0	0.00
5	국방부	2	7	11	32.35	22	경찰청	0	0	0	0.00
6	지식경제부	0	7	7	20.59	22	관세청	0	0	0	0.00
7	국토해양부	1	3	5	14.71	22	국세청	0	0	0	0.00
7	감사원	0	5	5	14.71	22	국가보훈처	0	0	0	0.00
9	농림수산식품부	0	4	4	11.76	22	통계청	0	0	0	0.00
9	국가정보원	0	4	4	11.76	22	법제처	0	0	0	0.00
11	보건복지부	0	3	3	8.82	22	해양경찰청	0	0	0	0.00
11	고용노동부	1	1	3	8.82	22	식품의약품안전청	0	0	0	0.00
13	문화체육관광부	0	1	1	2.94	22	중소기업청	0	0	0	0.00
13	교육과학기술부	0	1	1	2.94	22	문화재청	0	0	0	0.00
13	환경부	0	1	1	2.94	22	특허청	0	0	0	0.00
13	소방방재청	0	1	1	2.94	22	농촌진흥청	0	0	0	0.00
13	통일부	0	1	1	2.94	22	방위사업청	0	0	0	0.00
13	산림청	0	1	1	2.94	22	국가인권위원회	0	0	0	0.00
13	기상청	0	1	1	2.94	22	금융위원회	0	0	0	0.00
13	공정거래위원회	0	1	1	2.94	22	여성가족부	0	0	0	0.00
13	방송통신위원회	0	1	1	2.94						

※ 주: 1) 가중 합산=(장관급×2)+(차관급×1).
2) 표준화 공식=(기관별 가중 합산/1위 기관 가중 합산)×100.

※ 출처: 행정안전부(2010), 네이버(인물정보).

위)를 비롯한 20개 부처는 지난 2년여 동안 단 한 명의 장・차관(급) 인사도 배출하지 못한 것으로 나타났다. 이들 20개 부처는 내부승진자를 한 명도 배출하지 못했다는 점에서 극히 미미한 내부 잉여력 수준을 보유하고 있다고 평가될 수 있다.

2) 대통령실 및 그 소속 위원회 파견자(계급별 차등 합산) 수

청와대와 그 소속 위원회에 내보내는 파견자의 규모와 수준에도 부처 간의 힘겨루기의 흔적은 묻어난다. 이른바 '제왕적 대통령제'라고 불리는 한국의 특수한 체제 아래에서, 대통령이 근무하는 청와대와 그 직속에 설치된 수많은 권력형 위원회(대개 정권 차원의 임시위원회)에 어떤 부처가 얼마나 많은 소속 공무원을 파견 보낼 수 있느냐 하는 것은 부처 권력을 가늠하는 중요한 풍향계 가운데 하나라고 할 수 있다(오재록, 2011a).

실증조사 당시 만난 수많은 현직 고위공무원이 이 지표를 연구에 반영할 것을 강력히 권유했다. 이들의 이야기를 종합하면, 공무원 사회에서 청와대 파견은 대단한 특혜로 여겨지며 이를 통해 부처들은 많은 유익을 얻게 되므로 모든 부처가 앞다퉈 청와대 파견을 위해 노력한다는 것이다. 따라서 이를 집계하면 부처 간 힘의 크기가 일정 수준 판별되는 효과를 거둘 수 있다는 것이다. 특히 고위직 파견자가 많을수록 더 중요하다고 했다.

이 연구에서는 이를 감안하여 부처별 및 계급별로 파견자 수를 분류하고, 이를 계급별로 차등화했다. 즉, [(고위공무원단×16)+(3급×8)+(4급×4)+(5급×2)+(6급 이하×1)]이라는 가중 합산식을 통해 파견자 수를 계급별로 상대화한 것이다. 여기서 고위공무원단은 과거 1~3급에 해당하는 직위이므로 그 평균값을 2급으로 보고 16을 곱하고 나머지는 그 2분의 1씩 순차적으로 차등화한 것이다. 물론 이와 같은 작위적 차등화가 현실의 올바른 반영이라고 단정지을 수는 없겠지만, 이로 인한 측정 오차가 합리적 비교의 편익을 과도하게 침해하지는 않을 것으로 보았다(오재록, 2011b). 자료는 행정안전부(2010)가 국회에 제출한 자료를 활용했다.

<표 3-27>은 이와 같은 방식에 의거하여 집계된 대통령실 및 그 소속 위원회 파견자(계급별 가중 합산) 수를 보여 준다. 이를 보면, 고위공무원단 14명, 3급 5명, 4급 45명, 5급 64명, 6급 이하 12명을 청와대와 그 소속 위원회에 파견 보낸 국토해양부(1위)가 가장 높은 측정값을 기록한 것으로 나타났다. 그 뒤를 이어 행정안전부(2위)와 기획재정부(3위)도 이에 필적할 만한 수준의 값을 보였으며, 외교통상부(4위), 지식경제부(5위), 국가정보원

〈표 3-27〉 대통령실 및 그 소속 위원회 파견자(계급별 차등 합산) 수

순위	기관명	고공단	3급	4급	5급	6급 이하	가중 합산	표준화
1	국토해양부	14	5	45	64	12	584	100.00
2	행정안전부	13	8	39	38	4	508	86.99
3	기획재정부	11	3	48	21	0	434	74.32
4	외교통상부	15	1	9	3	0	290	49.66
5	지식경제부	6	2	30	12	0	256	43.84
6	국가정보원	5	7	10	15	15	221	37.84
7	검찰청	5	7	10	15	10	216	36.99
8	문화체육관광부	1	6	11	21	0	150	25.68
9	경찰청	0	1	10	14	16	92	15.75
10	환경부	2	0	10	9	1	91	15.58
11	감사원	3	1	8	1	0	90	15.41
11	교육과학기술부	2	2	5	11	0	90	15.41
13	금융위원회	3	0	8	4	0	88	15.07
14	고용노동부	2	0	9	7	2	84	14.38
15	농림수산식품부	1	1	5	15	0	74	12.67
16	방송통신위원회	1	0	11	0	0	60	10.27
17	국방부	2	0	3	6	0	56	9.59
18	법제처	2	0	4	1	0	50	8.56
19	공정거래위원회	2	0	4	0	0	48	8.22
20	국세청	1	0	4	5	3	45	7.71
21	보건복지부	0	1	6	3	1	39	6.68
22	통일부	1	0	3	3	3	37	6.34
23	법무부	0	0	2	9	4	30	5.14
24	중소기업청	1	0	2	1	0	26	4.45
25	소방방재청	0	0	2	3	0	14	2.40
26	산림청	0	1	0	2	0	12	2.05
27	식품의약품안전청	0	0	1	2	1	9	1.54
28	통계청	0	0	2	0	0	8	1.37
28	특허청	0	0	2	0	0	8	1.37
30	기상청	0	0	0	3	0	6	1.03
30	농촌진흥청	0	0	0	3	0	6	1.03
32	관세청	0	0	1	0	1	5	0.86
32	국가보훈처	0	0	0	2	1	5	0.86
34	병무청	0	0	0	2	0	4	0.68
34	여성가족부	0	0	0	2	0	4	0.68
36	조달청	0	0	0	1	0	2	0.34
36	해양경찰청	0	0	0	1	0	2	0.34
37	방위사업청	0	0	0	0	0	0	0.00
37	문화재청	0	0	0	0	0	0	0.00
37	국민권익위원회	0	0	0	0	0	0	0.00
37	국가인권위원회	0	0	0	0	0	0	0.00

※ 주: 1) 가중 합산=(고위공무원단×16)+(3급×8)+(4급×4)+(5급×2)+(6급 이하×1).
2) 표준화 공식=(기관별 가중 합산/1위 기관 가중 합산)×100.

※ 출처: 행정안전부(2010).

(6위), 검찰청(7위), 문화체육관광부(8위) 등도 비교적 상위를 차지했다. 이에 비해 국가인권위원회(37위), 국민권익위원회(37위), 문화재청(37위), 방위사업청(37위) 등 4개 부처는 단 한 명의 파견자도 확보하지 못해 이 부문 최하 수준의 내부 잉여력을 보여 준 것으로 평가된다.

3) 주재관(계급별 차등 합산)의 수

고정적인 해외 파견자 정원(T/O)을 의미하는 주재관의 수는 내부 잉여력을 보여 주는 중요한 측면 중 하나가 될 수 있다. 특히 한국적 현실에서는 이것이 부처 권력을 가늠하는 중요한 척도가 될 수 있다. 공무원 사회에서 해외 파견은 상당한 특혜로 여겨지며, 이를 통해 각 부처들은 소속 공무원들의 사기를 진작할 수 있거니와 인사 문제에도 숨통을 틔울 수 있게 되는 등 상당한 유익을 얻을 수 있어 이를 늘리려고 경쟁한다(오재록, 2007).

실제로 '외교통상부와 그 소속기관 직제' 규정은 "주재관의 공관별 정원 배정에 관하여는 외교통상부 장관이 업무 분야에 관련된 부(部)·처(處)·청(廳)의 장(長)과 협의하여 정"하도록 하고 있다. 이 '협의'란 다름 아닌 '힘겨루기의 과정'이라고 해도 과언이 아니다. 특히, 고위직 주재관 정원이 더 많을수록 부처의 영향력은 훨씬 더 크게 작용한 것으로 간주된다. 이에 따라 이 연구에서는 오재록(2007)과 같이 [(1급×16)+(2급×8)+(3급×4)+(4급×2)+(5급×1)]이라는 가중 합산식을 활용하여 계급별로 차등화했다. 다만, 고위공무원단은 모두 2급으로 간주했다.

자료는 오재록(2007)과 같이 '외교통상부와 그 소속기관 직제'에 명시된 "주재관 정원표"를 활용했다. 다만 여기에 적시되지 않은 기관 가운데 외교통상부와 국가정보원 그리고 국방부의 경우에는 측정값을 인위적으로 조정했다. 외교통상부의 경우에는 외교관 자체가 이미 주재관이라고 할 수 있으므로 그 측정값을 100으로 하고, 국가정보원의 경우에도 해외 요원이 주재관이라고 할 수 있으되 그 정도가 외교통상부보다 조금 낮다고 보아 그 측정값을 95로 설정하며, 국방부의 경우에도 주재무관을 고려하되 그 정도가 국가정보원보다 조금 낮다고 보아 그 측정값을 90으로 설정했다.

〈표 3-28〉 주재관(계급별 차등 합산)의 수

순위	기관명	총계	1급	2급	3급	4급	5급	가중합산	표준화
1	외교통상부	-	-	-	-	-	-	-	100.00
2	국가정보원	-	-	-	-	-	-	-	95.00
3	국방부	-	-	-	-	-	-	-	90.00
4	문화체육관광부	41	0	9	4	27	1	143	71.50
5	지식경제부	47	0	4	0	36	7	111	55.50
6	경찰청	46	0	0	5	21	20	82	41.00
7	기획재정부	11	0	5	2	4	0	56	28.00
8	농림수산식품부	14	0	3	0	8	3	43	21.50
9	법무부	27	0	0	0	11	16	38	19.00
10	교육과학기술부	16	0	2	0	6	8	36	18.00
11	국토해양부	10	0	2	0	8	0	32	16.00
12	보건복지부	4	0	2	0	2	0	20	10.00
13	환경부	6	0	1	0	5	0	18	9.00
14	금융위원회	3	0	1	1	1	0	14	7.00
14	고용노동부	7	0	0	0	7	0	14	7.00
14	방송통신위원회	4	0	1	0	3	0	14	7.00
14	검찰청	5	0	0	2	3	0	14	7.00
17	관세청	6	0	0	0	6	0	12	6.00
18	공정거래위원회	2	0	1	0	1	0	10	5.00
18	조달청	5	0	0	0	5	0	10	5.00
18	국세청	5	0	0	0	5	0	10	5.00
21	특허청	4	0	0	0	4	0	8	4.00
22	통일부	3	0	0	0	3	0	6	3.00
23	행정안전부	0	0	0	0	0	0	0	0.00
23	소방방재청	0	0	0	0	0	0	0	0.00
23	산림청	0	0	0	0	0	0	0	0.00
23	국가보훈처	0	0	0	0	0	0	0	0.00
23	중소기업청	0	0	0	0	0	0	0	0.00
23	여성가족부	0	0	0	0	0	0	0	0.00
23	통계청	0	0	0	0	0	0	0	0.00
23	해양경찰청	0	0	0	0	0	0	0	0.00
23	문화재청	0	0	0	0	0	0	0	0.00
23	기상청	0	0	0	0	0	0	0	0.00
23	국민권익위원회	0	0	0	0	0	0	0	0.00
23	법제처	0	0	0	0	0	0	0	0.00
23	병무청	0	0	0	0	0	0	0	0.00
23	농촌진흥청	0	0	0	0	0	0	0	0.00
23	방위사업청	0	0	0	0	0	0	0	0.00
23	식품의약품안전청	0	0	0	0	0	0	0	0.00
23	국가인권위원회	0	0	0	0	0	0	0	0.00
23	감사원	0	0	0	0	0	0	0	0.00

※ 주: 1) 가중 합산=(1급×16)+(2급×8)+(3급×4)+(4급×2)+(5급×1).

2) 4위 기관부터 적용되는 표준화 공식=(가중 합산/200)×100.

※ 출처: 외교통상부와 그 소속기관 직제.

<표 3-28>은 이와 같은 기준과 방식에 의거하여 집계된 부처별 주재관(계급별 가중 합산)의 수를 보여 준다. 이를 보면, 인위적으로 수치가 부여된 외교통상부(1위), 국가정보원(2위), 국방부(3위)를 제외하고 문화체육관광부(4위)의 측정값이 가장 높은 수준으로 나타났다. 그 다음으로 지식경제부(5위), 경찰청(6위), 기획재정부(7위) 등이 상대적으로 높은 순위를 차지했다. 이에 비해, 국가인권위원회(23위) 등 18개 부처는 주재관 정원을 하나도 확보하지 못해 이 부문 가장 낮은 내부 잉여력을 보여 주었다.

제 5 절 잠재력

관료제 권력의 마지막 다섯 번째 구성 개념은 잠재력(potential)이다. 잠재력이란 "타자(others)에게 영향력을 행사할 능력은 있지만 상황에 따라서는 그러한 능력을 행사하지 않을 수도 있다는 것을 의미한다. 어떤 상황에서는 단지 잠재적인 능력을 갖고 있다는 것이 타자에게 영향력을 행사하는 데 충분할 수도 있기 때문이다"(김호섭 외, 2002: 오재록, 2007).

정부부처들에 잠재력은 바로 법적·공식적 권한이라고 할 수 있다. 법적·공식적 권한은 그것을 갖고 있다는 것만으로 영향력 행사에 충분한 것이기 때문이다. 이때 권한(authority)이란 "정당성이 규범적으로 승인되고 공식적인 역할에 결부된 합법적 권력 또는 승인된 권력이며, 타자의 활동에 영향을 미치는 결정을 내릴 수 있는 권리(right)"를 말한다(Simon, 1966: 오재록, 2007).

정부부처들은 "정책결정 과정에 참여함으로써 기업의 행위를 규제하고, 세법 및 여타 법령들 해석하고, 대규모의 이전지출사업(사회복지)을 운영하고, 대부분의 과학적 연구를 자극하거나 지도하며, 국가 방위를 위한 선택권 등을 제공한다"(Meier, 1980). 이때 정부부처들은 다양한 분야에서 다양한 유형의 권한을 배타적 혹은 독점적으로 보유한다. 따라서 더 크고 더 많은 권한을 가진 부처는 그렇지 못한 부처에 비해 훨씬 더 큰 잠재력을 갖게 된다(오재록, 2011b). 문제는 이를 어떻게 측정할 것이냐에 있다. 이와 관련하여 오재록(2007)은 특별 권한(공소권, 수사권, 조사권 등)의 정도 및 등록 규제의 수라는 두 가지 지표를 통해 부처들의 이와 같은 권한을 대비시킨 바 있다. 이 연구에서는 여기에 소관 법률의 총 쪽수 지표를 추가하여 잠재력 측정의 내실을 다지고자 한다.

1 특별 권한(공소권, 수사권, 조사권 등)의 정도

정부부처들이 보유한 권한들 가운데 가장 강력한 것은 공소권, 수사권, 조사권 등의 특별 권한이라고 할 수 있다. 정부부처가 국민을 비롯한 각종 행위자들에게 개입하거나 영향을 미치는 가장 강력한 것은 그 존재 자체를 앗아가는 일일 것이다. 정부가 기업을 없애버리거나 특정 집단을 와해시키고 심지어 국민의 목숨을 빼앗는 경우는 오늘날에도 그리 특이한 일만은 아니다. 근대 민주주주의가 법치주의를 통해 개인의 자유와 기본권을 엄격히 보장하는 체제를 구축했음에도 불구하고, 개인의 신체의 자유나 사상의 자유 등의 기본권이 여전히 국가 권력에 의해 위협받고 있음은 주지의 사실이다. 게다가 신체의 자유, 그것도 생명 유지의 최소 권한을 빼앗는 사형제도가 용인되는 대한민국의 경우에는 사형 선고의 첫 출발점이 되는 공소권을 쥐고 있는 검찰청의 권한은 실로 엄청난 것이라고 할 수 있다. 수사권도 마찬가지다. 공소 제기를 위한 사전 준비 단계에서 펼쳐지는 압수 수색과 인신 구속을 전제로 하는 수사권은 시민의 기본적 자유(신체의 자유)를 정면으로 제한할 수 있는 수단이기 때문에 강력한 권한이라고 할 수 있다. 따라서 이러한 공소권과 수사권은 일반적인 '규제'의 영역이 아니라 예외적인 '특별 권한'의 영역에 속한다고 할 수 있다.

일반적으로 정부가 국민의 권리를 제한하거나 의무를 부과하는 것을 가리켜 규제(regulation)라고 일컫는다. 이는 권력적 간섭을 통해 국민의 선택과 행위를 제약함을 뜻하는 것이다. 그렇다면 공소권과 수사권 등도 이 범주에 속함이 마땅하다. 그런데, 행정규제기본법(제3조)은 이를 그 관리 대상에서 아예 제외하고 있다. 형사·행형 및 보안처분에 관한 사무, 감사원의 사무, 국가안전보장, 국방, 외교, 통일, 조세 등에 관한 사무 중 일부를 그 적용 대상에서 제외하고 있는 것이다. 이것들을 규제라는 틀로 묶기에는 그 권한의 차원이 완전히 다르다고 보았기 때문이다. 이 점을 감안하여 오재록(2007)은 정부 부처의 잠재력을 측정하면서 등록 규제의 수 지표와 등록 규제에서 제외된 공소권, 수사권 등의 권한 점수 지표 두 가지를 분리해 설정했던 것이다.

이 연구에서도 기본적으로 그 논리를 따르고자 한다. 다만 오재록(2007)의 경우보다는 조사 대상자의 수를 확대함으로써 그 타당도와 신뢰도를 높이고자 했다. 즉, 국무총리실 국장급 간부 8명을 대상으로 했던 조사를 15명을 대상으로 하는 조사로 확대했다. 물론 8명을 15명으로 확대한 것이 모든 문제를 해결해 주지는 않겠지만, 정부부처들을 아우르는 업무를 20년 이상 수행하면서 생긴 안목과 경험을 가진 국무총리실 국장급 간부 15명은 충분한 무게감을 줄 수 있다고 판단했다.

조사 방식은 이렇다. 국무총리실 국장급 간부 15명에게 <표 3-29>와 같이 상대 점수 할당표를 제시했다. 이때 각 부처들의 특별 권한을 합리적으로 상대화하기 위해, 편의상 공소권을 1,000점이라고 설정해 제시하고, 이에 견줘 ① 공소권 이외의 여타 권한에 부여할 점수를 왼쪽에 기입하게 한 후, ② 그렇게 기입한 상대 점수를 오른쪽에 예시한 각 부처들의 점수에 나눠 할당하도록 했다.[14)]

공소권[15)]은 검사가 법원에 특정한 형사사건에 관한 심판을 청구하는 권리다. 공소권은 대개 기소권이라고도 불리며 대개 검찰청에 독점적으로 부

14) 제시된 특별 권한별로 기타 항목을 따로 둔 것은 응답자에 따라서는 연구자가 제시한 것 이외에도 권한 보유 부처를 추가할 수 있다고 보았기 때문이다. 실제 조사 결과, 기타 항목에 점수를 기입한 경우가 거의 없었다는 점에서 <표 3-30>에 제시된 예시는 충분했던 것으로 평가된다.

15) 공소권이란 검사가 법원에 특정한 형사사건에 관한 심판을 청구하는 권리를 말한다. 공소권은 실체법상 국가 측에 발생하는 형벌권과는 구별되어야 한다. 공소권은 소송법상의 개념이고, 형벌권은 실체법상의 개념이므로, 형벌권이 존재하지 않는 경우에도 공소권은 존재할 수 있다. 그러나 형벌권과 공소권은 무관하지 않으며, 공소권의 존재는 형벌권의 존재가 객관적으로 예상되는 것에 의해 제약을 받는다. 그 종류와 구체적 의미, 내용에 관해서는 민사소송법의 소권이론의 발전과 함께 발전되어 여러 가지 견해가 있다(Yahoo 백과사전).

〈표 3-29〉 특별 권한 상대 점수 할당표

권한별	상대 점수	기관별 상대 점수 배분
공소권	1,000	검찰청( ), 국방부( ), 공정거래위원회( )
수사권	( )	검찰청( ), 경찰청( ), 국가정보원( ), 해양경찰청( ), 국방부( ), 기타( )
인신구속권	( )	검찰청( ), 경찰청( ), 국가정보원( ), 법무부( ), 해양경찰경( ), 국방부( ), 기타( )
조사권	( )	금융위원회( ), 국세청( ), 공정거래위원회( ), 식품의약품안전청( ), 관세청( ), 법무부( ), 국가인권위원회( ), 산림청( ), 기타( )
준사법권	( )	공정거래위원회( ), 국세청( ), 감사원( ), 금융위원회( ), 행정안전부( ), 특허청( ), 법무부( ), 교육과학기술부( ), 기타( )
정보권	( )	국가정보원( ), 경찰청( ), 국방부( ), 외교통상부( ), 통일부( ), 기타( )
계엄권	( )	국방부( ), 기타( )
정책조정권	( )	기획재정부( ), 행정안전부( ), 기타( )
자원배분권	( )	기획재정부( ), 행정안전부( ), 기타( )
감사권	( )	감사원( ), 행정안전부( ), 국세청( ), 소방방재청( ), 문화재청( ), 기타( )
회계검사권	( )	감사원( ), 기타( )
재정신청권	( )	국민권익위원회( ), 기타( )
기타 권한	( )	( )

여되어 있다. 다만, 군대의 경우 그 특수성이 인정되어 별도의 형사사법절차가 마련되어 있고 그 결과 형식상 국방부(검찰단)에도 공소권은 부여되어 있다. 또한 공정거래위원회도 사실상 공소권과 유사한 권한이 부여되어 있는 것으로 보는 것이 타당하다. 왜냐하면, 공정거래법상 공정거래위원회

에 부여된 고발권이 발동된 연후에야 검찰이 이를 받아 공소 제기를 할 수 있도록 되어 있기 때문이다. 따라서 여기서는 검찰청, 국방부, 공정거래위원회에 공소권이 각각 부여되어 있다고 간주하고 있다(오재록, 2007).

수사권은 범죄가 발생했거나 또는 발생한 것으로 생각되는 사정이 있을 때 이를 형사사건으로 처리하기 위해 범인을 발견하여 신병을 확보하고 증거를 수집하는 행위를 할 수 있는 권리이며, 이는 압수 수색 및 인신 구속 등을 전제로 한다. 수사권은 검찰청, 경찰청, 국가정보원, 해양경찰청, 국방부(검찰단, 헌병, 기무 등) 등에 부여되어 있다. 검찰청의 경우에는 수사권 이외에도 수사지휘권까지 부여되어 있지만, 여기서는 이를 수사권에 포함된 개념으로 간주한다(오재록, 2007).

조사권은 특정한 사안에 대해 조사할 수 있는 권한으로, 압수 수색 및 인신 구속 등이 전제되지 않아 수사권에 비해 그 강도가 떨어지는 권한이다. 조사권은 국세청의 세무조사를 비롯해 금융위원회, 공정거래위원회, 식품의약품안전청, 관세청, 법무부, 국가인권위원회, 산림청 등에 부여되어 있다. 준사법권은 소청심사나 조세심판 등 행정기관에 의해 행해지는 준사법적 작용을 말한다. 공정거래위원회 심결, 감사원 감사위원회 심결, 금융위원회 심결, 특허청 특허심판원 심결 등이 이에 해당한다(오재록, 2007).

감사권은 정부부처를 대상으로 법령 위반 여부를 조사할 수 있는 권한이다. 그렇기 때문에 이 권한은 국민 생활 전반에 대한 영향면에서는 조사권보다 훨씬 작은 대신, 관료사회에 대한 영향은 훨씬 더 직접적이고 크다. 감사원의 직무감찰, 행정안전부의 지방자치단체 감사 및 인사감사 등이 그 대표적 예이며, 국세청, 소방방재청, 문화재청 등에도 감사권은 일정 수준 부여되어 있다(오재록, 2007).

정보권은 "어떤 특정 문제나 국가 활동에 공식적으로 필요불가결한 지식으로서의 정보적 권한(information authority)"을 의미한다. 특히 여기서는 국가의 안위와 외교 및 국정 운영에 필요한 정보를 수집하고 분석하여 대통령과 국회에게 보고할 수 있는 권리로 국한한다. 정보권은 국가정보원(대공·방첩 및 해외정보), 경찰청(민생 동향), 국방부(국방정보), 외교통상부(해외정보), 통일부(대북정보) 등에 부여되어 있는 것으로 간주한다(오재록, 2007).

그 밖에 계엄권은 국가비상사태 시 국방부에 부여되는 헌법상의 고유 권한이며, 정책조정권은 기획재정부와 행정안전부 등 정책을 조율하는 부처에 부여된 권한이다. 자원배분권은 정부부처들을 상대로 예산과 인력 등 자원을 할당할 수 있는 권한이며, 회계검사권은 세출예산의 사용 내역을 확인하여 그 합법성 여부를 심사하는 감사원의 고유 권한이다. 재정신청권은 기소독점권을 가진 검찰청이 특정 사안에 대해 공소 제기를 부당하게 기피한다고 판단될 경우 그 부당 여부를 법원으로 하여금 심사해 주도록 직접 요청할 수 있는 권한을 말한다.[16] 확인권은 검사와 법관 등 고위공직자의 부패 혐의를 조사하여 고발하는 기능을 담당하는 국민권익위원회가 부패신고 접수사건을 조사할 때 피신고인(피의자)을 제외한 신고인과 참고인을 조사할 수 있도록 부여된 권한이다.

<표 3-30>은 이와 같은 기준과 방식에 의해 평가된 특별 권한의 정도를 보여 준다. 이를 보면, 검찰청(1위)의 특별 권한 보유 수준이 가장 높게 평가되었음을 알 수 있다. 그 뒤를 이어 감사원(2위)과 기획재정부(3위)가 이에 필적할 만한 수준으로 높은 평가를 받았으며, 국방부(4위), 행정안전부(5위), 국가정보원(6위), 경찰청(7위), 국세청(8위), 공정거래위원회(9위) 등도 상대적으로 높은 수준의 평가를 받았다. 이에 비해 여성가족부(24위) 등 18개 부처는 상대 점수를 전혀 부여받지 못해 특별 권한의 보유 수준이 상대적으로 극히 낮은 것으로 나타났다. 그러나 이는 어디까지나 등록 규제에서 제외된 특별 권한이 그만큼 상대적으로 결여되어 있다는 것일 뿐, 이들 부처가 아무런 권한도 가지고 있지 못하다는 뜻은 아니다. 이들이 보유한 권한은 등록 규제의 수와 소관 법률의 총 쪽수를 통해 별도로 나타날 것이다.

16) 재정신청권은 중앙선거관리위원회 등에도 부여되어 있지만, 이는 이 연구의 대상이 아니다.

〈표 3-30〉 특별 권한의 정도(국무총리실 국장급 간부 15명 설문)

순위	기관명	1	2	…	14	15	합계	표준화
1	검찰청	1,400	1,200	…	1,700	1,500	25,400	100.00
2	감사원	1,500	1,250	…	1,400	1,400	19,900	78.35
3	기획재정부	1,300	850	…	1,000	1,700	19,800	77.95
4	국방부	1,380	1,100	…	625	550	15,335	60.37
5	행정안전부	600	600	…	730	775	11,220	44.17
6	국가정보원	600	600	…	1,250	700	10,355	40.77
7	경찰청	600	800	…	1,350	700	10,290	40.51
8	국세청	650	300	…	600	250	8,100	31.89
9	공정거래위원회	400	750	…	450	350	7,260	28.58
10	국민권익위원회	700	700	…	150	200	6,150	24.21
11	금융위원회	200	300	…	150	250	3,760	14.80
12	법무부	250	280	…	200	175	2,593	10.21
13	해양경찰청	200	150	…	225	150	1,899	7.48
14	식품의약품안전청	50	100	…	50	150	1,430	5.63
15	외교통상부	150	200	…	100	100	1,380	5.43
16	관세청	50	100	…	50	150	1,215	4.78
17	통일부	100	100	…	100	100	920	3.62
18	소방방재청	100	0	…	50	100	730	2.87
19	특허청	20	50	…	40	25	715	2.81
20	국가인권위원회	50	70	…	25	50	583	2.30
21	문화재청	50	0	…	50	100	570	2.24
22	교육과학기술부	30	100	…	30	25	440	1.73
23	산림청	50	50	…	25	50	379	1.49
24	지식경제부	0	0	…	0	0	0	0.00
24	국토해양부	0	0	…	0	0	0	0.00
24	고용노동부	0	0	…	0	0	0	0.00
24	농림수산식품부	0	0	…	0	0	0	0.00
24	보건복지부	0	0	…	0	0	0	0.00
24	문화체육관광부	0	0	…	0	0	0	0.00
24	통계청	0	0	…	0	0	0	0.00
24	농촌진흥청	0	0	…	0	0	0	0.00
24	병무청	0	0	…	0	0	0	0.00
24	환경부	0	0	…	0	0	0	0.00
24	방송통신위원회	0	0	…	0	0	0	0.00
24	기상청	0	0	…	0	0	0	0.00
24	국가보훈처	0	0	…	0	0	0	0.00
24	조달청	0	0	…	0	0	0	0.00
24	방위사업청	0	0	…	0	0	0	0.00
24	중소기업청	0	0	…	0	0	0	0.00
24	법제처	0	0	…	0	0	0	0.00
24	여성가족부	0	0	…	0	0	0	0.00

※ 주: 표준화 공식=(기관별 합계/1위 기관 합계)×100.

2 소관 법률의 총 쪽수

정부부처들의 법적·공식적 권한은 기본적으로 소관 법률로부터 나온다. 따라서 어떤 부처의 권한이 더 크고 많은가 하는 것은 어떤 부처의 소관 법률에 공식적 권한들이 더 많이 명시되어 있는가의 여부로 치환될 수 있을 것이다. 이와 관련하여 가장 좋은 방법은 소관 법률에 명시된 권한을 모두 정리하고 그 경중을 일일이 따지는 것이 되겠지만, 현실적으로 그런 방법은 제약이 많아 적용이 불가능하다. 서가 하나를 다 채울 정도로 많은 분량을 가진 『대한민국 현행 법령집』에서 시행령과 시행규칙을 제외하고 법률만을 대상으로 연구를 수행한다 하더라도 법률전문가나 해당 부처 관계자가 아닌 이상 조문의 경중을 가릴 방법이 없을 뿐더러 소요되는 시간과 비용이 막대하다는 현실적인 어려움이 따르기 때문이다. 이에 따라 여기서는 그 대리지표를 채택하기로 했다. 가장 좋은 대리지표는 소관 법률의 조문 수일 것이다. 소관 법률의 조문 수가 많다는 것은 그만큼 부여된 공식 권한이 많다는 뜻이다. 그러나 그보다는 그와 유사한 효과를 거두면서도 시간과 비용을 절약할 수 있는 소관 법률의 총 쪽수를 대리지표로 채택하기로 한다. 법률 조문의 수가 많을수록 당연히 법률의 쪽수는 많을 것이고, 같은 규격으로 출판된 자료가 있어 소관별 합리적 비교가 충분히 가능하기 때문이다.

여기서 관건은 쪽수에 있으므로 법률과 법령의 쪽수가 일정한 규격으로 제시된 자료가 반드시 필요하다. 법제처가 주관하고 한국법제연구원이 출간하여 주기적으로 관리하는 『대한민국 현행 법령집』은 일정한 규격을 갖추고 있어 이에 적합한 자료다. 그런데 이 법령집은 법률이 제·개정될 때마다 내용이 수시로 바뀌기 때문에 조사 시점에 따라 쪽수가 조금씩 달라질 수도 있다(오재록, 2007). 이 연구의 조사 시점은 2010년 2월과 3월이었으며, 국회도서관 법령자료실에 비치된 총 50여 권의 법령집에서 소관별·기관별로 법령을 분류한 후 쪽수를 일일이 세어 자료를 작성했다. 그러므로 그 이전에 폐지되었거나 그 이후에 법령 가제가 이뤄진 부분은 연구에 포함되지 않는다.

소관 법률의 경우 단일 기관 소관인 경우만 대상으로 했고 둘 이상 기관의 공동 소관 법률은 조사에서 제외했다. 왜냐하면, 공동 소관 법률의 경우에는 어떤 기준으로 얼마만큼의 분량을 특정 기관의 소관으로 떼어내야

〈표 3-31〉 소관 법률의 총 쪽수(『대한민국 현행 법령집』)

순위	기관명	법률의 총 쪽수	표준화	순위	기관명	법률의 총 쪽수	표준화
1	국토해양부	2,955	100.00	21	공정거래위원회	237	8.02
2	지식경제부	1,426	48.26	23	소방방재청	229	7.75
3	행정안전부	1,370	46.36	24	경찰청	226	7.65
4	농림수산식품부	1,225	41.46	25	검찰청	156	5.28
5	금융위원회	1,166	39.46	26	외교통상부	89	3.01
6	보건복지부	976	33.03	27	통일부	69	2.34
7	환경부	917	31.03	28	문화재청	61	2.06
8	국세청	896	30.32	29	여성가족부	56	1.90
9	교육과학기술부	811	27.45	30	국민권익위원회	47	1.59
10	관세청	629	21.29	31	기상청	38	1.29
11	기획재정부	625	21.15	32	해양경찰청	37	1.25
12	국방부	599	20.27	33	조달청	31	1.05
13	고용노동부	576	19.49	34	방위사업청	30	1.02
14	문화체육관광부	519	17.56	35	감사원	24	0.81
15	법무부	368	12.45	36	국가정보원	20	0.68
16	특허청	279	9.44	37	국가인권위원회	19	0.64
17	방송통신위원회	275	9.31	38	통계청	18	0.61
18	산림청	259	8.76	39	농촌진흥청	8	0.27
18	중소기업청	259	8.76	39	병무청	8	0.27
20	국가보훈처	250	8.46	41	법제처	0	0.00
21	식품의약품안전청	237	8.02				

※ 주: 표준화 공식=(기관별 쪽수/1위 기관 쪽수)×100.

※ 출처: 『대한민국 현행 법령집』.

할지 그 기준을 정할 수가 없었기 때문이다. 한편, 법무부나 검찰청 소관 법률 중에는 형법·민법과 같이 포괄적 성격의 법률도 있고 법원 소관 법률마저 형식상 모두 법무부 소관으로 되어 있는데, 이런 경우에도 모두 분석에서 제외했다. 그리고 검찰청 소관 법률은 모두 법무부 소관으로 되어 있으나 수사 및 사법과 관련된 법률들을 따로 떼어 검찰청 소관으로 인위적으로 분류했다. 기타 소관이 불분명하거나 청(廳) 소관이 분명한데도 형식상 부(部) 소관으로 적시된 경우에도 입법 취지 등을 고려하여 소관을 인위적으로 분류했다. 따라서 실제 각 기관의 법령집에 나타난 쪽수와 이 연구의 쪽수는 다소 차이가 있을 수도 있다(오재록, 2007).

<표 3-31>은 이와 같은 기준에 의거하여 집계된 소관 법률의 총 쪽수를 보여 준다. 이를 보면, 국토해양부(1위)가 총 2,955쪽으로 소관 법률 쪽수가 압도적으로 많은 수준임을 알 수 있다. 그 뒤를 이어 지식경제부(2위), 행정안전부(3위), 농림수산식품부(4위), 금융위원회(5위), 보건복지부(6위), 환경부(7위), 국세청(8위) 등도 상대적으로 높은 측정값을 기록했다. 이에 비해 법제처(41위)는 단 하나의 법률도 소관하지 못해 최하위 수준을 기록했으며, 병무청(39위)과 농촌진흥청(39위)은 각각 8쪽, 그리고 통계청(38위)과 국가인권위원회(37위)도 각각 18쪽와 19쪽으로 상대적으로 낮은 값을 보였다.

3 등록 규제의 수

규제(regulation)란 정부가 법률·시행령·시행규칙과 그 위임에 따라 정해진 고시(告示) 등을 통해 국민 생활에 개입하여 국민의 권리를 제한하거나 의무를 부과하는 것을 말한다. 규제라는 용어의 일반적인 의미는 "어떤 실체가 권력적 간섭을 통해 다른 존재의 선택과 행위를 제약하는 것"을 뜻하며, 특히 행정기관이 행사하는 규제를 가리켜 '행정규제' 혹은 '정부규제'라고 부르기도 한다. 여기서 말하는 규제는 정확히 말해 '행정규제' 혹은 '정부규제'에 해당하지만, 편의상 '규제'라고 통칭하기로 한다.

한국 정부는 1990년대부터 정부의 각종 규제를 정비하고 그 정당성이 인정되는 규제들만을 모아 종합적으로 관리하는 시스템을 구축해 왔으며, 그 완결판은 국무총리실이 관장하는 행정규제기본법이라고 할 수 있다. 행정규제기본법은 불필요한 행정규제를 폐지하고 비효율적인 행정규제의 신설을 억제하기 위해 정부부처로 하여금 규제의 명칭·내용·근거·처리기관 등을 규제개혁위원회에 등록하도록 하고 있다(제1조·제6조). 그런데 동법 제3조는 형사·행형 및 보안처분에 관한 사무, 국가안전보장, 국방, 외교, 통일, 조세 등에 관한 사무 중 일부, 감사원의 사무 등을 그 적용 대상에서 제외하고 있다. 이는 (앞에서도 밝혔다시피) 공소권, 수사권, 조사권 등의 특별 권한을 아예 관리 대상에서 제외하고자 하는 것이다. 따라서 여기서 '등록 규제'라 함은 "형사·행형 및 보안처분에 관한 사무, 국가안전보장, 국방, 외교, 통일, 조세 등에 관한 사무 중 일부, 감사원의 사무 등을 제외하고 정부부처가 법령을 통해 국민의 권리를 제한하거나 의무를 부과하는 것"을 말한다.

등록 규제의 수는 규제개혁위원회가 공표한 부처별 등록 규제의 수로 측정한다. 자료는 국무총리실 누리집(pmo.go.kr)에 게시된 '규제 등록 현황'을 내려받아 활용했으며, 기준 시점은 2010년 1월 31일이다.

<표 3-32>는 이를 집계한 것이며, 국토해양부(1위)의 등록규제 수가 945개로 가장 많은 것으로 나타났다. 그 다음으로 금융위원회(2위)와 보건복지부(3위)가 600건 이상으로 상대적으로 높은 수준을 보였으며, 농림수산식품부(4위), 환경부(5위), 지식경제부(6위), 교육과학기술부(7위), 고용노동부(8위) 등도 비교적 높은 순위를 기록했다. 이에 비해, 법제처(35위)와 조달청(35위) 등은 등록 규제를 하나도 보유하지 못한 것으로 나타났다. 다만, 검찰청(35위), 감사원(35위), 방위사업청(35위)은 행정규제기본법 제3조에 해당하는 사무(형사·행형 및 보안처분에 관한 사무, 국가안전보장, 국방 등에 관한 사무 중 일부, 감사원의 사무)가 많은 관계로 등록 규제의 수가 전혀 없는 것으로 나타나고 있을 뿐, 실제로는 이보다 훨씬 더 크고 비중 있는 권한을 보유하고 있다. 그리고 그 점은 앞의 특별 권한 지표에 이미 충분히 반영되어 있다.

〈표 3-32〉 등록 규제의 수(2010년 1월 31일 기준)

순위	기관명	규제 수	표준화	순위	기관명	규제 수	표준화
1	국토해양부	945	100.00	20	중소기업청	36	3.81
2	금융위원회	620	65.61	22	문화재청	33	3.49
3	보건복지부	617	65.29	23	여성가족부	20	2.12
4	농림수산식품부	429	45.40	23	외교통상부	20	2.12
5	환경부	357	37.78	23	통일부	20	2.12
6	지식경제부	287	30.37	26	특허청	17	1.80
7	교육과학기술부	247	26.14	27	국가보훈처	16	1.69
8	고용노동부	220	23.28	28	국방부	9	0.95
9	문화체육관광부	163	17.25	28	국세청	9	0.95
10	행정안전부	153	16.19	30	기상청	8	0.85
11	방송통신위원회	134	14.18	31	농촌진흥청	5	0.53
12	공정거래위원회	117	12.38	32	병무청	3	0.32
13	기획재정부	112	11.85	32	통계청	3	0.32
14	소방방재청	111	11.75	34	국민권익위원회	2	0.21
15	식품의약품안전청	98	10.37	35	감사원	0	0.00
16	경찰청	97	10.26	35	검찰청	0	0.00
17	법무부	70	7.41	35	방위사업청	0	0.00
18	산림청	67	7.09	35	법제처	0	0.00
19	해양경찰청	37	3.92	35	조달청	0	0.00
20	관세청	36	3.81				

※ 각주: 표준화 공식=(기관별 규제 수/1위 기관 규제 수)×100.

※ 출처: 국무총리실 누리집.

제 6 절 결과 요약

이상의 측정 결과는 <표 3-33>과 같이 요약할 수 있다.

<표 3-33>에서 각 지표별로 1위를 차지한 빈도를 집계해 보면, 국토해양부가 6개로 가장 많고, 기획재정부가 5개, 검찰청이 4개, 교육과학기술부가 3개, 행정안전부, 국방부, 외교부가 각각 2개, 국가정보원, 지식경제부, 관세청, 조달청이 각각 1개씩인 것으로 나타났다.

2위 빈도는 국가정보원이 5개로 가장 많고, 교육과학기술부가 4개, 국방부가 3개, 기획재정부, 국토해양부, 외교통상부, 금융위원회가 각각 2개, 검찰청, 감사원, 행정안전부, 지식경제부, 국세청, 보건복지부, 농림수산식품부, 식품의약품안전청이 각각 1개씩인 것으로 나타났다.

3위 빈도는 행정안전부가 5개로 가장 많고, 기획재정부가 4개, 검찰청, 감사원, 국방부, 외교통상부, 지식경제부, 문화체육관광부가 각각 2개, 국가정보원, 국토해양부, 보건복지부, 환경부, 경찰청, 특허청, 국가인권위원회가 각각 1개씩인 것으로 나타났다.

4위 빈도는 외교통상부가 4개로 가장 많고, 국방부, 국토해양부가 각각 3개, 검찰청, 경찰청, 교육과학기술부, 지식경제부, 농림수산식품부가 각각 2개, 행정안전부, 보건복지부, 고용노동부, 문화체육관광부, 감사원, 공정거래위원회, 방위사업청이 각각 1개씩인 것으로 나타났다.

5위 빈도는 지식경제부가 4개로 가장 많고, 행정안전부, 보건복지부, 금융위원회, 국세청이 각각 3개, 검찰청, 조달청이 각각 2개, 국방부, 법무부, 환경부, 감사원, 국가정보원, 국가보훈처, 경찰청, 소방방재청이 각각 1개씩인 것으로 나타났다.

〈표 3-33〉 측정 결과 요약

구성 개념	측정 변수	측정지표	1위	2위	3위	4위	5위
자원	인적 자원	총 정원 수	국방부	교과부	경찰청	지경부	국세청
		고위직	교과부	국방부	외교부	검찰청	지경부
		최고위직	교과부	국방부	검찰청	외교부	행안부
	물적 자원	예산 규모	기재부	교과부	행안부	국토부	복지부
	조직 자원	조직 규모	외교부	국토부	기재부	감사원	행안부
	법적 자원	법률 수	국토부	교과부	행안부	지경부	복지부
		법률당 쪽수	관세청	국세청	특허청	방사청	금융위
자율성	정치적 자율성	대통령 거리	기재부	국정원	검찰청	외교부	감사원
		국회 거리	검찰청	국정원	인권위	국방부	국세청
		정책자율성	기재부	국정원	감사원	검찰청	법무부
	재정적 자율성	전·이용 비율	기재부	국정원	문화부	공정위	보훈처
		특수활동비	국정원	기재부	국방부	경찰청	검찰청
	입법적 자율성	준입법 재량	국토부	복지부	행안부	교과부	지경부
		법령 재량	조달청	식약청	감사원	특허청	소방청
네트워크	수직적 연계성	소속기관	교과부	국방부	지경부	경찰청	검찰청
		산하기관	지경부	국토부	문화부	교과부	금융위
	수평적 연계성	내향 연결도	행안부	외교부	국토부	복지부	조달청
		사이 중심성	행안부	기재부	외교부	국토부	조달청
잉여력	외부 잉여력	언론 관심도	검찰청	교과부	기재부	국토부	경찰청
		입법 능력	국토부	농림부	지경부	행안부	복지부
		국감 일수	국방부	외교부	환경부	노동부	국정원
		재취업 비율	검찰청	금융위	국정원	국방부	국세청
	내부 잉여력	장·차관 배출	기재부	검찰청	행안부	외교부	국방부
		청와대 파견	국토부	행안부	기재부	외교부	지경부
		주재관	외교부	국정원	국방부	문화부	지경부
잠재력	보유 권한	특별 권한	검찰청	감사원	기재부	국방부	행안부
		법률 총 쪽수	국토부	지경부	행안부	농림부	금융위
		등록 규제	국토부	금융위	복지부	농림부	환경부

Chapter 04

정부부처의 권력지수 산출

제 1 절 가중치 산정

제3장에 제시된 모든 측정 결과는 이제 합리적인 가중치 산정 방식을 통해 하나로 통합된다. 여기서는 오재록(2007)과 동일하게 AHP(Analytic Hierarchy Process) 기법을 적용하여 권력지수(power index)를 산출하고자 한다. 이 기법을 사용하는 이유는 이것이 다섯 가지 구성 개념 전반을 고려할 수 있는 다기준 평가기법의 일종이며, "현재 개발되어 있는 여러 다기준 평가기법 중에서 가장 실용적으로 여러 분야에 널리 사용되고 있을 뿐만 아니라 그 유용성을 상당 수준 검증받았기"(백주현 외, 2005: 386) 때문이다(오재록, 2007).

1 AHP의 유용성과 가중치 산정 방법[1)]

1) AHP의 개요 및 특성

'계층분석적 의사결정 과정'인 AHP는 다수의 속성을 계층적으로 분류하

1) 이 부분은 오재록(2007)과 동일한 내용으로 이를 전재했다.

여 각 속성의 중요도를 파악함으로써 최적 대안을 선정하는 기법으로 1970년대 초반 사티(Saaty, 1980)에 의해 개발되었다.[2] 이 기법은 의사결정 요소들의 속성과 그 측정 척도가 다기준 의사결정 문제에 효과적으로 적용되어 의사결정자가 선택할 수 있는 여러 대안을 체계적으로 순위매기고 그 가중치를 비율 척도(ratio scale)로 도출하는 방법을 취한다. AHP는 복잡하고 비구조화된 이론적 개념 또는 상황을 하위 구성 요소로 분해하고 "구성 요소들을 계층적 순서에 따라 배열한 다음, 구성 요소들의 상대적 중요도(relative importance)에 따라 주관적 판단에 의해 수치화된 가치를 할당하고, 가장 우선순위가 높은 원하는 결과를 얻기 위해 취해야 할 요소를 결정하기 위해 판단을 종합화시키는 기법"(박영미, 1994: 56)이다.

AHP는 일반적으로 '브레인스토밍(brainstorming) → 계층구조 설정(structuring) → 가중치 산정(weighting) 및 일관성 검증(consistency test) → 평점(measurement) → 검토(feedback)' 단계로 이뤄진다. 특히 "계층구조 설정과 가중치 산정 및 일관성 검증 단계는 AHP 기법이 가지는 장점으로서 인간의 사고 체계가 계층적 구조 설정(hierarchical structuring)의 원리, 상대적 중요도 설정(weighting)의 원리, 논리적 일관성(consistency)의 원리로 이뤄진다"(백주현 외, 2005: 386).

AHP의 적용 절차를 특징적으로 살펴보면 다음 네 가지 단계로 압축할 수 있다.

첫째, 문제를 계층구조(hierarchy)로 분해하여 정의하는 문제의 구조화(problem decomposition and model structuring) 단계다. 이러한 계층화 작업은 복잡하고 비구조화된 문제를 단순화시켜 인간의 정신적 부담을 줄여줄 뿐만 아니라, 문제를 분석적으로 파악하는 데 도움을 주는데, 여기에는 문제 영역의 경험과 지식이 중요하게 작용한다.

둘째, 구성 요소들 간의 쌍대 비교를 이용한 평가자의 판단(prioritizing objectives using pairwise comparison) 단계다. 이는 문제를 분석적으로 파악한 후 평가 작업을 하는 단계이며, 쌍대 비교의 개념에 기초하여 요소

2) AHP 기법은 의사결정 과정의 비능률을 개선하기 위한 차원에서 개발되었다.

들 사이의 우선순위 내지는 문제에서 차지하는 중요도를 평가하게 된다. 즉, 계층의 한 수준에서의 요소들은 인접한 상위 수준에 대한 중요도나 기여도로 상대적인 측면에서 평가된다. 여기서 요소들 간의 중요도는 고유치 방법(eigenvalue method)을 통해 도출되는데, 전체적인 큰 틀 안에서 각 수준들 간의 가중치, 그리고 하위 수준이 상위 수준에 기여하는 정도를 평가하는 작업이다.

셋째, 판단의 일관성을 측정하는 단계다. 일반적으로 판단의 완전한 일관성(consistency)이란 기수적 일관성과 서수적 일관성의 만족을 말한다. 그러나 AHP는 전문가 집단이 경험과 직관에 의해 주관적으로 측정하게 되는 정성적인 요소도 평가에 고려하기 때문에 판단의 완전한 일관성을 기대하지는 않는다.

넷째, 최종 순위 도출(evaluation of alternatives) 단계다. 이는 쌍대 비교로 평가된 우선순위(local priority)를 AHP 평가 목적에 관한 전체적인 우선순위(global priority)로 계산하는 결합 단계다. 이러한 종합화(synthesis)를 통해 계층구조를 이루는 모든 요소의 상대적 중요도가 결정된다.

한편, AHP는 역수성, 동질성, 종속성, 기대성이라는 네 가지 공리(axioms)에 의해 그 적용을 위한 이론적 배경을 형성하고 있다(조근태 외, 2003: 4).

첫째, 역수성(reciprocal)이란 의사결정자가 동일한 계층 내에 있는 두 개의 요인을 짝지어 비교할 수 있어야만 하고 그 선호의 강도를 표현할 수 있어야 하며, 이러한 선호의 강도는 역수 조건을 만족시켜야 한다는 공리다. 예를 들어, A가 B보다 x배 중요시된다고 하면 B는 A보다 1/x배 중요하다는 것이다.

둘째, 동질성(homogeneity)이란 제한된 범위 내에서 정해진 척도(bounded scale)에 의해 중요도가 표현된다는 것이다.

셋째, 종속성(dependency)이란 한 계층의 요소들은 인접한 상위 계층의 요소에 대해 종속적이어야 하나, 상위 계층의 모든 요소에 대해 인접한 하위 계층 내의 모든 요소 간에 독립성이 확보되어야 하는 것은 아님을 의미하는 것이다.

넷째, 기대성(expectations)이란 의사결정의 목적에 관한 사항을 계층이 완전하게 포함하고 있다고 가정하는 것이다.

2) 가중치 산정 방법

AHP의 가중치 산정은 각 수준들 간의 상대적 중요도를 나타내는 쌍대 비교를 통해 이뤄진다. “쌍대 비교 과정은 평가자의 판단을 어의적인 표현으로 나타내고 이에 상응하는 적정한 수치를 부여하는 과정으로 구성된다. 쌍대 비교를 통한 상대적인 평가를 위해서는 신뢰할 만한 평가 척도가 필요하다. 이때 사용되는 척도는 인간이 느낄 수 있는 차이를 최대한으로 반영할 수 있는 범위로 정해야 하는데, AHP 기법에서는 인지심리학 분야의 연구 결과에 기초하여 9점 척도[3]를 기본형으로 이용하고 있다”(백주현 외, 2005: 387). 즉, 쌍대 비교에서 사용되는 척도의 범위는 1에서 9까지의 수 또는 그 역수들로서 <표 4-1>과 같은 형태로 구성된다.

쌍대 비교를 행한 후에는 각 계층에 대해 비교 대상 평가 기준들이 갖는 상대적 가중치를 산정한다. 즉, 쌍대 비교를 통해 얻은 a_{ij}를 이용해 속성 $A_1 ... A_n$이 갖는 중요도를 나타내 주는 수치 $w_1 ... w_n$을 추정하는 것이다. 사티(Saaty, 1980)는 가중치 산정 방법으로서 고유치 방법을 제안했는데, 예컨대

〈표 4-1〉 쌍대 비교의 척도

중요도	정의	설명
1	동등	두 요소의 중요도가 동등함.
3	약간 중요	한 요소가 다른 요소보다 약간 중요함.
5	강하게 중요	한 요소가 다른 요소보다 본질적으로 강하게 중요함.
7	현저히 중요	한 요소가 다른 요소보다 매우 강하게 중요함.
9	극단적으로 중요	한 요소가 다른 요소보다 절대적으로 중요함.

* 2, 4, 6, 8은 위 값들의 중간값을 의미함.
* 요소 A의 B에 대한 중요도가 1~9이면 B의 A에 대한 중요도는 1~9의 역수로 표현됨.

※ 출처: 조근태 외(2003: 7)의 재구성.

3) 좀 더 엄밀히 말하면, 1/9~9로 17점 척도다.

예컨대 속성 A_1, A_2, A_3가 있을 경우 $A_1 : A_2 = 2 : 1$, $A_1 : A_3 = 4 : 1$이라고 평가했을 때, $A_1 : A_2 : A_3 = 4 : 2 : 1$이라고 평가하는 방식이다.

가중치 산정에서 우선순위는 평가자의 판단에 따른 쌍대비교에 근거를 두고 있는데, 평가자가 실시한 판단의 일관성이 우선순위의 신뢰도에 결정적인 역할을 하기 때문에 일관성(consistency)을 검증할 필요가 있다. "논리적 일관성 여부를 검토하기 위해 일반적으로 사용하는 방법은 일관성 비율(consistency ratio: CR)을 활용하는 것인데, 경험 법칙에 의해 비일관성 비율의 값이 0.1 이내이면 일관성을 갖는 것으로 판단하고 0.2 이내일 경우는 용납할 수 있는(tolerable) 것으로 보지만, 그 이상이면 일관성이 부족해 재조사가 필요한 것으로 간주한다"(Saatty, 1980; 이창효, 2000: 256−257; 조근태 외, 2003: 10; 백주현 외, 2005: 387). 이 연구에서는 백주현 외(2005)의 선례에 따라 비일관성 비율의 최대 허용치를 0.15로 설정하고 이를 초과하는 응답은 분석에서 제외했다.

3) AHP의 장점과 한계

AHP의 가장 큰 특징은 복잡한 문제를 계층화하여 주요 요인과 세부 요인들로 나누고, 이러한 요인들에 대한 쌍대 비교를 통해 중요도를 도출하는 데 있다. "이 기법은 인간의 사고와 유사한 방법으로 문제를 분석하고 분해하여 구조화할 수 있다는 점과 모형을 이용하여 상대적 중요도 또는 선호도를 체계적으로 비율 척도화하여 정량적인 형태로 결과를 얻을 수 있다는 점에서 그 유용성을 인정받고 있다"(박재현, 2004: 136).

그뿐만 아니라 AHP는 "간결한 적용 절차에도 불구하고 척도 선정, 가중치 산정 절차, 민감도 분석 등에 사용되는 각종 기법이 실증분석과 엄밀한 수리적 검증 과정을 거쳐 채택된 방법들을 활용한다는 점에서 이론적으로 높이 평가된다. 이러한 장점으로 인해 사티(Saaty, 1980)가 수행한 수단(Sudan)의 교통 시스템 설계에 관한 의사결정을 비롯해 신기술 선택의 문제, 병원 서비스 시스템의 설계, 정치적 분쟁 해결 문제 등에 광범위하게 활용되어 왔다"(박재현, 2004: 136).

그러나 의사결정 문제를 계층화할 때 평가자의 경험과 능력에 지나치게 의존함으로써 가중치 산정의 객관성 확보라는 당초의 장점이 쉽게 훼손될 수 있다는 점은 치명적인 한계로 지적하지 않을 수 없다.

2 AHP 조사설계 및 표본

AHP는 일반적으로 해당 분야 전문가의 평가로 그 조사가 이뤄진다. 이 연구에서는 오재록(2007)과 같이 국무총리실 국·과장급 간부들을 대상으로 조사를 실시했다.[4] 그 이유는, 국무총리실이 이 연구의 조사 대상기관에 속하지 않아 비교적 객관적인 평가를 내리기에 적합할 뿐만 아니라, 오랫동안 중앙정부 업무를 총괄적·거시적으로 수행한 경험을 갖추고 있어 각 항목의 상대적 중요도를 합리적으로 판별해 줄 수 있는 당대 최적의 전문가라고 보았기 때문이다.[5]

조사는 연구자가 직접 응답자들에게 조사의 개요와 취지 및 응답 요령을 상세히 설명하는 방식으로 이뤄졌다(설문지는 부록에 첨부함). 이 조사에 응한 국무총리실 간부 20명은 국장급 10명, 과장급 10명이었으며, 연령대는 모두 40대와 50대였다. 수집된 설문 20부 중 7부는 비일관성 비율이 0.15 이상으로 나타나 일관성이 부족하다고 판단되어 분석에서 제외되었다. 따라서 이 조사의 최종 표본은 13부다. 최종 선정된 13명의 국무총리실 국·과장급 간부들은 <표 4-2>와 같이 국장급 7명, 과장급 6명이었다.[6]

〈표 4-2〉 표본 선정 (단위: 명)

구분	최종 표본(13)	분석 제외(7)
국장급	7	3
과장급	6	4

4) 2005년 조사 때와 마찬가지로 이번 조사에서도 적극적인 협력과 배려를 아끼지 않으신 국무총리실의 심오택 실장님, 오 균 국장님, 홍윤식 국장님께 감사드린다. 또 이번 조사를 함께 해준 중앙대학교 박치성 교수님께도 깊이 감사드린다.

5) 대통령실 간부들도 고려해 볼 수 있겠지만, 이들의 경우 정권 교체에 따라 잦은 교체가 이뤄지기 때문에 덜 전문적이라고 보았다.

3 AHP 조사 결과: 가중치 산출

AHP 조사 시점은 2010년 4월이었으며, 고유 벡터값을 구하는 데는 “Expert Choice 11.5”라는 전문 프로그램을 활용했다. 가중치 산정 결과는 다음과 같다.

1) 측정지표들 간의 상대적 중요도

인적 자원 지표들 간의 상대적 중요도를 산출한 결과, <표 4-3>과 같이 총 정원 수 .277, 고위직 지표 .321, 최고위직 지표 .401로 나타났다.

〈표 4-3〉 인적 자원 지표들 간의 상대적 중요도

응답자	총 정원 수	고위직 지표	최고위직 지표
1	0.135	0.281	0.584
2	0.163	0.297	0.540
3	0.547	0.263	0.190
4	0.590	0.245	0.665
5	0.105	0.258	0.637
6	0.263	0.578	0.159
7	0.163	0.540	0.540
8	0.493	0.196	0.311
9	0.090	0.665	0.245
10	0.135	0.281	0.584
11	0.105	0.258	0.637
12	0.691	0.218	0.091
13	0.333	0.333	0.333
가중치	0.277	0.321	0.401

6) 과장급의 경우 가급적 3급 과장까지를 대상으로 삼았으나 조사 과정에서 이를 일일이 확인하기가 어려웠던 관계로 부득이 4급 과장도 일부 포함되었다.

〈표 4-4〉 법적 자원 지표들 간의 상대적 중요도

응답자	소관 법률의 수	소관 법률 1개당 쪽수	응답자	소관 법률의 수	소관 법률 1개당 쪽수
1	0.750	0.250	8	0.800	0.200
2	0.750	0.250	9	0.500	0.500
3	0.500	0.500	10	0.250	0.750
4	0.857	0.143	11	0.750	0.250
5	0.250	0.750	12	0.500	0.500
6	0.750	0.250	13	0.500	0.500
7	0.500	0.500	가중치	0.589	0.411

물적 자원 및 조직 자원의 경우에는 그 측정지표가 각각 한 개씩이므로 상대적 중요도를 구할 필요가 없다. 법적 자원 지표들 간의 상대적 중요도는 <표 4-4>와 같이 소관 법률의 수 .589, 소관 법률 1개당 쪽수 .411로 산출되었다.

정치적 자율성 지표들 간의 상대적 중요도는 <표 4-5>와 같이 대통령과의 거리 .625, 국회와의 거리 .164, 정책 자율성의 정도 .211로 산출되었다.

재정적 자율성 지표들 간의 상대적 중요도는 <표 4-6>과 같이 세출예산 대비 이용·전용액의 비율 .400, 특수활동비 합계액 .600으로 산출되었다.

〈표 4-5〉 정치적 자율성 지표들 간의 상대적 중요도

응답자	대통령과의 거리	국회와의 거리	정책 자율성의 정도	응답자	대통령과의 거리	국회와의 거리	정책 자율성의 정도
1	0.550	0.210	0.240	8	0.674	0.101	0.226
2	0.717	0.088	0.195	9	0.279	0.072	0.649
3	0.661	0.208	0.131	10	0.800	0.100	0.100
4	0.722	0.073	0.250	11	0.754	0.181	0.065
5	0.659	0.079	0.263	12	0.714	0.143	0.143
6	0.702	0.073	0.226	13	0.715	0.218	0.067
7	0.757	0.188	0.054	가중치	0.625	0.164	0.211

〈표 4-6〉 재정적 자율성 지표들 간의 상대적 중요도

응답자	이용·전용액의 비율	특수활동비	응답자	이용·전용액의 비율	특수활동비
1	0.250	0.750	8	0.143	0.086
2	0.200	0.800	9	0.667	0.333
3	0.333	0.667	10	0.500	0.500
4	0.200	0.800	11	0.250	0.750
5	0.833	0.167	12	0.250	0.750
6	0.333	0.667	13	0.250	0.750
7	0.200	0.080	가중치	0.400	0.600

입법적 자율성 지표들 간의 상대적 중요도는 <표 4-7>과 같이 하위 법령(시행령·시행규칙)의 제·개정 빈도 .588, 법률 쪽수 대비 하위 법령 쪽수의 비율 .412로 산출되었다.

수직적 네트워크 지표들 간의 상대적 중요도는 <표 4-8>과 같이 소속기관의 규모 및 수준 .535, 산하기관의 규모 및 수준 .465로 산출되었다.

수평적 네크워크 지표들 간의 상대적 중요도는 <표 4-9>와 같이 문서교환 네트워크(내향 연계 중심성) 지수 .384, 사이 중심성 지수 .616으로 산출되었다.

〈표 4-7〉 입법적 자율성 지표들 간의 상대적 중요도

응답자	하위 법령 제·개정 빈도	법률 쪽수 대비 하위 법령 쪽수 비율	응답자	하위 법령 제·개정 빈도	법률 쪽수 대비 하위 법령 쪽수 비율
1	0.677	0.333	8	0.200	0.800
2	0.750	0.250	9	0.750	0.250
3	0.500	0.500	10	0.500	0.500
4	0.750	0.250	11	0.500	0.500
5	0.143	0.857	12	0.500	0.500
6	0.800	0.200	13	0.750	0.250
7	0.750	0.250	가중치	0.588	0.412

〈표 4-8〉 수직적 연계성 지표들 간의 상대적 중요도

응답자	소속기관의 규모 및 수준	산하기관의 규모 및 수준	응답자	소속기관의 규모 및 수준	산하기관의 규모 및 수준
1	0.250	0.750	8	0.750	0.250
2	0.667	0.333	9	0.800	0.200
3	0.250	0.750	10	0.250	0.750
4	0.200	0.800	11	0.500	0.500
5	0.667	0.333	12	0.750	0.250
6	0.889	0.111	13	0.500	0.500
7	0.500	0.500	가중치	0.535	0.465

〈표 4-9〉 수평적 연계성 지표들 간의 상대적 중요도

응답자	문서 교환 연계성 지수	사이 중심성 지수	응답자	문서 교환 연계성 지수	사이 중심성 지수
1	0.500	0.500	8	0.333	0.667
2	0.500	0.500	9	0.333	0.667
3	0.500	0.500	10	0.250	0.750
4	0.143	0.857	11	0.500	0.500
5	0.167	0.833	12	0.500	0.500
6	0.200	0.800	13	0.500	0.500
7	0.333	0.667	가중치	0.384	0.616

외부 잉여력 지표들 간의 상대적 중요도는 <표 4-10>과 같이 언론의 관심도(중앙일간지 1면 기사 게재 비중) .348, 입법 능력(소관 법률의 제·개정 빈도) .205, 국정감사 수감 일수 .114, 퇴직 관료의 재취업 비율 .333으로 산출되었다.

내부 잉여력 지표들 간의 상대적 중요도는 <표 4-11>과 같이 장·차관(급) 배출자 수 .540, 대통령실 및 그 소속 위원회 파견자(계급 차등) 수 .303, 주재관(계급 차등)의 수 .157로 산출되었다.

잠재력 지표들 간의 상대적 중요도는 <표 4-12>와 같이 특별 권한(공소권, 수사권, 조사권 등)의 정도 .539, 소관 법률의 총 쪽수 .160, 등록

〈표 4-10〉 외부 잉여력 지표들 간의 상대적 중요도

응답자	언론의 관심도	입법 능력	국감 일수	재취업 비율
1	0.305	0.143	0.093	0.459
2	0.238	0.168	0.077	0.517
3	0.375	0.125	0.125	0.375
4	0.124	0.608	0.225	0.044
5	0.577	0.089	0.147	0.186
6	0.204	0.654	0.043	0.099
7	0.653	0.216	0.045	0.860
8	0.580	0.158	0.318	0.466
9	0.186	0.148	0.073	0.594
10	0.195	0.276	0.138	0.391
11	0.488	0.201	0.153	0.158
12	0.276	0.118	0.118	0.487
13	0.569	0.263	0.098	0.069
가중치	0.348	0.205	0.114	0.333

〈표 4-11〉 내부 잉여력 지표들 간의 상대적 중요도

응답자	장·차관(급) 배출	청와대 파견	주재관 지표
1	0.238	0.625	0.136
2	0.537	0.364	0.099
3	0.240	0.550	0.210
4	0.708	0.230	0.062
5	0.455	0.455	0.091
6	0.702	0.226	0.073
7	0.754	0.083	0.163
8	0.609	0.311	0.080
9	0.701	0.106	0.193
10	0.429	0.429	0.143
11	0.673	0.251	0.075
12	0.584	0.281	0.135
13	0.602	0.324	0.075
가중치	0.540	0.303	0.157

〈표 4-12〉 잠재력 지표들 간의 상대적 중요도

응답자	특별 권한의 정도	소관 법률 총 쪽수	등록 규제의 수
1	0.594	0.157	0.249
2	0.558	0.122	0.320
3	0.281	0.135	0.584
4	0.708	0.062	0.230
5	0.105	0.637	0.258
6	0.750	0.078	0.171
7	0.789	0.055	0.156
8	0.722	0.094	0.184
9	0.258	0.105	0.637
10	0.682	0.082	0.236
11	0.737	0.085	0.177
12	0.584	0.281	0.135
13	0.258	0.105	0.637
가중치	0.539	0.160	0.301

규제의 수 .301로 산출되었다.

2) 측정변수들 간의 상대적 중요도

측정지표들 간의 상대적 중요도가 모두 구해졌다면 이제 측정변수들의 상대적 중요도를 구할 차례다. 먼저 자원 측정변수들 간의 상대적 중요도를 산출해 보니, <표 4-13>과 같이 인적 자원 .437, 물적 자원 .241, 조직 자원 .182, 법적 자원 .140으로 나타났다.

〈표 4-13〉 자원 변수들 간의 상대적 중요도

응답자	인적 자원	물적 자원	조직 자원	법적 자원
1	0.350	0.173	0.346	0.123
2	0.426	0.259	0.239	0.076
3	0.524	0.211	0.132	0.132
4	0.402	0.076	0.185	0.337

5	0.594	0.232	0.073	0.100
6	0.472	0.164	0.108	0.256
7	0.582	0.235	0.103	0.080
8	0.333	0.257	0.113	0.298
9	0.184	0.483	0.214	0.120
10	0.223	0.394	0.287	0.096
11	0.565	0.262	0.118	0.055
12	0.582	0.246	0.108	0.064
13	0.444	0.137	0.341	0.078
가중치	0.437	0.241	0.182	0.140

자율성 변수들 간의 상대적 중요도는 <표 4-14>와 같이 정치적 자율성 .650, 재정적 자율성 .182, 입법적 자율성 .168로 산출되었다.

네트워크 변수들 간의 상대적 중요도는 <표 4-15>와 같이 수직적 연계성 .723, 수평적 연계성 .277로 산출되었다.

〈표 4-14〉 자율성 변수들 간의 상대적 중요도

응답자	정치적 자율성	재정적 자율성	입법적 자율성
1	0.661	0.200	0.131
2	0.625	0.136	0.238
3	0.600	0.200	0.200
4	0.789	0.068	0.142
5	0.691	0.091	0.218
6	0.750	0.078	0.171
7	0.705	0.084	0.211
8	0.683	0.200	0.117
9	0.571	0.286	0.143
10	0.745	0.156	0.099
11	0.578	0.263	0.159
12	0.333	0.333	0.333
13	0.763	0.178	0.058
가중치	0.650	0.182	0.168

〈표 4-15〉 네트워크 변수들 간의 상대적 중요도

응답자	수직적 연계성	수평적 연계성	응답자	수직적 연계성	수평적 연계성
1	0.750	0.250	8	0.750	0.250
2	0.200	0.800	9	0.750	0.250
3	0.667	0.333	10	0.833	0.167
4	0.833	0.167	11	0.800	0.200
5	0.333	0.667	12	0.800	0.200
6	0.889	0.111	13	0.750	0.250
7	0.857	0.143	가중치	0.723	0.277

잉여력 변수들 간의 상대적 중요도는 <표 4-16>과 같이 외부 잉여력 .509, 내부 잉여력 .491로 산출되었다.

〈표 4-16〉 잉여력 변수들 간의 상대적 중요도

응답자	외부 잉여력	내부 잉여력	응답자	외부 잉여력	내부 잉여력
1	0.250	0.750	8	0.667	0.333
2	0.333	0.667	9	0.500	0.500
3	0.667	0.333	10	0.333	0.667
4	0.857	0.143	11	0.667	0.333
5	0.143	0.857	12	0.200	0.800
6	0.889	0.111	13	0.250	0.750
7	0.800	0.200	가중치	0.509	0.491

잠재력은 측정변수가 하나이므로 상대적 중요도를 산출할 필요가 없으며, 그 측정지표들 간의 상대적 중요도는 <표 4-12>와 같이 앞에서 이미 산출했다.

3) 구성 개념들 간의 상대적 중요도

측정지표와 측정변수들의 상대적 중요도를 구한 다음에는 최종적으로 구성 개념들의 상대적 중요도를 산출해야 한다. 다섯 가지 구성 개념 간의 상대적 중요도를 산출해 보았더니 <표 4-17>과 같이 자원 .286, 자율성 .239, 네트워크 .109, 잉여력 .203, 잠재력 .162로 나타났다.

〈표 4-17〉 구성 개념들 간의 상대적 중요도

응답자	자원	자율성	네트워크	잉여력	잠재력
1	0.055	0.131	0.131	0.484	0.198
2	0.151	0.390	0.115	0.301	0.044
3	0.171	0.392	0.109	0.114	0.114
4	0.210	0.085	0.026	0.060	0.619
5	0.137	0.533	0.036	0.242	0.053
6	0.201	0.553	0.043	0.106	0.098
7	0.296	0.089	0.191	0.179	0.245
8	0.462	0.084	0.181	0.227	0.046
9	0.574	0.046	0.229	0.083	0.067
10	0.269	0.119	0.074	0.269	0.269
11	0.301	0.472	0.065	0.124	0.038
12	0.567	0.078	0.038	0.108	0.208
13	0.296	0.116	0.172	0.326	0.090
가중치	0.286	0.239	0.109	0.203	0.162

[그림 4-1] 구성 개념들의 가중치 비중

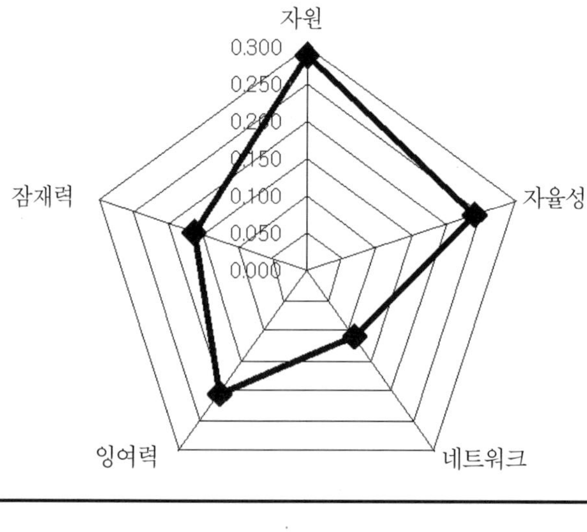

이를 방사형 그래프로 나타내 보면 [그림 4-1]과 같은 모습을 얻을 수 있다. 이를 보면, 자원의 가중치가 가장 크고 네트워크의 가중치가 가장 작다는 점이 한눈에 파악된다.

4) 가중치 종합

이상과 같이 산출된 상대적 중요도를 구성 개념, 측정변수, 측정지표 순으로 곱하면 최종적으로 측정지표들의 가중치가 산출되는데, 이와 같은 방식으로 모든 측정지표의 가중치를 계산하면 <표 4-18>과 같은 결과를 얻는다.

〈표 4-18〉 가중치 종합

구성 개념	측정변수	측정지표	가중치
자원 (.286)	인적 자원	총 정원 수	0.035
		고위직 지표	0.040
		최고위직 지표	0.050
	물적 자원	일반회계·특별회계·기금 합계	0.069
	조직 자원	본부 조직의 규모 및 수준	0.052
	법적 자원	소관 법률의 수	0.024
		소관 법률 1개당 쪽수	0.016
자율성 (.239)	정치적 자율성	대통령과의 거리	0.097
		국회와의 거리	0.025
		정책 자율성의 정도	0.033
	재정적 자율성	이용·전용액의 비율	0.017
		특수활동비 합계	0.026
	입법적 자율성	하위 법령 제·개정 빈도	0.024
		소관 법률 쪽수 대비 하위 법령 쪽수 비율	0.016
네트워크 (.109)	수직적 연계성	소관 소속기관의 규모 및 수준	0.042
		소관 산하기관의 규모 및 수준	0.037
	수평적 연계성	내향 연결 정도 중심성 지수	0.012
		사이 중심성 지수	0.018
잉여력	외부 잉여력	언론의 관심도	0.036

(.203)		입법 능력	0.021
		국정감사 수감 일수	0.012
		퇴직 관료의 재취업 비율	0.034
	내부 잉여력	장·차관급 배출자 수	0.054
		대통령실 파견자 지표	0.030
		주재관 지표	0.016
잠재력 (.162)	공식 권한	특별 권한의 정도	0.087
		소관 법률의 총 쪽수	0.026
		등록 규제의 수	0.049

제 2 절 정부부처의 권력지수 산출

정부부처들의 권력지수는 다섯 가지 구성 개념의 측정값에 가중치를 적용함으로써 최종적으로 산출된다. 그리고 각 구성 개념의 측정값은 그 하위 요소인 측정변수와 측정지표에 가중치를 적용함으로써 산출된다. 그러므로 권력지수를 산출하기 위해서는 측정변수의 지수와 구성 개념의 지수를 먼저 산출해야 한다(오재록, 2007).

1 자원 지수

자원 지수(resources index)를 산출하기 위해서는 우선 인적 자원 지수와 법적 자원 지수부터 산출해야 한다. 인적 자원 및 법적 자원 변수는 복수의 측정지표들로 구성되어 있으므로 이에 해당하는 지표들의 측정값에 가중치를 적용하여 지수를 산출해야 한다(오재록, 2007).

인적 자원 지표들 간의 상대적 중요도는 앞의 <표 4-3>과 같이 총 정원 수 .277, 고위직 지표 .321, 최고위직 지표 .401로 산출되었다. 이를 제3장의

〈표 4-19〉 인적 자원 지수

순위	기관명	총정원	고위직	최고위직	인적 자원 지수	표준화
1	교육과학기술부	50.39	100.00	100.00	86.16	100.00
2	국방부	100.00	78.48	46.96	71.72	83.24
3	검찰청	1.35	11.65	33.04	17.36	20.15
4	외교통상부	0.34	12.41	26.96	14.89	17.28
5	경찰청	21.63	7.65	0.87	8.80	10.21
6	행정안전부	0.42	5.19	12.17	6.66	7.73
7	지식경제부	4.60	8.09	3.48	5.26	6.11
8	감사원	0.14	2.50	7.83	3.98	4.62
9	국가정보원	0.56	4.34	4.35	3.29	3.82
10	법무부	2.69	4.52	2.61	3.24	3.76
11	국토해양부	0.82	4.46	3.48	3.05	3.54
12	문화체육관광부	0.35	2.79	4.35	2.74	3.18
13	국세청	2.82	4.81	0.87	2.67	3.10
13	농림수산식품부	0.68	3.38	3.48	2.67	3.10
15	방송통신위원회	0.23	1.54	5.22	2.65	3.08
16	고용노동부	0.81	2.95	3.48	2.57	2.98
17	보건복지부	0.51	3.66	2.61	2.36	2.74
18	기획재정부	0.13	2.60	3.48	2.27	2.63
19	금융위원회	0.25	3.28	2.61	2.17	2.52
20	국민권익위원회	0.07	1.14	4.35	2.13	2.47
21	국가인권위원회	0.02	0.30	4.35	1.85	2.14
22	환경부	0.25	2.12	2.61	1.79	2.08
23	특허청	0.21	4.02	0.87	1.70	1.97
24	공정거래위원회	0.07	1.08	2.61	1.41	1.64
25	통일부	0.07	1.04	2.61	1.40	1.62
26	여성가족부	0.02	0.25	2.61	1.13	1.31
27	관세청	0.62	1.40	0.87	0.97	1.13
28	해양경찰청	1.04	0.86	0.87	0.91	1.06
29	식품의약품안전청	0.21	1.48	0.87	0.88	1.02
30	방위사업청	0.12	1.32	0.87	0.80	0.93
30	통계청	0.32	1.14	0.87	0.80	0.93
32	농촌진흥청	0.29	1.06	0.87	0.77	0.89
33	기상청	0.18	1.13	0.87	0.76	0.88
34	산림청	0.22	1.07	0.87	0.75	0.87
35	국가보훈처	0.18	1.06	0.87	0.74	0.86
36	조달청	0.13	1.01	0.87	0.71	0.82
37	병무청	0.26	0.84	0.87	0.69	0.80
38	중소기업청	0.10	0.92	0.87	0.67	0.78
39	문화재청	0.12	0.71	0.87	0.61	0.71
40	소방방재청	0.08	0.72	0.87	0.60	0.70
41	법제처	0.02	0.64	0.87	0.56	0.65

※ 주: 표준화 공식=(기관별 지수/1위 기관 지수)×100.

<표 3-1>, <표 3-5>, <표 3-6>의 표준화점수에 각각 곱해 합산하면 <표 4-19>와 같이 인적 자원 지수를 도출할 수 있다. 이를 보면, 41개 부처 가운데 인적 자원 수준이 상대적으로 가장 높은 곳은 교육과학기술부(1위)임을 알 수 있다. 국방부(2위)도 이에 필적할 만한 수준으로 높으며, 그 뒤를 검찰청(3위), 외교통상부(4위), 경찰청(5위) 등이 잇고 있다. 이에 비해 법제처(41위), 소방방재청(40위), 문화재청(39위), 중소기업청(38위), 병무청(37위) 등은 상대적으로 극히 낮은 수준이었다.

법적 자원 지표들 간의 상대적 중요도는 앞의 <표 4-4>와 같이 소관 법률의 수 .589, 소관 법률 1개당 쪽수 .411로 산출되었다. 이를 제3장의 <표 3-10>과 <표 3-11>의 표준화 점수에 각각 곱해 합산하면 <표 4-20>과 같이 법적 자원 지수가 도출된다. 이를 보면, 법적 자원 수준이 상대적으로 가장 높은 곳은 국토해양부(1위)임을 알 수 있다. 그 뒤를 행정안전부(2위), 지식경제부(3위), 교육과학기술부(4위), 관세청(5위) 등이 잇고 있다. 이에 비해 법제처(41위), 농촌진흥청(40위), 병무청(39위), 국가정보원(38위), 조달청(37위) 등은 상대적으로 극히 낮은 수준이었다.

물적 자원과 조직 자원은 측정지표가 각각 한 개뿐이므로 별도로 지수를 구할 필요가 없다. 따라서 제3장의 <표 3-7>과 <표 3-8>이 물적 자원 지수와 조직 자원 지수로 간주된다.

이렇게 네 가지 측정변수의 지수가 모두 구해지면 비로소 자원 지수를 구할 수 있게 된다(오재록, 2007). 자원 변수들 간의 상대적 중요도는 <표 4-13>과 같이 인적 자원 .437, 물적 자원 .241, 조직 자원 .182, 법적 자원 .140으로 산출되었다. 이를 앞의 <표 4-18>와 <표 4-19>, 그리고 제3장의 <표 3-7>과 <표 3-8>의 표준화 점수에 각각 곱해 합산하면 <표 4-21>과 같이 자원 지수가 도출된다.

이를 보면, 자원 수준이 상대적으로 가장 높은 곳은 교육과학기술부(1위)임을 알 수 있다. 그 뒤를 국방부(2위), 기획재정부(3위), 국토해양부(4위), 행정안전부(5위) 등이 잇고 있으며, 병무청(41위), 농촌진흥청(40위), 여성가족부(39위), 국가인권위원회(38위), 법제처(37) 등은 상대적으로 미미한 수준이었다.

〈표 4-20〉 법적 자원 지수

순위	기관명	법률 수	법률당 쪽수	법적 자원 지수	표준화
1	국토해양부	100.00	25.30	69.30	100.00
2	행정안전부	66.15	17.73	46.25	66.74
3	지식경제부	65.38	18.67	46.18	66.64
4	교육과학기술부	68.46	10.14	44.49	64.20
5	관세청	5.38	100.00	44.27	63.88
6	보건복지부	63.08	13.25	42.60	61.47
7	농림수산식품부	53.85	19.48	39.72	57.32
8	국세청	13.08	58.66	31.81	45.90
9	금융위원회	30.00	33.27	31.34	45.23
10	환경부	31.54	24.89	28.81	41.57
11	국방부	39.23	13.07	28.48	41.10
12	기획재정부	30.77	17.39	25.27	36.46
13	문화체육관광부	32.31	13.75	24.68	35.62
14	고용노동부	27.69	17.81	23.63	34.10
15	특허청	6.15	38.81	19.58	28.25
16	법무부	20.00	15.75	18.25	26.34
17	식품의약품안전청	6.92	29.31	16.12	23.26
18	방송통신위원회	9.23	25.50	15.92	22.97
19	산림청	10.00	22.17	15.00	21.65
20	공정거래위원회	8.46	23.98	14.84	21.41
21	중소기업청	10.77	20.59	14.80	21.36
22	국가보훈처	11.54	18.55	14.42	20.81
23	경찰청	15.38	12.58	14.23	20.53
24	방위사업청	0.77	33.39	14.17	20.45
25	소방방재청	14.62	13.41	14.12	20.38
26	검찰청	13.85	9.64	12.12	17.49
27	국민권익위원회	1.54	26.15	11.65	16.82
28	감사원	0.77	26.71	11.43	16.49
29	문화재청	2.31	22.63	10.66	15.38
30	외교통상부	13.85	5.50	10.42	15.03
31	국가인권위원회	0.77	21.14	9.14	13.19
32	통계청	0.77	20.03	8.69	12.53
33	통일부	6.92	8.53	7.58	10.94
34	기상청	2.31	14.10	7.15	10.32
35	해양경찰청	2.31	13.73	7.00	10.10
36	여성가족부	4.62	10.39	6.99	10.08
37	조달청	3.08	8.62	5.36	7.73
38	국가정보원	2.31	7.42	4.41	6.36
39	병무청	0.77	8.90	4.11	5.93
40	농촌진흥청	1.54	4.45	2.74	3.95
41	법제처	0.00	0.00	0.00	0.00

※ 주: 표준화 공식=(기관별 지수/1위 기관 지수)×100.

〈표 4-21〉 자원 지수

순위	기관명	인적	물적	조직	법적	자원 지수	표준화
1	교육과학기술부	100.00	38.12	65.70	64.20	73.83	100.00
2	국방부	83.24	18.21	63.54	41.10	58.08	78.67
3	기획재정부	2.63	100.00	82.31	36.46	45.33	61.40
4	국토해양부	3.54	33.30	87.73	100.00	39.54	53.55
5	행정안전부	7.73	35.42	72.20	66.74	34.40	46.59
6	외교통상부	17.28	1.20	100.00	15.03	28.14	38.12
7	보건복지부	2.74	23.93	68.59	61.47	28.06	38.00
8	지식경제부	6.11	10.80	59.93	66.64	25.51	34.55
9	농림수산식품부	3.10	12.10	48.01	57.32	21.03	28.49
10	감사원	4.62	0.08	80.14	16.49	18.93	25.64
11	문화체육관광부	3.18	2.49	57.04	35.62	17.36	23.51
12	검찰청	20.15	0.57	28.52	17.49	16.58	22.46
13	경찰청	10.21	6.31	32.49	20.53	14.77	20.00
14	고용노동부	2.98	10.04	34.30	34.10	14.74	19.96
15	환경부	2.08	4.15	34.66	41.57	14.04	19.01
16	법무부	3.76	1.41	44.40	26.34	13.75	18.63
17	국세청	3.10	1.21	29.24	45.90	13.40	18.14
18	관세청	1.13	0.34	16.97	63.88	12.61	17.08
19	특허청	1.97	0.26	36.82	28.25	11.58	15.69
20	방송통신위원회	3.08	0.65	32.13	22.97	10.57	14.31
21	국가정보원	3.82	0.42	41.52	6.36	10.22	13.84
22	금융위원회	2.52	0.65	13.00	45.23	9.96	13.48
23	식품의약품안전청	1.02	0.18	33.21	23.26	9.79	13.26
24	국민권익위원회	2.47	0.05	29.60	16.82	8.83	11.96
25	공정거래위원회	1.64	0.06	24.91	21.41	8.26	11.19
26	중소기업청	0.78	5.54	17.33	21.36	7.82	10.59
27	방위사업청	0.93	7.38	14.44	20.45	7.68	10.40
28	통일부	1.62	1.09	22.38	10.94	6.58	8.91
29	국가보훈처	0.86	2.92	14.08	20.81	6.55	8.88
30	산림청	0.87	1.30	13.00	21.65	6.09	8.25
31	통계청	0.93	0.23	20.94	12.53	6.03	8.17
32	소방방재청	0.70	0.50	13.72	20.38	5.77	7.82
33	기상청	0.88	0.19	19.49	10.32	5.43	7.35
34	해양경찰청	1.06	0.76	16.97	10.10	5.15	6.98
35	조달청	0.82	0.09	18.41	7.73	4.82	6.52
36	문화재청	0.71	0.41	11.55	15.38	4.66	6.32
37	법제처	0.65	0.02	23.47	0.00	4.56	6.18
38	국가인권위원회	2.14	0.02	8.30	13.19	4.30	5.82
39	여성가족부	1.31	0.51	10.83	10.08	4.08	5.53
40	농촌진흥청	0.89	0.61	13.00	3.95	3.45	4.68
41	병무청	0.80	0.17	11.91	5.93	3.39	4.59

※ 주: 표준화 공식=(기관별 지수/1위 기관 지수)×100.

2 자율성 지수

자율성 지수(autonomy index)를 산출하기 위해서는 우선 정치적 자율성 지수와 재정적 자율성 지수, 그리고 입법적 자율성 지수부터 산출해야 한다. 복수의 측정지표들로 구성된 정치적 자율성과 재정적 자율성, 그리고 입법적 자율성은 각 측정지표들의 측정값에 가중치가 적용됨으로써 각각의 지수로 산출된다(오재록, 2007).

정치적 자율성 지표들 간의 상대적 중요도는 앞의 <표 4-5>와 같이 대통령과의 거리 .625, 국회와의 거리 .164, 정책 자율성의 정도 .211로 산출되었다. 이를 제3장의 <표 3-11>, <표 3-12>, <표 3-13>의 표준화 점수에 각각 곱해 합산하면 <표 4-22>와 같이 정치적 자율성 지수를 도출할 수 있다. 이를 보면, 41개 부처 가운데 정치적 자율성 수준이 상대적으로 가장 높은 곳은 검찰청(1위)임을 알 수 있다. 국가정보원(2위)과 기획재정부(3위)도 이에 필적할 만한 수준으로 높으며, 그 뒤를 감사원(4위), 지식경제부(5위), 외교통상부(6위), 금융위원회(7위), 법무부(8위), 교육과학기술부(9위) 등이 잇고 있다. 이에 비해 기상청(41위), 통계청(40위), 조달청(39위), 농촌진흥청(38위), 병무청(37위) 등은 상대적으로 극히 낮은 수준이었다.

재정적 자율성 지표들 간의 상대적 중요도는 <표 4-6>과 같이 세출예산 대비 이용·전용액의 비율 .400, 특수활동비 합계액 .600으로 산출되었다. 이를 <표 3-14>와 <표 3-15>의 표준화 점수에 각각 곱해 합산하면 <표 4-23>과 같이 재정적 자율성 지수를 도출할 수 있다(오재록, 2007). 이를 보면, 41개 부처 가운데 재정적 자율성 수준이 상대적으로 가장 높은 곳은 기획재정부(1위)와 국가정보원(1위)임을 알 수 있다. 그 뒤를 문화체육관광부(3위), 공정거래위원회(4위), 국가보훈처(5위) 등이 잇고 있다. 이에 비해 여성가족부(41위), 행정안전부(40위), 산림청(39위), 금융위원회(38위), 방송통신위원회(37위) 등은 상대적으로 미미한 수준이었다.

〈표 4-22〉 정치적 자율성 지수

순위	기관명	대통령	국회	정책	정치적 자율성 지수	표준화
1	검찰청	94.33	100.00	80.03	92.24	100.00
2	국가정보원	98.77	53.33	93.70	90.25	97.84
3	기획재정부	100.00	14.58	100.00	85.99	93.23
4	감사원	56.44	11.11	90.77	56.25	60.98
5	지식경제부	55.52	8.33	74.30	51.75	56.10
6	외교통상부	58.74	12.50	61.35	51.71	56.06
7	금융위원회	56.44	8.97	62.99	50.04	54.25
8	법무부	51.38	8.89	75.66	49.54	53.70
9	교육과학기술부	51.23	10.42	69.29	48.35	52.41
10	국토해양부	50.31	4.49	63.42	45.56	49.39
11	행정안전부	45.40	10.00	71.65	45.13	48.93
12	국방부	41.41	21.97	73.73	45.04	48.83
13	국세청	48.01	21.67	52.97	44.73	48.50
14	경찰청	48.16	16.67	50.75	43.54	47.20
15	문화체육관광부	47.70	5.13	60.49	43.42	47.07
16	농림수산식품부	41.41	6.17	60.34	39.63	42.96
17	보건복지부	38.50	15.48	60.49	39.36	42.67
18	환경부	36.35	21.56	55.19	37.90	41.09
19	공정거래위원회	33.13	19.05	65.50	37.65	40.82
20	통일부	38.96	5.56	52.97	36.44	39.50
21	방송통신위원회	35.12	9.52	58.12	35.78	38.79
22	고용노동부	32.36	18.78	58.55	35.66	38.66
23	국민권익위원회	28.07	13.33	67.86	34.05	36.91
24	여성가족부	31.90	2.56	55.76	32.13	34.83
25	국가보훈처	31.60	3.75	50.75	31.07	33.68
26	법제처	28.22	12.50	51.04	30.46	33.02
27	국가인권위원회	0.15	25.00	66.36	18.20	19.73
28	식품의약품안전청	1.84	18.06	55.62	15.85	17.18
29	해양경찰청	2.30	16.67	53.11	15.38	16.67
30	관세청	1.23	16.67	55.48	15.21	16.48
31	중소기업청	5.06	3.85	53.26	15.03	16.30
32	방위사업청	5.06	7.25	50.04	14.91	16.16
33	소방방재청	3.07	12.82	50.75	14.73	15.97
34	특허청	1.23	12.50	53.40	14.08	15.27
35	문화재청	1.38	11.57	47.82	12.85	13.93
36	산림청	3.07	16.67	37.51	12.56	13.62
37	병무청	1.23	12.82	37.65	10.81	11.72
38	농촌진흥청	1.38	16.67	32.78	10.51	11.40
39	조달청	1.07	9.26	39.30	10.48	11.36
40	통계청	1.07	9.26	38.08	10.22	11.08
41	기상청	1.38	12.82	31.78	9.67	10.49

※ 주: 표준화 공식=(기관별 지수/1위 기관 지수)×100.

〈표 4-23〉 재정적 자율성 지수

순위	기관명	전용·이용 비율	특수활동비	재정 자율 지수	표준화
1	기획재정부	100.00	100.00	100.00	100.00
2	국가정보원	100.00	100.00	100.00	100.00
3	문화체육관광부	97.40	0.01	38.97	38.97
4	공정거래위원회	77.33	0.00	30.93	30.93
5	국가보훈처	76.42	0.00	30.57	30.57
6	국민권익위원회	71.44	0.14	28.66	28.66
7	소방방재청	60.11	0.00	24.04	24.04
8	국방부	7.20	33.72	23.11	23.11
9	해양경찰청	54.65	2.03	23.08	23.08
10	기상청	55.63	0.00	22.25	22.25
11	경찰청	12.73	26.38	20.92	20.92
12	식품의약품안전청	48.42	0.00	19.37	19.37
13	농촌진흥청	43.23	0.00	17.29	17.29
14	검찰청	33.75	5.60	16.86	16.86
15	국가인권위원회	41.97	0.00	16.79	16.79
16	고용노동부	37.40	0.00	14.96	14.96
17	국토해양부	35.44	0.00	14.18	14.18
18	방위사업청	34.82	0.00	13.93	13.93
19	법무부	33.75	0.00	13.50	13.50
20	통계청	32.41	0.00	12.96	12.96
21	관세청	30.14	0.16	12.15	12.15
22	국세청	27.23	0.20	11.01	11.01
23	외교통상부	26.98	0.23	10.93	10.93
24	병무청	26.43	0.00	10.57	10.57
25	중소기업청	24.30	0.00	9.72	9.72
26	특허청	22.90	0.00	9.16	9.16
27	농림수산식품부	20.12	0.00	8.05	8.05
28	문화재청	19.92	0.00	7.97	7.97
29	조달청	19.88	0.00	7.95	7.95
30	지식경제부	18.50	0.09	7.45	7.45
31	법제처	14.29	0.00	5.71	5.71
32	보건복지부	10.83	0.00	4.33	4.33
33	교육과학기술부	9.65	0.49	4.15	4.15
34	감사원	7.15	0.87	3.38	3.38
35	통일부	7.44	0.32	3.17	3.17
36	환경부	7.20	0.00	2.88	2.88
37	방송통신위원회	4.72	0.64	2.27	2.27
38	금융위원회	2.97	0.00	1.19	1.19
39	산림청	2.81	0.00	1.12	1.12
40	행정안전부	2.77	0.00	1.11	1.11
41	여성가족부	2.57	0.00	1.03	1.03

※ 주: 표준화 공식=(기관별 지수/1위 기관 지수)×100.

〈표 4-24〉 입법적 자율성 지수

순위	기관명	법률 대비 법령	하위 법령 빈도	입법 자율 지수	표준화
1	국토해양부	32.99	100.00	60.60	100.00
2	조달청	100.00	3.57	60.27	99.46
3	보건복지부	35.49	64.61	47.49	78.36
4	행정안전부	31.27	63.64	44.60	73.60
5	지식경제부	33.18	53.90	41.71	68.84
6	농림수산식품부	32.20	50.32	39.67	65.46
7	소방방재청	55.81	14.61	38.84	64.09
8	특허청	58.29	8.44	37.75	62.29
9	교육과학기술부	19.60	62.34	37.21	61.40
10	환경부	43.03	28.57	37.07	61.18
11	식품의약품안전청	61.52	0.65	36.44	60.14
12	경찰청	55.16	9.09	36.18	59.70
13	기획재정부	32.49	39.29	35.29	58.24
14	감사원	58.56	0.00	34.43	56.82
15	고용노동부	52.70	7.79	34.20	56.43
16	문화재청	55.34	2.92	33.74	55.68
17	해양경찰청	54.32	3.25	33.28	54.91
18	검찰청	42.52	5.52	27.28	45.01
19	국방부	26.34	28.25	27.12	44.76
20	국세청	45.17	0.32	26.69	44.05
21	법무부	25.16	26.62	25.77	42.52
22	문화체육관광부	25.69	25.65	25.67	42.36
23	병무청	42.69	1.30	25.64	42.31
24	통계청	39.41	3.57	24.64	40.66
25	외교통상부	31.44	11.36	23.17	38.23
26	방위사업청	37.66	0.97	22.54	37.20
27	산림청	31.34	8.44	21.91	36.15
28	통일부	33.12	4.22	21.22	35.01
29	국가보훈처	26.74	7.14	18.67	30.81
30	여성가족부	27.44	4.22	17.88	29.50
31	금융위원회	12.91	19.16	15.48	25.55
32	국가정보원	25.61	0.00	15.06	24.85
33	방송통신위원회	17.82	4.87	12.48	20.60
34	기상청	18.67	2.60	12.05	19.88
35	농촌진흥청	19.70	0.97	11.99	19.78
36	중소기업청	15.27	6.82	11.79	19.45
37	국민권익위원회	17.33	1.95	10.99	18.14
38	공정거래위원회	13.36	3.90	9.46	15.61
39	국가인권위원회	11.75	0.32	7.04	11.62
40	관세청	5.70	0.65	3.62	5.97
41	법제처	0.00	1.62	0.67	1.10

※ 주: 표준화 공식=(기관별 지수/1위 기관 지수)×100.

〈표 4-25〉 자율성 지수

순위	기관명	정치적	재정적	입법적	자율성	표준화
1	기획재정부	93.23	100.00	58.24	88.58	100.00
2	국가정보원	97.84	100.00	24.85	85.97	97.06
3	검찰청	100.00	16.86	45.01	75.63	85.38
4	국토해양부	49.39	14.18	100.00	51.49	58.12
5	감사원	60.98	3.38	56.82	49.80	56.22
6	지식경제부	56.10	7.45	68.84	49.39	55.75
7	교육과학기술부	52.41	4.15	61.40	45.14	50.96
8	외교통상부	56.06	10.93	38.23	44.85	50.63
9	문화체육관광부	47.07	38.97	42.36	44.80	50.58
10	경찰청	47.20	20.92	59.70	44.52	50.26
11	법무부	53.70	13.50	42.52	44.51	50.24
12	행정안전부	48.93	1.11	73.60	44.37	50.09
13	국방부	48.83	23.11	44.76	43.47	49.07
14	보건복지가족부	42.67	4.33	78.36	41.69	47.07
15	국세청	48.50	11.01	44.05	40.93	46.20
16	농림수산식품부	42.96	8.05	65.46	40.39	45.59
17	금융위원회	54.25	1.19	25.55	39.77	44.90
18	환경부	41.09	2.88	61.18	37.51	42.34
19	노동부	38.66	14.96	56.43	37.33	42.15
20	공정거래위원회	40.82	30.93	15.61	34.78	39.27
21	국가보훈처	33.68	30.57	30.81	32.63	36.84
22	국민권익위원회	36.91	28.66	18.14	32.26	36.42
23	통일부	39.50	3.17	35.01	32.13	36.28
24	방송통신위원회	38.79	2.27	20.60	29.09	32.84
25	여성부	34.83	1.03	29.50	27.78	31.36
26	조달청	11.36	7.95	99.46	25.54	28.84
27	소방방재청	15.97	24.04	64.09	25.52	28.81
28	식품의약품안전청	17.18	19.37	60.14	24.79	27.99
29	해양경찰청	16.67	23.08	54.91	24.26	27.39
30	법제처	33.02	5.71	1.10	22.69	25.61
31	특허청	15.27	9.16	62.29	22.06	24.90
32	문화재청	13.93	7.97	55.68	19.86	22.42
33	방위사업청	16.16	13.93	37.20	19.29	21.78
34	국가인권위원회	19.73	16.79	11.62	17.83	20.13
35	병무청	11.72	10.57	42.31	16.65	18.80
36	통계청	11.08	12.96	40.66	16.40	18.51
37	중소기업청	16.30	9.72	19.45	15.63	17.64
38	산림청	13.62	1.12	36.15	15.13	17.08
39	기상청	10.49	22.25	19.88	14.20	16.04
40	관세청	16.48	12.15	5.97	13.93	15.73
41	농촌진흥청	11.40	17.29	19.78	13.88	15.67

※ 주: 표준화 공식=(기관별 지수/1위 기관 지수)×100.

입법적 자율성 지표들 간의 상대적 중요도는 <표 4-7>과 같이 하위 법령(시행령·시행규칙)의 제·개정 빈도 .588, 법률 쪽수 대비 하위 법령 쪽수의 비율 .412로 산출되었다. 이를 제3장의 <표 3-16>과 <표 3-17>의 표준화 점수에 각각 곱해 합산하면 <표 4-24>와 같이 입법적 자율성 지수를 도출할 수 있다(오재록, 2007). 이를 보면, 41개 부처 가운데 입법적 자율성 수준이 상대적으로 가장 높은 곳은 국토해양부(1위)임을 알 수 있다. 조달청(2위)도 이에 필적할 만한 수준으로 높으며, 그 뒤를 보건복지부(3위), 행정안전부(4위), 지식경제부(5위) 등이 잇고 있다. 이에 비해 법제처(41위), 관세청(40위), 국가인권위원회(39위), 공정거래위원회(38위), 국민권익위원회(37위) 등은 상대적으로 미미한 수준이었다.

이렇게 세 가지 측정변수의 지수가 모두 구해지면 비로소 자율성 지수를 구할 수 있게 된다(오재록, 2007). 자율성 변수들 간의 상대적 중요도는 <표 4-14>와 같이 정치적 자율성 .650, 재정적 자율성 .182, 입법적 자율성 .168로 산출되었다. 이를 앞의 <표 4-21>, <표 4-22>, <표 4-23>의 표준화 점수에 각각 곱해 합산하면 <표 4-25>와 같이 자율성 지수를 도출할 수 있다.

이를 보면, 자율성 수준이 상대적으로 가장 높은 곳은 기획재정부(1위)임을 알 수 있다. 그 뒤를 국가정보원(2위), 검찰청(3위), 국토해양부(4위), 감사원(5위) 등이 잇고 있으며, 농촌진흥청(41위), 관세청(40위), 기상청(39위), 산림청(38위), 중소기업청(37) 등은 상대적으로 낮은 수준이었다.

3 네트워크 지수

네트워크 지수(network index)를 산출하기 위해서는 우선 수직적 네트워크 지수와 수평적 네트워크 지수부터 산출해야 한다. 복수의 측정지표들로 구성된 수직적 네트워크와 수평적 네트워크는 각 측정지표들의 측정값에 가중치가 적용됨으로써 각각의 지수로 산출된다(오재록, 2007/ 2011b).

수직적 네트워크 지표들 간의 상대적 중요도는 <표 4-8>과 같이 소속기

〈표 4-26〉 수직적 네트워크 지수

순위	기관명	소속기관	산하기관	수직적 연계성 지수	표준화
1	교육과학기술부	100.00	29.13	67.05	100.00
2	지식경제부	28.71	100.00	61.86	92.26
3	국토해양부	3.52	92.13	44.72	66.70
4	국방부	79.92	2.36	43.85	65.41
5	문화체육관광부	1.99	37.80	18.64	27.80
6	금융위원회	1.47	23.62	11.77	17.56
7	경찰청	17.85	1.57	10.28	15.34
8	보건복지부	2.43	18.90	10.09	15.05
9	고용노동부	1.94	15.75	8.36	12.47
10	농림수산식품부	3.05	11.81	7.12	10.63
11	외교통상부	8.07	2.36	5.41	8.07
12	환경부	1.53	7.87	4.48	6.69
13	기획재정부	2.67	9.45	5.82	8.69
14	검찰청	8.93	0.00	4.78	7.12
15	중소기업청	0.48	7.09	3.55	5.30
16	법무부	5.13	2.36	3.84	5.73
17	방송통신위원회	0.32	5.51	2.73	4.08
18	행정안전부	2.95	3.94	3.41	5.09
19	국가보훈처	0.86	3.94	2.29	3.42
20	국세청	4.20	0.00	2.25	3.35
21	관세청	2.75	0.00	1.47	2.19
22	특허청	1.07	1.57	1.31	1.95
23	국가정보원	2.28	0.00	1.22	1.82
24	방위사업청	0.47	1.57	0.98	1.47
25	산림청	1.15	0.79	0.98	1.46
26	공정거래위원회	0.29	1.57	0.89	1.32
27	문화재청	0.87	0.79	0.83	1.24
28	소방방재청	0.17	1.57	0.82	1.23
29	기상청	1.27	0.00	0.68	1.01
30	해양경찰청	1.10	0.00	0.59	0.88
31	농촌진흥청	1.09	0.00	0.58	0.87
32	병무청	1.05	0.00	0.56	0.84
33	통계청	1.03	0.00	0.55	0.82
34	식품의약품안전청	0.76	0.00	0.41	0.61
35	조달청	0.50	0.00	0.27	0.40
36	통일부	0.38	0.00	0.20	0.30
37	국가인권위원회	0.06	0.00	0.03	0.05
38	감사원	0.00	0.00	0.00	0.00
38	법제처	0.00	0.00	0.00	0.00
38	국민권익위원회	0.00	0.00	0.00	0.00
38	여성가족부	0.00	0.00	0.00	0.00

※ 주: 표준화 공식=(기관별 지수/1위 기관 지수)×100.

관의 규모 및 수준 .535, 산하기관의 규모 및 수준 .465로 산출되었다. 이를 제3장의 <표 3-18>과 <표 3-19>의 표준화 점수에 각각 곱해 합산하면 <표 4-26>과 같이 수직적 연계성 지수를 도출할 수 있다(오재록, 2007/2011b). 이를 보면, 41개 부처 가운데 수직적 네트워크 수준이 상대적으로 가장 높은 곳은 교육과학기술부(1위)임을 알 수 있다. 지식경제부(2위)도 이에 필적할 만한 수준으로 높으며, 그 뒤를 국토해양부(3위), 국방부(4위), 문화체육관광부(5위) 등이 잇고 있다. 이에 비해 여성가족부(38위), 국민권익위원회(38위), 법제처(38위), 감사원(38위), 국가인권위원회(37위) 등은 상대적으로 극히 낮은 수준이었다(오재록, 2011b).

수평적 네트워크 지표들 간의 상대적 중요도는 <표 4-9>와 같이 문서교환 연계성(내향 연계 중심성) 지수 .384, 사이 중심성 지수 .616으로 산출되었다. 이를 제3장의 <표 3-20>과 <표 3-21>의 표준화 점수에 각각 곱해 합산하면 <표 4-27>와 같이 수직적 네트워크 지수를 도출할 수 있다(오재록, 2007/2011b). 이를 보면, 41개 부처 가운데 수평적 네트워크 수준이 상대적으로 가장 높은 곳은 행정안전부(1위)임을 알 수 있다. 그 뒤를 외교통상부(2위), 기획재정부(3위), 국토해양부(4위), 조달청(5위) 등이 잇고 있다. 이에 비해 국가인권위원회(41위), 방위사업청(40위), 금융위원회(39위), 농촌진흥청(38위), 기상청(37위) 등은 상대적으로 낮은 수준이었다(오재록, 2011b).

이렇게 두 가지 측정변수의 지수가 모두 구해지면 비로소 네트워크 지수를 구할 수 있게 된다. 네트워크 변수들 간의 상대적 중요도는 <표 4- 15>와 같이 수직적 네트워크 .723, 수평적 네트워크 .277로 산출되었다. 이를 앞의 <표 4-26>과 <표 4-27>의 표준화 점수에 각각 곱해 합산하면 <표 4-28>과 같이 네트워크 지수를 도출할 수 있다(오재록, 2007/2011b).

이를 보면, 네트워크 수준이 상대적으로 가장 높은 곳은 교육과학기술부(1위)임을 알 수 있다. 지식경제부(2위)도 이에 필적할 만큼 높았고, 그 뒤를 국토해양부(3위), 국방부(4위), 문화체육관광부(5위) 등이 잇고 있으며, 국가인권위원회(41위), 방위사업청(40위), 여성가족부(39위), 농촌진흥청(38위), 기상청(37) 등은 상대적으로 미미한 수준이었다(오재록, 2011b).

〈표 4-27〉 수평적 네트워크 지수

순위	기관명	연결 정도	사이 중심성	수평적 연계성 지수	표준화
1	행정안전부	100.00	100.00	100.00	100.00
2	외교통상부	85.15	70.51	76.13	76.13
3	기획재정부	77.03	75.28	75.95	75.95
4	국토해양부	82.63	65.20	71.89	71.89
5	조달청	78.43	61.73	68.14	68.14
6	보건복지부	79.55	59.81	67.39	67.39
7	농림수산식품부	72.83	55.05	61.88	61.88
8	문화체육관광부	72.27	52.38	60.02	60.02
9	법무부	67.23	54.44	59.35	59.35
10	교육과학기술부	67.23	50.26	56.78	56.78
11	국민권익위원회	66.95	48.26	55.44	55.44
12	병무청	65.27	47.38	54.25	54.25
13	검찰청	55.46	53.06	53.98	53.98
14	지식경제부	63.02	48.32	53.97	53.97
15	경찰청	59.66	49.21	53.22	53.22
16	고용노동부	62.74	44.78	51.68	51.68
17	환경부	62.74	43.36	50.81	50.81
18	국방부	49.02	43.85	45.83	45.83
19	통계청	54.90	31.77	40.65	40.65
20	국가보훈처	49.86	30.28	37.80	37.80
21	관세청	40.06	33.59	36.07	36.07
22	법제처	47.90	28.24	35.79	35.79
23	소방방재청	49.30	26.56	35.29	35.29
24	국세청	37.25	32.77	34.49	34.49
25	산림청	40.90	25.03	31.12	31.12
26	중소기업청	37.81	25.12	29.99	29.99
27	통일부	40.06	21.59	28.68	28.68
28	국가정보원	38.94	21.63	28.28	28.28
29	해양경찰청	36.13	23.01	28.05	28.05
30	감사원	30.81	26.28	28.02	28.02
31	방송통신위원회	36.41	20.75	26.76	26.76
32	식품의약품안전청	35.01	19.06	25.18	25.18
33	특허청	31.37	17.79	23.01	23.01
34	문화재청	29.69	14.79	20.51	20.51
35	공정거래위원회	26.89	16.39	20.42	20.42
36	여성가족부	29.97	14.33	20.34	20.34
37	기상청	25.77	14.38	18.75	18.75
38	농촌진흥청	23.81	15.39	18.62	18.62
39	금융위원회	23.53	11.87	16.35	16.35
40	방위사업청	15.69	9.64	11.96	11.96
41	국가인권위원회	17.65	4.99	9.85	9.85

※ 주: 표준화 공식=(기관별 지수/1위 기관 지수)×100.

〈표 4-28〉 네트워크 지수

순위	기관명	수직적	수평적	네트워크 지수	표준화
1	교육과학기술부	100.00	56.78	88.03	100.00
2	지식경제부	92.26	53.97	81.65	92.76
3	국토해양부	66.70	71.89	68.14	77.41
4	국방부	65.41	45.83	59.99	68.14
5	문화체육관광부	27.80	60.02	36.73	41.72
6	행정안전부	5.09	100.00	31.38	35.64
7	보건복지부	15.05	67.39	29.55	33.57
8	외교통상부	8.07	76.13	26.93	30.59
9	경찰청	15.34	53.22	25.83	29.34
10	기획재정부	8.69	75.95	27.32	31.04
11	농림수산식품부	10.63	61.88	24.82	28.20
12	고용노동부	12.47	51.68	23.33	26.50
13	법무부	5.73	59.35	20.59	23.38
14	조달청	0.40	68.14	19.16	21.77
15	환경부	6.69	50.81	18.91	21.48
16	검찰청	7.12	53.98	20.10	22.84
17	금융위원회	17.56	16.35	17.22	19.56
18	병무청	0.84	54.25	15.63	17.76
19	국민권익위원회	0.00	55.44	15.36	17.44
20	국가보훈처	3.42	37.80	12.94	14.70
21	중소기업청	5.30	29.99	12.14	13.79
22	국세청	3.35	34.49	11.98	13.60
23	통계청	0.82	40.65	11.85	13.47
24	관세청	2.19	36.07	11.58	13.15
25	소방방재청	1.23	35.29	10.66	12.11
26	방송통신위원회	4.08	26.76	10.36	11.77
27	법제처	0.00	35.79	9.91	11.26
28	산림청	1.46	31.12	9.68	11.00
29	국가정보원	1.82	28.28	9.15	10.39
30	해양경찰청	0.88	28.05	8.40	9.55
31	통일부	0.30	28.68	8.16	9.27
32	특허청	1.95	23.01	7.78	8.84
33	감사원	0.00	28.02	7.76	8.82
34	식품의약품안전청	0.61	25.18	7.42	8.43
35	공정거래위원회	1.32	20.42	6.61	7.51
36	문화재청	1.24	20.51	6.58	7.47
37	기상청	1.01	18.75	5.93	6.73
38	농촌진흥청	0.87	18.62	5.79	6.58
39	여성가족부	0.00	20.34	5.63	6.40
40	방위사업청	1.47	11.96	4.37	4.97
41	국가인권위원회	0.05	9.85	2.77	3.14

※ 각주: 표준화 공식=(기관별 지수/1위 기관 지수)×100.

4 잉여력 지수

잉여력 지수(surplus power index)를 산출하기 위해서는 우선 외부 잉여력 지수와 내부 잉여력 지수부터 산출해야 한다. 복수의 측정지표들로 구성된 외부 잉여력과 내부 잉여력은 각 측정지표들의 측정값에 가중치가 적용됨으로써 각각의 지수로 산출된다(오재록, 2007).

외부잉여력 지표들 간의 상대적 중요도는 <표 4-10>과 같이 언론의 관심도(중앙일간지 1면 기사 게재 비중) .348, 입법 능력(소관 법률의 제·개정 빈도) .205, 국정감사 수감 일수 .114, 퇴직 관료의 재취업 비율 .333으로 산출되었다. 이를 제3장의 <표 3-22>, <표 3-23>, <표 3-24>, <표 3-25>의 표준화 점수에 각각 곱해 합산하면 <표 4-29>와 같이 외부 잉여력 지수를 도출할 수 있다. 이를 보면, 41개 부처 가운데 외부 잉여력 수준이 상대적으로 가장 높은 곳은 검찰청(1위)임을 알 수 있다. 그 뒤를 국방부(2위), 금융위원회(3위), 국토해양부(4위), 국가정보원(5위) 등이 잇고 있다. 이에 비해 특허청(41위), 병무청(40위), 농촌진흥청(39위), 해양경찰청(38위), 국가인권위원회(37위) 등은 미미한 수준이었다.

내부 잉여력 지표들 간의 상대적 중요도는 <표 4-11>과 같이 장·차관(급) 배출자 수 .540, 대통령실 및 그 소속 위원회 파견자(계급 차등) 수 .303, 주재관(계급 차등)의 수 .157로 산출되었다. 이를 제3장의 <표 3-26>, <표 3-27>, <표 3-28>의 표준화 점수에 각각 곱해 합산하면 <표 4-30>과 같이 내부 잉여력 지수를 도출할 수 있다. 이를 보면, 41개 부처 가운데 내부 잉여력 수준이 상대적으로 가장 높은 곳은 기획재정부(1위)임을 알 수 있다. 그 뒤를 행정안전부(2위), 외교통상부(3위), 검찰청(4위), 국토해양부(5위) 등이 잇고 있다. 이에 비해 국가인권위원회(38위), 방위사업청(38위), 문화재청(38위), 국민권익위원회(38위), 해양경찰청(37위) 등은 상대적으로 극히 낮은 수준이었다.

이렇게 두 가지 측정변수의 지수가 모두 구해지면 비로소 잉여력 지수를

〈표 4-29〉 외부 잉여력 지수

순위	기관명	언론	입법	국감	재취업	외부 잉여력 지수	표준화
1	검찰청	100.00	18.40	41.38	100.00	76.59	100.00
2	국방부	17.07	17.79	100.00	73.67	45.52	59.43
3	금융위원회	11.45	22.09	48.28	90.00	43.99	57.43
4	국토해양부	30.36	100.00	24.14	21.22	40.88	53.38
5	국가정보원	6.87	0.61	55.17	79.26	35.20	45.96
6	지식경제부	11.68	66.26	27.59	27.04	29.80	38.91
7	농림수산식품부	14.09	66.87	34.48	11.96	26.53	34.63
8	기획재정부	30.93	20.25	48.28	15.85	25.70	33.55
9	외교통상부	24.51	9.82	82.76	15.85	25.26	32.98
10	교육과학기술부	38.03	29.45	34.48	1.22	23.61	30.83
11	국세청	6.53	13.50	44.83	35.59	22.00	28.73
12	경찰청	26.35	2.45	41.38	18.04	20.40	26.63
13	보건복지부	9.16	36.81	44.83	2.44	16.66	21.75
14	행정안전부	6.99	37.42	20.69	10.26	15.88	20.73
15	고용노동부	14.55	14.72	55.17	0.00	14.37	18.76
16	방송통신위원회	14.20	23.31	27.59	1.22	13.27	17.33
17	법무부	8.48	26.38	27.59	2.44	12.32	16.08
18	문화체육관광부	9.39	19.02	27.59	4.89	11.94	15.59
19	환경부	5.50	13.50	55.31	1.70	11.55	15.08
20	산림청	10.65	12.27	13.79	4.15	9.18	11.98
21	통일부	13.40	1.84	27.59	0.00	8.19	10.69
22	공정거래위원회	2.29	3.68	27.59	9.52	7.87	10.27
23	방위사업청	10.77	1.23	13.79	4.63	7.11	9.29
24	소방방재청	2.86	9.20	13.79	4.89	6.08	7.94
25	식품의약품안전청	6.64	4.29	22.41	0.00	5.75	7.50
26	감사원	11.00	0.61	13.79	0.00	5.52	7.21
27	통계청	9.39	0.61	6.90	1.70	4.75	6.20
28	기상청	7.79	1.84	13.79	0.00	4.766	6.08
29	법제처	7.45	0.00	10.34	2.44	4.58	5.99
30	국민권익위원회	0.57	6.75	8.28	5.85	4.47	5.84
31	문화재청	0.46	9.20	17.24	1.22	4.42	5.77
32	관세청	0.23	2.45	13.79	6.59	4.35	5.68
33	여성가족부	1.95	10.43	6.90	0.00	3.60	4.70
34	국가보훈처	1.15	6.75	3.10	3.67	3.36	4.38
35	중소기업청	1.95	3.68	10.34	1.70	3.18	4.15
36	조달청	0.00	1.23	6.90	6.11	3.07	4.01
37	국가인권위원회	5.15	0.00	4.14	0.00	2.27	2.96
38	해양경찰청	0.34	0.00	13.79	1.70	2.26	2.95
39	농촌진흥청	0.00	0.61	13.79	0.00	1.70	2.22
40	병무청	0.23	0.00	13.79	0.00	1.65	2.16
41	특허청	0.00	0.00	10.34	0.00	1.18	1.54

※ 주: 표준화 공식=(기관별 지수/1위 기관 지수)×100.

〈표 4-30〉 내부 잉여력 지수

순위	기관명	장차관	청와대 파견	주재관	내부 잉여력 지수	표준화
1	기획재정부	100.00	74.32	28.00	80.91	100.00
2	행정안전부	52.94	86.99	0.00	54.95	67.91
3	외교통상부	38.24	49.66	100.00	51.39	63.52
4	검찰청	67.65	36.99	7.00	48.84	60.35
5	국토해양부	14.71	100.00	16.00	40.75	50.37
6	국방부	32.35	9.59	90.00	34.51	42.65
7	지식경제부	20.59	43.84	55.50	33.11	40.92
8	국가정보원	11.76	37.84	95.00	32.73	40.46
9	문화체육관광부	2.94	25.68	71.50	20.60	25.45
10	농림수산식품부	11.76	12.67	21.50	13.57	16.77
11	감사원	14.71	15.41	0.00	12.61	15.59
12	경찰청	0.00	15.75	41.00	11.21	13.85
13	고용노동부	8.82	14.38	7.00	10.22	12.63
14	교육과학기술부	2.94	15.41	18.00	9.08	11.23
15	보건복지부	8.82	6.68	10.00	8.36	10.33
16	환경부	2.94	15.58	9.00	7.72	9.54
17	방송통신위원회	2.94	10.27	7.00	5.80	7.17
18	금융위원회	0.00	15.07	7.00	5.66	7.00
19	공정거래위원회	2.94	8.22	5.00	4.86	6.01
20	법무부	0.00	5.14	19.00	4.54	5.61
21	통일부	2.94	6.34	3.00	3.98	4.92
22	국세청	0.00	7.71	5.00	3.12	3.86
23	법제처	0.00	8.56	0.00	2.59	3.21
24	소방방재청	2.94	2.40	0.00	2.31	2.86
25	산림청	2.94	2.05	0.00	2.21	2.73
26	기상청	2.94	1.03	0.00	1.90	2.35
27	중소기업청	0.00	4.45	0.00	1.35	1.67
28	관세청	0.00	0.86	6.00	1.20	1.48
29	특허청	0.00	1.37	4.00	1.04	1.29
30	조달청	0.00	0.34	5.00	0.89	1.10
31	식품의약품안전청	0.00	1.54	0.00	0.47	0.58
32	통계청	0.00	1.37	0.00	0.42	0.51
33	농촌진흥청	0.00	1.03	0.00	0.31	0.38
34	국가보훈처	0.00	0.86	0.00	0.26	0.32
35	병무청	0.00	0.68	0.00	0.21	0.26
36	여성가족부	0.00	0.68	0.00	0.21	0.26
37	해양경찰청	0.00	0.34	0.00	0.10	0.13
38	국민권익위원회	0.00	0.00	0.00	0.00	0.00
38	문화재청	0.00	0.00	0.00	0.00	0.00
38	방위사업청	0.00	0.00	0.00	0.00	0.00
38	국가인권위원회	0.00	0.00	0.00	0.00	0.00

※ 주: 표준화 공식=(기관별 지수/1위 기관 지수)×100.

〈표 4-31〉 잉여력 지수

순위	기관명	외부 잉여력	내부 잉여력	잉여력 지수	표준화
1	검찰청	100.00	60.35	80.53	100.00
2	기획재정부	33.55	100.00	66.18	82.17
3	국토해양부	53.38	50.37	51.90	64.44
4	국방부	59.43	42.65	51.19	63.56
5	외교통상부	32.98	63.52	47.97	59.57
6	행정안전부	20.73	67.91	43.89	54.50
7	국가정보원	45.96	40.46	43.26	53.71
8	지식경제부	38.91	40.92	39.90	49.54
9	금융위원회	57.43	7.00	32.67	40.57
10	농림수산식품부	34.63	16.77	25.86	32.11
11	교육과학기술부	30.83	11.23	21.20	26.33
12	문화체육관광부	15.59	25.45	20.43	25.37
13	경찰청	26.63	13.85	20.36	25.28
14	국세청	28.73	3.86	16.52	20.51
15	보건복지부	21.75	10.33	16.14	20.05
16	고용노동부	18.76	12.63	15.75	19.56
17	환경부	15.08	9.54	12.36	15.35
18	방송통신위원회	17.33	7.17	12.34	15.32
19	감사원	7.21	15.59	11.32	14.06
20	법무부	16.08	5.61	10.94	13.58
21	공정거래위원회	10.27	6.01	8.18	10.16
22	통일부	10.69	4.92	7.85	9.75
23	산림청	11.98	2.73	7.44	9.24
24	소방방재청	7.94	2.86	5.45	6.76
25	방위사업청	9.29	0.00	4.73	5.87
26	법제처	5.99	3.21	4.62	5.74
27	기상청	6.08	2.35	4.25	5.28
28	식품의약품안전청	7.50	0.58	4.10	5.09
29	관세청	5.68	1.48	3.62	4.50
30	통계청	6.20	0.51	3.41	4.23
31	국민권익위원회	5.84	0.00	2.97	3.69
32	문화재청	5.77	0.00	2.94	3.65
33	중소기업청	4.15	1.67	2.93	3.64
34	조달청	4.01	1.10	2.58	3.20
35	여성가족부	4.70	0.26	2.52	3.13
36	국가보훈처	4.38	0.32	2.39	2.97
37	해양경찰청	2.95	0.13	1.56	1.94
38	국가인권위원회	2.96	0.00	1.51	1.87
39	특허청	1.54	1.29	1.42	1.76
40	농촌진흥청	2.22	0.38	1.32	1.64
41	병무청	2.16	0.26	1.22	1.52

※ 주: 표준화 공식=(기관별 지수/1위 기관 지수)×100.

구할 수 있게 된다. 잉여력 변수들 간의 상대적 중요도는 <표 4-16>과 같이 외부 잉여력 .509, 내부 잉여력 .491로 산출되었다. 이를 앞의 <표 4-29>와 <표 4-30>의 표준화 점수에 각각 곱해 합산하면 <표 4-31>과 같이 잉여력 지수를 도출할 수 있다.

이를 보면, 잉여력 수준이 상대적으로 가장 높은 곳은 검찰청(1위)임을 알 수 있다. 기획재정부(2위)도 이에 필적할 만큼 높았고, 그 뒤를 국토해양부(3위), 국방부(4위), 외교통상부(5위) 등이 잇고 있으며, 병무청(41위), 농촌진흥청(40위), 특허청(39위), 국가인권위원회(38위), 해양경찰청(37) 등은 상대적으로 미미한 수준이었다.

5 잠재력 지수

잠재력 지수(potential index)는 측정변수가 하나이기 때문에 세 가지 측정지표들의 측정값에 가중치를 적용하기만 해도 그 지수가 도출된다. 잠재력 지표들 간의 상대적 중요도는 <표 4-12>와 같이 특별 권한(공소권, 수사권, 조사권 등)의 정도 .539, 소관 법률의 총 쪽수 .160, 등록규제의 수 .301로 산출되었다. 이를 제3장의 <표 3-30>, <표 3-31>, <표 3-32>의 표준화 점수에 각각 곱해 합산하면 <표 4-32>와 같이 잠재력 지수를 도출할 수 있다(오재록, 2007).

이를 보면, 잠재력 수준이 상대적으로 가장 높은 곳은 검찰청(1위)임을 알 수 있다. 기획재정부(2위)도 이에 필적할 만큼 높았고, 그 뒤를 국토해양부(3위), 감사원(4위), 행정안전부(5위) 등이 잇고 있으며, 법제처(41위), 병무청(40위), 방위사업청(39위), 조달청(38위), 통계청(37) 등은 상대적으로 미미한 수준이었다.

〈표 4-32〉 잠재력 지수

순위	기관명	특별 권한	법률	규제	잠재력 지수	표준화
1	검찰청	100.00	5.28	0.00	54.74	100.00
2	기획재정부	77.95	21.15	11.85	48.97	89.45
3	국토해양부	0.00	100.00	100.00	46.10	84.21
4	감사원	78.35	0.81	0.00	42.36	77.38
5	행정안전부	44.17	46.36	16.19	36.10	65.94
6	국방부	60.37	20.27	0.95	36.07	65.89
7	금융위원회	14.80	39.46	65.61	34.04	62.18
8	경찰청	40.51	7.65	10.26	26.15	47.76
9	보건복지부	0.00	33.03	65.29	24.94	45.55
10	국세청	31.89	30.32	0.95	22.33	40.78
11	국가정보원	40.77	0.68	0.00	22.08	40.34
12	공정거래위원회	28.58	8.02	12.38	20.41	37.29
13	농림수산식품부	0.00	41.46	45.40	20.30	37.08
14	지식경제부	0.00	48.26	30.37	16.86	30.80
15	환경부	0.00	31.03	37.78	16.34	29.84
16	국민권익위원회	24.21	1.59	0.21	13.37	24.42
17	교육과학기술부	1.73	27.45	26.14	13.19	24.10
18	고용노동부	0.00	19.49	23.28	10.13	18.50
19	법무부	10.21	12.45	7.41	9.73	17.76
20	문화체육관광부	0.00	17.56	17.25	8.00	14.62
21	식품의약품안전청	5.63	8.02	10.37	7.44	13.59
22	관세청	4.78	21.29	3.81	7.13	13.02
23	소방방재청	2.87	7.75	11.75	6.32	11.55
24	방송통신위원회	0.00	9.31	14.18	5.76	10.52
25	해양경찰청	7.48	1.25	3.92	5.41	9.88
26	산림청	1.49	8.76	7.09	4.34	7.93
27	외교통상부	5.43	3.01	2.12	4.05	7.39
28	특허청	2.81	9.44	1.80	3.57	6.52
29	통일부	3.62	2.34	2.12	2.96	5.41
30	문화재청	2.24	2.06	3.49	2.59	4.73
31	중소기업청	0.00	8.76	3.81	2.55	4.66
32	국가보훈처	0.00	8.46	1.69	1.86	3.40
33	국가인권위원회	2.30	0.64	0.00	1.34	2.45
34	여성가족부	0.00	1.90	2.12	0.94	1.72
35	기상청	0.00	1.29	0.85	0.46	0.84
36	농촌진흥청	0.00	0.27	0.53	0.20	0.37
37	통계청	0.00	0.61	0.32	0.19	0.35
38	조달청	0.00	1.05	0.00	0.17	0.31
39	방위사업청	0.00	1.02	0.00	0.16	0.30
40	병무청	0.00	0.27	0.32	0.14	0.25
41	법제처	0.00	0.00	0.00	0.00	0.00

※ 주: 표준화 공식=(기관별 지수/1위 기관 지수)×100.

6 정부부처의 권력지수

정부부처의 권력지수(power index)는 지금까지 도출한 자원 지수, 자율성 지수, 네트워크 지수, 잉여력 지수, 잠재력 지수에 각각의 가중치를 적용함으로써 산출된다. 구성 개념들의 가중치는 앞의 <표 4-17>과 같이 자원 .286, 자율성 .239, 네트워크 .109, 잉여력 .203, 잠재력 .162로 나타났다. 이를 앞의 <표 4-21>, <표 4-25>, <표 4-28>, <표 4-31>, <표 4-32>의 표준화 점수에 각각 곱해 합산하면 <표 4-32>와 같이 권력 지수를 도출할 수 있다(오재록, 2007). 즉, 개별지표의 표준화된 측정값에 <표 4-17>의 가중치를 각각 부여하면 <표 4-33>과 같은 정부부처의 권력지수를 얻게 된다(오재록, 2011a).

이명박 정부의 41개 부처 가운데, 모든 개별 항목이 결합되어 하나의 수치로 표현된 권력지수에서 가장 높은 값을 얻은 부처는 기획재정부(76.02)인 것으로 나타났다. 검찰청(65.82), 국방부(65.23), 국토해양부(64.37) 역시 이에 필적할 만한 수준으로 권력지수가 높게 나타났으며, 교육과학기술부(60.93), 행정안전부(50.93), 지식경제부(48.36), 국가정보원(45.73), 외교통상부(39.63), 보건복지부(37.22) 등도 상대적으로 높은 권력지수를 기록했다. 반면, 농촌진흥청(6.19)은 가장 낮은 권력지수를 기록했으며, 국가인권위원회(7.60), 기상청(7.88), 병무청(8.09), 통계청(9.14), 문화재청(9.49) 등도 상대적으로 낮은 권력지수를 보였다(오재록, 2011a). 이에 대한 구체적인 설명은 제5장에서 별도로 기술하기로 한다.

〈표 4-33〉 정부부처의 권력지수

순위	기관명	자원	자율성	네트워크	잉여력	잠재력	권력지수
1	기획재정부	61.40	100.00	31.04	82.17	89.45	76.02
2	검찰청	22.46	85.38	22.84	100.00	100.00	65.82
3	국방부	78.67	49.07	68.14	63.56	65.89	65.23
4	국토해양부	53.55	58.12	77.41	64.44	84.21	64.37
5	교육과학기술부	100.00	50.96	100.00	26.33	24.10	60.93
6	행정안전부	46.59	50.09	35.64	54.50	65.94	50.93
7	지식경제부	34.55	55.75	92.76	49.54	30.80	48.36
8	국가정보원	13.84	97.06	10.39	53.71	40.34	45.73
9	외교통상부	38.12	50.63	30.59	59.57	7.39	39.63
10	보건복지부	38.00	47.07	33.57	20.05	45.55	37.22
11	감사원	25.64	56.22	8.82	14.06	77.38	37.12
12	금융위원회	13.48	44.90	19.56	40.57	62.18	35.03
13	농림수산식품부	28.49	45.59	28.20	32.11	37.08	34.64
14	경찰청	20.01	50.26	29.34	25.28	47.76	33.80
15	문화체육관광부	23.51	50.58	41.72	25.37	14.62	30.88
16	국세청	18.14	46.20	13.60	20.51	40.78	28.48
17	고용노동부	25.28	42.15	26.50	19.56	18.50	27.16
18	환경부	19.01	42.34	21.48	15.35	29.84	25.85
19	법무부	18.63	50.24	23.38	13.58	17.76	25.52
20	공정거래위원회	11.19	39.27	7.51	10.16	37.29	21.51
21	국민권익위원회	11.96	36.42	17.44	3.69	24.42	18.73
22	방송통신위원회	14.31	32.84	11.77	15.32	10.52	18.04
23	통일부	8.91	36.28	9.27	9.75	5.41	15.09
24	식품의약품안전청	13.26	27.99	8.43	5.09	13.59	14.64
25	국가보훈처	8.88	36.84	14.70	2.97	3.40	14.10
26	소방방재청	7.82	28.81	12.11	6.76	11.55	13.69
27	관세청	17.07	15.73	13.15	4.50	13.02	13.10
28	특허청	15.69	24.90	8.84	1.76	6.52	12.81
29	조달청	6.52	28.84	21.77	3.20	0.31	11.83
30	해양경찰청	6.97	27.39	9.55	1.94	9.88	11.58
31	산림청	8.25	17.08	11.00	9.24	7.93	10.80
32	여성가족부	5.53	31.36	6.40	3.13	1.72	10.69
33	법제처	6.18	25.61	11.26	5.74	0.00	10.28
34	중소기업청	10.59	17.64	13.79	3.64	4.66	10.24
35	방위사업청	10.40	21.78	4.97	5.87	0.30	9.96
36	문화재청	6.32	22.42	7.47	3.65	4.73	9.49
37	통계청	8.17	18.51	13.47	4.23	0.35	9.14
38	병무청	4.59	18.80	17.76	1.52	0.25	8.09
39	기상청	7.35	16.04	6.73	5.28	0.84	7.88
40	국가인권위원회	5.82	20.13	3.14	1.87	2.45	7.60
41	농촌진흥청	4.68	15.67	6.58	1.64	0.37	6.19

Chapter

05 관료제 권력구조 및 정책적 함의

제 1 절 이명박 정부의 관료제 권력구조 분석

이 연구는 정부부처 권력의 상대적 크기를 실증적으로 측정하고 이를 권력지수로 나타내는 데 일차적인 목적이 있지만, 동시에 이를 통해 이명박 정부 하의 관료제 권력구조를 분석해 보려는 목적도 가지고 있다. 따라서 이 장에서는 제4장에서 산출한 권력지수를 바탕으로 이명박 정부의 관료제 권력구조를 분석해 보고자 한다. 그리고 이를 위해 우선 제4장의 <표 4-32>를 <표 5-1>과 같이 좀 더 간명한 형태로 바꿔 보았다.

그리고 <표 5-1>의 권력지수를 그 분포 양상이 효과적으로 시각화되도록 하기 위해 [그림 5-1]과 같은 형태로 다시 변형했다. 이는 제2장에서 설명한 대로 관료제 기관 권력의 배분 양태 또는 분포 양상을 가리키는 관료제 조직의 권력구조(power structure)를 좀 더 간결하게 이해하는 데 도움이 될 수 있다(오재록, 2007/2009/2011a). 다만 이 연구에서는 수직적 분화에 의해 배분되는 권력의 양태는 제외하고 수평적 분화에 의해 배분되는 권력의 양태만을 분석 대상으로 삼는다. 따라서 [그림 5-1]은 이명박 정부 41개 부처의 수평적 권력구조, 즉 이명박 정부의 관료제 권력구조를 간결하게 나타내 주는 것이라고 할 수 있다(오재록, 2011a).

〈표 5-1〉 정부부처의 권력지수(요약)

순위	기관명	권력지수	순위	기관명	권력지수	순위	기관명	권력지수
1	기재부	76.02	15	문광부	30.88	29	조달청	11.83
2	검찰청	65.82	16	국세청	28.48	30	해 경	11.58
3	국방부	65.23	17	노동부	27.16	31	산림청	10.80
4	국토부	64.37	18	환경부	25.85	32	여성부	10.69
5	교과부	60.93	19	법무부	25.52	33	법제처	10.28
6	행안부	50.93	20	공정위	21.51	34	중기청	10.24
7	지경부	48.36	21	권익위	18.73	35	방사청	9.96
8	국정원	45.73	22	방통위	18.04	36	문화재청	9.49
9	외교부	39.63	23	통일부	15.09	37	통계청	9.14
10	복지부	37.22	24	식약청	14.64	38	병무청	8.09
11	감사원	37.12	25	보훈처	14.10	39	기상청	7.88
12	금융위	35.03	26	소방청	13.69	40	인권위	7.60
13	농림부	34.64	27	관세청	13.10	41	농진청	6.19
14	경찰청	33.80	28	특허청	12.81			

※ 출처: <표 4-32>의 변형.

[그림 5-1] 이명박 정부의 관료제 권력구조

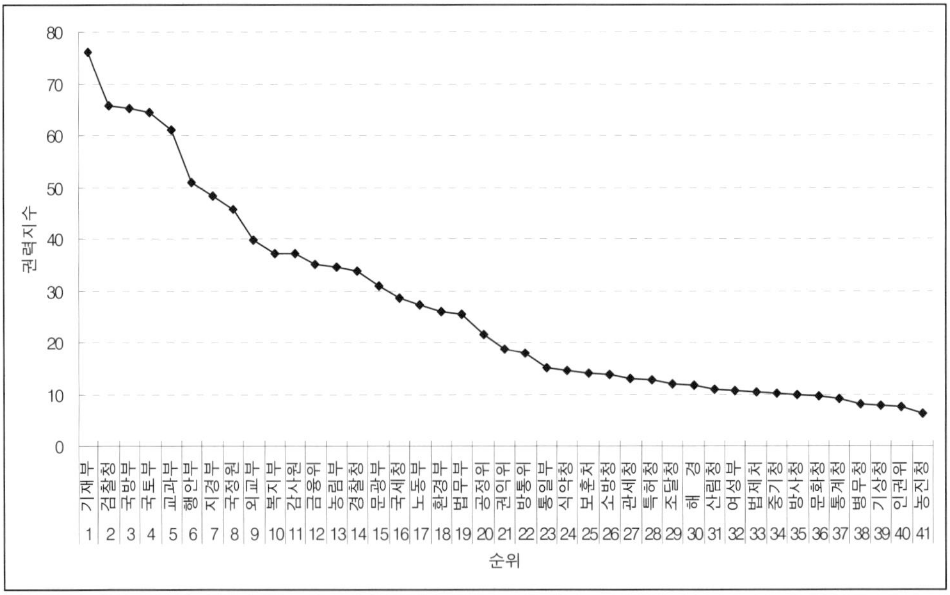

※ 출처: <표 5-1>을 그래프로 변형한 것임.

[그림 5-1]에서 가로축은 <표 5-1>의 권력지수 순위를 나타내낸 것이고, 세로축은 권력지수를 나타내 준다. 이를 보면, 중앙행정기관의 수평적 권력구조는 기획재정부(1위)를 정점으로 오른쪽으로 갈수록 권력의 상대적 크기가 점차로 낮아지는 분포임을 확인할 수 있다(오재록, 2007). 2, 3, 4위 기관들(검찰청, 국방부, 국토해양부) 상호간의 점수 격차는 근소하고, 이들 그룹과 1위 기관(기획재정부)의 점수 격차는 비교적 크다는 사실이 특징적으로 발견된다. 우리는 이들 상위 4개 기관을 가리켜 이른바 '빅 4 권력기관'이라고도 부를 수 있겠다. 하지만 이들을 어떻게 칭하는 것이 좋은지는 학술적으로 그리 중요하지 않다. 중요한 것은 이 부처들이 왜 이렇게 높은 점수를 기록하게 되었는가 하는 점이다(오재록, 2011a).

따라서 여기서는 권력지수 1위를 차지한 기획재정부부터 상위 4개 기관에 대해 개괄적으로 분석해 보고자 한다. 또한 대조적인 차원에서 하위기관 4곳에 대해서도 개괄적인 분석을 곁들이고자 한다(오재록, 2011a). 이를 위해 <표 5-2>와 같은 형태로 권력지수 상위 10개 기관의 항목별 순위를 정리해 보았다(오재록, 2007).

기획재정부는 자율성 측면에서 가장 높은 상대 점수를 얻었고 잠재력과 잉여력 측면에서도 상당히 높은 점수를 얻었다. 그리고 자원 측면에서도

〈표 5-2〉 권력지수 상위 10개 기관의 항목별 순위

기관명	자원	자율성	네트워크	잉여력	잠재력	권력
기획재정부	3	1	10	2	3	1
검찰청	13	3	16	1	1	2
국방부	2	13	4	4	6	3
국토해양부	4	4	3	3	4	4
교육과학기술부	1	7	1	11	16	5
행정안전부	5	12	6	6	7	6
지식경제부	8	6	2	8	14	7
국가정보원	21	2	29	7	10	8
외교통상부	6	8	8	5	27	9
보건복지부	7	14	7	15	9	10

평균치 이상의 점수를 얻은 데다 네트워크 측면에서도 미미하지 않은 점수를 얻었다. 즉, 자원에서 3위, 자율성에서 1위, 네트워크에서 10위, 잉여력에서 2위, 잠재력에서 3위를 차지했다. 자율성 측면에서만 1위를 차지했을 뿐, 다른 측면에서는 1위를 기록한 것이 없음에도 불구하고 종합 1위를 차지한 것이 특징적이다. 이는 가중치가 두 번째로 높았던 자율성(.239)에서 1위를 차지한 데다, 가중치가 가장 높았던 자원(.286)과 세 번째로 높았던 잉여력(.203)에서 1위와 비교적 큰 격차 없이 각각 3위와 2위를 차지한 것이 크게 영향을 미친 것으로 분석된다. 구체적인 개별 지표에서도 기획재정부는 자율성을 나타내는 대통령과의 거리(회의・면담・접촉 횟수), 정책 자율성(전문가 조사), 재정적 자율성(전・이용율, 특수활동비)에서 모두 압도적인 격차로 1위를 차지했다. 잉여력을 나타내는 장・차관급 배출자(1위), 언론의 관심도(3위), 대통령실 파견(3위), 국감 일수(6위) 등에서도 높은 점수를 얻었고, 가중치가 가장 높은 특별 권한의 정도(3위)에서도 비교적 높은 점수를 얻었다(오재록, 2011a).

이와 같은 지표상의 결과는 어쩌면 현실을 올바로 반영한 결과라고 할 수 있을지도 모른다. 사실 기획재정부는 대통령직인수위원회(2008)가 정부조직개편을 계획할 당시부터 '국정의 조타수' 또는 '경제의 컨트롤 타워'로 삼기 위해 재벌그룹의 '옛 구조조정본부(구조본)'을 본따 설계한 핵심 부처였다(오재록, 2009). "국정 방향 및 장기・거시적 관점의 기획・조정 역할을 맡는 국정기획수석비서관을 매개로 대통령을 효과적으로 뒷받침하는 기구"로 그 역할이 설계된 만큼 이와 같은 결과는 결코 어색하지 않다고 하겠다.

권력지수에서 2위를 차지한 검찰청의 경우에는 자원에서 13위, 자율성에서 3위, 네트워크에서 16위, 잉여력과 잠재력에서 1위를 차지했다. 검찰청은 이렇게 두 가지 측면에서나 1위를 차지했음에도 불구하고 권력지수 2위에 그쳤다. 가중치가 가장 높은 자원(.286)에서 13위에 그친 것이 결정적인 요인인 것으로 분석된다(오재록, 2011a).

검찰청의 권력원은 뚜렷하다. 검찰은 공소권, 수사권, 수사지휘권, 기소재량권, 공소취소권 등의 권한을 독점적으로 보유하고 있어 형사사법 분야 전반에서 권력을 극도로 집중시키고 있다. 이를 반영하듯, 검찰청은 잠재력(가중치 .162)과 잉여력(가중치 .203) 부분에서 1위를 차지했다. 검찰청은 또한 자원에서 13위, 자율성에서 3위, 네트워크에서 16위를 차지했다. 검찰청은 이렇게 두 가지 부문에서 1위를 차지했음에도 불구하고 가중치가 가장 높은 자원(.286)에서 13위에 그친 탓에 종합 순위가 밀린 것으로 분석된다.

권력지수 3위를 차지한 국방부의 경우에는 자원에서 2위, 자율성에서 13위, 네트워크에서 4위, 잉여력에서 4위, 잠재력에서 6위를 차지했다. 국방부는 자율성을 뺀 네 가지 측면에서 고르게 상위를 차지했다. 가중치가 가장 높은 자원에서 2위를 차지하고 잉여력에서도 4위를 차지했지만, 가중치가 두 번째로 높았던 자율성에서 13위에 그친 영향이 컸던 것으로 분석된다(오재록, 2011a).

권력지수 4위를 차지한 국토해양부의 경우에는 자원에서 4위, 자율성에서 4위, 네트워크에서 3위, 잉여력에서 3위, 잠재력에서 4위를 차지했다. 국토해양부는 이렇게 모든 요소에서 골고루 최상위 수준을 유지한 것이 특징적이다. 다만 어떤 요소에서도 1, 2위를 차지하지 못한 영향이 컸던 것으로 분석된다(오재록, 2011a).

특히, 이명박 정부의 역점 사업인 '4대강 사업'의 주관 부처인 국토해양부가 이렇게 높은 권력지수를 기록한 것은 이 정부의 특징을 잘 보여 주는 대목이라는 점에서 흥미롭다. 또한 그만큼 이 연구의 측정모형이 그 타당성을 인정받을 여지가 생기는 증거라고도 할 수 있다(오재록, 2011a).

한편, 농촌진흥청은 41개 부처 중 자원 지수 40위(인적 자원 32위, 물적 자원 24위, 조직 자원 35위, 법적 자원 40위), 자율성 지수 41위(정치적 자율성 38위, 재정적 자율성 13위, 입법적 자율성 35위), 네트워크 지수 38위(수직적 네트워크 31위, 수평적 네트워크 38위), 잉여력 지수 40위(외부 잉여력 39위, 내부잉여력 33위), 잠재력 지수 36위로 권력지수 최하위(6.19)를 기록했다(오재록, 2011a).

국가인권위원회는 자원 지수 38위, 자율성 지수 34위, 네트워크 지수 41위, 잉여력 지수 38위, 잠재력 지수 33위로 권력지수 40위(7.60)를, 기상청은 자원 지수 33위, 자율성 지수 39위, 네트워크 지수 37위, 잉여력 지수 27위, 잠재력 지수 35위로 권력지수 39위(7.88)를, 그리고 병무청은 자원 지수 41위, 자율성 지수 35위, 네트워크 지수 18위, 잉여력 지수 41위, 잠재력 지수 40위로 권력지수 38위(8.09)를 각각 기록했다. 즉, 이들 하위 4개 부처는 권력을 구성하는 다섯 가지 차원 모두에서 상대적으로 빈약한 수준의 측정값을 드러냈기에 이와 같은 결과를 기록했다고 할 수 있다(오재록, 2011a).

대체적으로 부(部) 단위 기관들의 권력지수는 상대적으로 높았고 청(廳) 단위 기관들의 권력지수는 상대적으로 낮았다. 하지만 그 예외적인 현상도 만만치 않게 나타났다. 예컨대, 청 단위 기관 가운데 검찰청은 권력지수 2위(65.82)로 기획재정부를 제외한 모든 부 단위 기관들보다 높았으며, 반대로 부 단위 기관 가운데 여성가족부는 권력지수 32위(10.69)로 상당수의 청 단위 기관들보다도 낮았다. 그뿐만 아니라 청 단위 기관들 중 경찰청(14위)과 국세청(16위)은 웬만한 부 단위 기관들보다 권력지수가 높았으며, 사실상 부 단위 기관이라고 할 수 있는 국가인권위원회(40위)와 법제처(33위) 역시 상당수의 청 단위 기관들보다 권력지수가 낮았다(오재록, 2011a).

한편, 개별 측정지표의 가중치가 미친 영향도 유의해서 들여다볼 필요가 있다. 제4장의 <표 4-18>에서 확인할 수 있듯이, 권력지수를 결정하는 데 가장 큰 영향을 미친 것은 '대통령과의 거리' 지표다. 이는 가중치 전체에서 차지하는 비중이 9.7%로 가장 높다. 두 번째로 높은 비중을 차지한 것은 8.7%의 특별 권한의 정도 지표다. 6.9% 비중의 물적 자원 지표가 세 번째, 5.4%의 장·차관급 배출자 수 지표가 네 번째, 5.2%의 조직 자원 지표가 다섯 번째, 5.0%의 최고위직 지표가 여섯 번째, 4.9%의 등록 규제의 수 지표가 일곱 번째, 4.2%의 소관 소속기관 지표가 여덟 번째, 4.0%의 고위직 지표가 아홉 번째, 그리고 3.7%의 소관 산하기관 지표가 열 번째였다. 따라서 이들 지표의 측정값이 상대적으로 더 높았던 부처들은 권력지수가 그만큼 더 높게 산출되는 쪽으로 영향을 받을 것으로 생각된다.

반면, 권력지수에 가장 작게 영향을 미쳤던 지표는 문서 교환 연계성 지표와 국정감사 수감 일수 지표다. 이들의 가중치 비중은 1.2%에 불과했다. 그리고 이와 대동소이한 비중의 가중치를 보였던 지표들은 가중치 비중 각각 1.6%의 소관 법률 1개당 쪽수 지표, 소관 법률 쪽수 대비 하위 법령 쪽수 비율 지표, 주재관의 수 지표, 1.7%의 전·이용액 비율 지표 등이다. 따라서 이들 지표의 측정값이 상대적으로 더 높았던 부처들은 권력지수가 상대적으로 더 높게 산출되는 데 큰 도움을 받지 못했을 것으로 생각된다.

따라서, 이 연구의 결과는 개별 측정지표의 가중치들이 달라진다면 얼마든지 달라질 수 있는 근본적인 한계를 지녔다고 할 수 있다. 그럼에도 불구하고 현재로서는 이 연구가 채택한 AHP 기법(전문가 조사)을 능가하는 대안적 가중치 산정 방법이 존재하지 않는 데다, 개별 지표의 상대적 중요도를 이 연구보다 더 잘 판별해 줄 수 있는 전문가들도 별도로 구하기도 어렵기 때문에, 이와 같은 근원적 한계에도 불구하고 이 연구에서 도출한 가중치를 그대로 활용할 수밖에 없다. 향후 권력지수 연구가 지속적으로 이뤄지면서 이에 대한 심도 있는 논의와 검토가 추가로 이뤄질 수 있기를 기대한다.

제 2 절 관료제 권력구조의 정책적 함의[1)]

1 권력 집중의 위험성

서문에서 밝힌 바와 같이, 모든 사회적 존재(social being)는 자신에게 필요한 만큼의 적정량의 힘(power)만을 보유하려고 하지 않고, 한 발 더 나아가 더 많은 권력 또는 최고의 권력을 얻기 위해 치열한 경쟁 및 투쟁에 기꺼이 나서려는 경향이 있다. 게다가 심지어는 운명이나 사활을 건 승부마저도 주저하지 않을 정도로 권력욕을 강하게 갖는 경우도 있다. 이러한

1) 이 절의 내용은 선행 연구(오재록, 2007)가 이미 적절히 잘 정리해 놓았으므로 이를 최대한 활용했다. 다만, 후속 연구 성과가 있는 부분은 이를 최대한 반영했고, 일부 수정이 필요한 부분은 수정을 가했다.

상황에서 만일 아무런 견제 장치나 통제 장치가 없다면 사회는 무시무시한 투쟁의 장으로 변질되고 말 것이다. 즉, 만인에 대한 만인의 투쟁 상태로 치달을 가능성이 농후한 것이다.

이러한 현상은 특히 정치 체제에서 빈번하게 일어나기 마련이며, 따라서 정치 체제에서의 권력 집중은 극히 위험한 것으로 받아들여진다. 인류는 동서고금을 막론하고 이에 대한 각별한 경계와 극도의 유의를 해 왔던 것으로 보인다. 일례로 18세기 말 미국 정치지도자들, 특히 연방헌법 제정권자들(Founding Fathers)은 고대 로마 공화정의 정치 체제가 보여 주었던 공공기관 권력에 대한 견제 기능 제도와 서로 다른 공공기관 간의 권력에 대한 균형 기능 제도들을 이러한 측면에서 높이 평가했다. 그들은 로마 공화정의 우수한 견제와 균형 시스템이 기원전 1세기부터 시작된 로마 제국(또는 원수정)[2]에 의해 정치적 중앙 집중으로 대체되면서 끔찍한 결과들을 초래되었다는 사실에 주목했다(McClellan, 1989: 36-37). 이에 연방헌법 제정권자들은 연방헌법의 입법 취지를 담고 있는 『*The Federalist*』에서 "정치 권력의 집중은 본래 위험한 것이고 조만간에 권력 남용과 억압적인 정부로 가고 말 것"이라고 분명히 못박을 정도였다(오재록, 2007).[3]

이에 따라 미국은 헌법 제정 시기부터 지금까지 권력 분립에 대해 항상 주의깊은 노력을 기울여 왔으며, 분립된 권력 간에 견제와 균형(혹은 분업과 협동)이 잘 이뤄지도록 하는 데 많은 공을 들여왔다. 그뿐만 아니라 특정 연방부처가 실질적으로 권력을 장악하거나 강력한 힘을 갖는 것을 처음부터 별로 원치 않았다. 이와 같은 노력 덕분에 지금의 미국 연방행정부는 유력 부처들 간에 적절한 힘의 균형이 성립되고 있는 관료제 권력구조를

---

2) 시오노 나나미는 아우구스투스(옥타비아누스)가 로마 공화정을 곧바로 로마제국으로 전환시켰다고 보지 않고, 아우구스투스 시기를 로마제국으로 전환되는 과정상의 '원수정(元首政: 프린키피투스)' 시기로 이해한다.

3) 연방(federal) 헌법안이 작성된 후 연방 헌법의 비준을 위해 노력했던 뉴욕 출신의 해밀턴(Alexander Hamilton)과 제이(John Jay), 그리고 버지니아 출신의 매디슨(James Madison)이 새로운 연방 헌법을 지지해 줄 것을 호소하면서 새로운 연방 헌법이 기존의 연합(confederation) 규약에 비해 왜 훌륭한지에 대해 뉴욕의 4대 신문들에 칼럼을 연재했다. 그리고 이 연재 칼럼들을 나중에 출판한 것이 바로 『*The Federalist*』다. 여기에 언급된 구절은 'No. 47'에 수록되어 있다(오재록, 2007).

형성하고 있다. 그런데 우리의 경우는 이러한 점이 부족하거나 간과되고 있다(오재록, 2007).

관료제 권력구조가 정부조직의 성과에 어떤 영향을 미치는가에 관해서는 학술적 논의가 별로 이뤄지지 않았기 때문에, 관료제 권력구조의 특성이 직접적으로 어떤 부정적인 결과를 초래한다고 예단하기는 현재로선 어렵다.[4] 다만 "전문화된 특정 직무나 기관에 권력이 집중되어 있을 경우 특정 전문 분야의 논리에 의해 국정이 운영될 수 있을 뿐만 아니라 정책 오류에 대한 비판이나 견제가 힘을 잃어 정책을 교정할 수 없게 되고, 이로 인해 종국적으로는 정책실패가 야기될 가능성이 높다"(김호섭 외, 2002: 319)는 지적만큼은 사실에 가깝지 않을까 생각된다(오재록, 2007).

실제로 우리나라에서는 이를 입증하는 사례도 있었다고 해도 과언이 아니다. 1997년의 외환 위기와 재정경제원의 경우가 그 대표적이라고 할 수 있다. 1994년 경제기획원과 재무부가 통합되어 출범한 재정경제원은 당시 '공룡 부처'라고 불릴 만큼 막강한 권력을 행사했고, 그 결과 국가정책이 재정경제원의 논리에 의해 일방적으로 움직여 나갔다. 그리고 그 끝은 IMF 체제 편입이었다. 물론 외환 위기의 모든 책임을 재정경제원에 뒤집어씌울 수는 없다. 그렇지만 재정경제원으로 집중된 당시의 관료제 권력구조가 외환 위기를 초래한 숱한 원인 가운데 하나라는 점은 부인할 수 없다(오재록, 2007).

당시 재정경제원은 세제, 금융, 예산, 정책 조정 등 이른바 '경제 4권'을 쥐고 여타 중앙행정기관 위에 군림했다. 다른 경제부처들은 재정경제원의

4) 권력구조가 조직의 성과에 어떤 영향을 미치는가에 대한 지금까지의 논의는 대부분 수직적 권력 분포 차원에서 다뤄져 왔다. 연구 결과가 일관성 있게 제시되고 있지는 않지만, 일반적인 견해는 조직의 상층부에 권력이 집중되어 있는 권력구조에서는 조직의 의사결정에 실무자들의 참여와 자유재량권이 제한되어 여러 가지 역기능이 발생한다는 것이다. 계층제의 상층부에 권력이 집중된 구조에서는 갈등이 모두 상위 계층으로 이동하거니와 실무 계층은 유리한 결정을 얻어 내기 위해 상위 계층을 상대로 다양한 전략적 행동을 하게 되므로, 상위 계층은 업무의 과부하에 시달리게 되어 의사결정의 질이 저하될 가능성이 크며 현실과 괴리된 결정으로 정책의 집행 가능성이 저하될 우려가 있다(김호섭 외, 2002: 318-319).

협조 없이 정책을 추진하기가 어려울 정도였다. 재정경제원의 권력과 그 비대성은 당시의 조직과 인사 관행에서 잘 드러났다. 경제정책과 대외협력 업무를 관장하는 과(課)만 해도 81개에 달했고, 120명이 넘는 서기관급 이상 관료들이 보직을 받지 못해 '인공위성'이라는 별명으로 해외나 다른 기관에 파견 보내질 정도로 고위 관료들이 넘쳐났다. 고위 간부들은 퇴직 후 금융과 관련된 국책기관의 장(長) 자리를 모조리 독식하는 것이 다반사였다.[5] 그뿐만 아니라 재정경제원은 정보를 독점하고 왜곡하기까지 했다. 국책연구소가 보고한 물가지수나 경제성장률 등 중요한 실물경제의 수치들이 담당 국·과장 선에서 간단히 고쳐졌고, 외국 언론이나 내부 보고서에서 제기되는 위기 경고 등은 번번이 묵살되었다.[6] 당시 재정경제원은 한마디로 무소불위(無所不爲)의 권력기관에 다름 아니었다(오재록, 2007).

그런데 권력 집중의 위험성을 뼈아프게 겪었던 대한민국이 그로부터 10년이 지난 지금까지 관료제 권력구조의 주의 깊은 재배분 노력을 제대로 기울이지 않는 것은 납득하기 어렵다. 아니, 관료제 권력구조의 재배분은 차치하고 특정 관료집단들이 부처 이기주의나 이익 관철형 집단행동을 하는 것에 대해 심각하게 문제조차 삼지 않는 것은 더욱 놀랄 일이다. 관료제 권력구조의 최상층을 차지하고 있는 것으로 분석되는 기획재정부와 검찰청을 다음과 같이 좀 더 세밀하게 살펴보면, 이러한 지적은 더욱 설득력을 얻게 될 것이다.

---

5) 당시 은행감독원장, 증권감독원장, 보험감독원장 자리는 모두 재정경제원이나 그 전신인 경제기획원 및 재무부 출신 관료들이 장악했고, 가장 큰 기관투자사인 3대 투자신탁회사의 사장 자리도 이들이 장악했으며, 심지어 건설교통부나 통상산업부 등 다른 부처의 장관까지도 재정경제원 출신이 맡는 경우가 허다했다(오재록, 2007/2009).

6) 예컨대, 한국개발연구원(KDI) 김중경 박사 등이 1997년 9월 제출한 「경제 구조조정과 금융 안정을 위한 정책과제」라는 보고서가 무시되었고, 금융연구원 최공필 박사의 경우에는 1997년 3월에 외환 위기 가능성을 지적하면서 멕시코와 우리나라를 비교하는 보고서를 냈다가 징계까지 당했다(오재록, 2007/2009).

2 기획재정부와 '모피아'의 전성 시대

1998년 2월, 김대중 정부는 외환 위기에 대한 재정경제원의 책임론을 바탕으로 재정경제원을 재정경제부로 축소시키고 부총리 제도를 폐지하여 그 위상을 격하시켰다. 이는 "재정경제원에 재정과 금융 등 모든 정책 수단이 집중되어 정부 안에서 견제와 균형이 상실되었다"(재정경제부 누리집, 2005)는 판단 때문이었으며, "당시 금융 위기의 중요한 한 원인이 재정경제원에 의한 관치금융·관치감독에 있다는 세간의 비판이 작용한 결과"(김홍범, 2002)였다. 이 조치로 말미암아 재정경제원의 예산 기능은 예산청(기획예산처의 전신)으로 분리되었고, 금융감독 기능은 금융감독위원회로, 통화신용정책은 한국은행으로 이관되었다. 이로써 박정희 정권에서 경제기획원과 재무부로 시작된 재정경제부와 모피아(Mofia)[7]의 '파워 시대'는 바야흐로 저무는 듯 보였다"(오재록, 2007/2009).

하지만, 현실은 결코 그렇게 전개되지 않았다. 재정경제부는 세칭 '모피아'로 불리는 막강한 인적 네트워크와 더불어 계급제적 인사 운영 원리에 따른 순환보직과 인사 교류라는 두 축을 활용한 '인적 지배', 그리고 '내수진작 기조'의 유지와 '경제정책 우선'의 논리를 앞세운 '정책 지배'라는 양날의 칼을 휘두르며 자신의 '파워 시대'를 그대로 이어나갔다(김홍범, 2005; 오재록, 2007/2009).[5]

---

7) '모피아'는 과거 재무부를 뜻하는 'MOF'와 '마피아(MAFIA)'의 합성어다. 원래는 국가기구의 권한을 이용해 선·후배·동료 사이에 개인적 이익을 챙겨 주고 낙하산 인사를 일삼으며 뇌물 스캔들을 일으키는 일본 대장성 관료집단이 마피아 범죄조직과 비슷하다고 해서 일본에서 생긴 말이다(정종남, 2006: 174-5). '모피아'를 좁게 보면 '옛 재무부' 이재국 출신의 금융관료들로 한정되지만, 넓게 보면 재무부와 재정경제부(원) 출신 전체를 지칭하기도 한다(한겨레, 2006). 이 연구에서는 전자와 후자 모두를 '모피아'로 규정하고자 한다(오재록, 2009).

5) 당시 재정경제부는 인적 지배와 정책 지배를 통해 1998년 당시의 정부 조직개편으로 분산된 기능—기획예산처, 금융감독위원회(사무국), 금융감독원(무자본특수법인), 한국은행(무자본특수법인)—을 사실상 모두 원상회복시키는 데 성공한 것으로 평가된다(오재록, 2009).

'모피아'로 불리는 막강한 인적 네트워크는 재정경제부 파워의 핵심으로 기능했다. 특히, 옛 재무부 이재국 및 재정경제원(부) 금융정책국 출신들이 주축이 된 좁은 의미의 원조 '모피아'는 "금융권의 주요 요직을 독차지하는 것은 물론……4대 금융단체장과 대형 금융기관장 등 주요 포스트를……재무관료 출신과 그들이 앞세운 친(親)모피아 성향의 민간인[을 통해] 장악" 했을 뿐만 아니라, "법무법인과 회계법인의 고문으로[도] 자리를 옮겨가며……그 [인적 네트워크] 관계를 통해……우리 사회의 실질적인 세력을 형성하여 거대한 영향력을 과시"했다([ ]안은 저자 첨기: 정종남, 2006; 오재록, 2009).

실제로 2000년 1월부터 5년여 동안 재임한 기획예산처 장관 6명(진념, 전윤철, 장승우, 김병일, 박봉흠, 변양균)은 모두 모피아였고 차관 5명(최종찬, 김병일, 장병완, 박봉흠, 변양균)도 모두 같았다. 또 같은 기간 재임한 금융감독위원장(금융감독원장 겸임) 4명 중 3명(윤증현, 이근영, 이정재)도 모피아였고, 나머지 1명(이용근) 역시 재정경제부의 영향권 안에 들어 있는 관세청 출신이었다. 그뿐만 아니라, <표 5-3>에서 확인할 수 있듯이, 같은 기간 재임한 한국은행의 금융통화위원 20명 중 13명도 범재경부 인사(8명은 모피아, 5명은 친모피아)였다(오재록, 2009).

당시 재정경제부는 이와 같은 '인적 지배'에 더해 다음과 같은 방식으로 '정책 지배'까지도 실현시켰다. 1998년 4월 최고 심의의결기구로 출범한 금융감독위원회는 '공적 민간기구(무자본특수법인)'인 금융감독원(1999년 1월 설립)으로부터 금융감독 업무 관련 보좌를 받고 단순한 행정 지원 업무는 관료조직(정부기구)인 금융감독위원회 사무국으로부터 보좌를 받도록 설계되어 있었다. 그런데, 1999년 5월부터 금융 감독위원회 사무국이 갑자기 금융감독 업무에까지 뛰어들면서 애초의 금융 시스템 구조개혁의 취지는 크게 퇴색되고 말았다(김홍범, 2004; 오재록, 2009).

한국 관료조직의 독특한 속성상 '공적 민간기구'인 금융감독원은 금융감독위원회 사무국에 종속되는 지위로 전락할 수밖에 없었기 때문이다. 재정경제부와 금융감독위원회 사무국 사이에는 계급제적 인사 운영 원리에 따른 순환보직과 인사 교류가 이뤄져 '두 지붕, 한 가족'처럼 지내던 상황이

〈표 5-3〉 역대 금융통화위원(2001.1~2005.8)

위원명	추천 기관	임명	퇴임	주요 경력
전철환	(당연직) 한국은행 총재	1998.04	2002.03	경제기획원, 충남대교수
김영섭	재정경제부 장관	1998.04	2000.04	경제기획원, 재무부, 재경원
강영주	재정경제부 장관	2000.04	2002.04	재무부, 재경원
이근경	재정경제부 장관	2002.05	2004.04	경제기획원, 재경원, 재경부
김시담	한국은행 총재	1998.04	2000.04	한국은행
김원태	한국은행 총재	2000.04	2004.04	한국은행
문학모	금융감독위원회 위원장	1998.04	2000.04	한국은행
남궁훈	금융감독위원회 위원장	2000.04	2004.04	재무부, 재경원, 재경부
황의각	대한상공회의소 회장	1999.07	2002.04	고려대교수
장승우	전국은행연합회 회장	1998.04	2002.01	경제기획원, 재무부, 재경원
김병일	전국은행연합회 회장	2002.04	2004.01	경제기획원, 재경원
윤정용	한국증권업협회 회장	1998.04	2002.04	증권거래소
최운열	한국증권업협회 회장	2002.04	2003.12	서강대교수, 재경부위원
박 승	(당연직) 한국은행 총재	2002.04	2006.03	한국은행, 재경부위원
김태동	대한상공회의소 회장	2002.04	2006.04	성대교수, 경실련, 경제수석
이성태	(당연직) 한국은행 (부)총재	2004.01	현직	한국은행
김종창	전국은행연합회 회장	2004.02	2006.04	재무부, 재경원, 재경부
강문수	재정경제부 장관	2004.04	2009.04	한국은행, KDI, 금감위
이덕훈	한국은행 총재	2004.04	2009.04	KDI, 재경부위원
이성남	금융감독위원회 위원장	2004.04	2006.04	씨티은행, 금감원

※ 출처: 한국은행(2008)의 재구성; 오재록(2009)

어서(한겨레신문, 2006), 금융감독위원회 사무국의 금융감독 업무 진입은 금융감독 당국에 대한 재정경제부의 정책 지배로 자연스럽게 이어질 수밖에 없었다(오재록, 2009).

금융감독위원회 사무국을 사실상 배후 조종하여 이뤄낸 재정경제부의 이와 같은 조치는 많은 부작용을 초래했다. 금융감독위원회 소속 관료들이 경제정책과 감독정책 사이에서 자신의 고유 책무에 관한 혼란을 일으켰고(김홍범, 2004), 분업화된 금융 시스템의 균열과 함께 재정경제부로의 권력 집중을 다시 불러왔다(오재록, 2009).

2003년을 전후로 하여 발생한 신용카드회사 부실 문제가 그 대표적인 사례다. 1997년 말 단행된 금융개혁 이후 재정경제부는 경제정책을, 금융감독위원회는 미시 건전성 감독정책을, 그리고 한국은행은 거시 건전성 감독정책을 각각 수립하는 것으로 분업구조가 설정되었으나, 공공기관 간의 수직위계에 따른 재정경제부의 '정책 지배'로 인해 금융감독위원회와 한국은행의 정책 대응이 재정경제부의 경제정책 기조에 의해 제약되었다. 금융감독원 카드 대책이 이미 1년 전에 제시되었음에도 불구하고 재경경제부가 이를 묵살하다가 문제가 걷잡을 수 없이 커지자 결국 1년 후에 이를 받아들였던 것이다. 경제정책을 관장하는 재정경제부가 감독 당국의 감독정책에 커다란 영향력을 행사하는데도 관료조직인 금융감독위원회 사무국은 이를 묵종하는 상황이 내내 계속되었다(김홍범, 2005; 오재록, 2009).

이때는 그 이전 시기 한국은행이 관장해 왔던 은행감독 업무를 금융감독원이 이관받아 수행하던 때였기 때문에, 금융 시스템상의 견제 기능은 1998년 이전보다 오히려 더 후퇴하는 결과가 초래되고 말았다. 이것은 당시 김대중 정부의 금융 구조개혁 취지에 정면으로 배치되는 결과였으며, 애당초 의도했던 당시 정부 조직개편의 취지가 '뜻하지 않은 변수'를 만나 의도하지 않게 변질된 대표적인 사례라고 할 만하다. 여기서 '뜻하지 않은 변수' 또는 '예기치 않은 변수'란, 다름 아닌 '경제관료들(모피아)의 권력'[6]

---

6) 이와 관련한 한겨레신문(2009)의 다음과 같은 기획 보도는 의미하는 바가 크다(오재록, 2009).

"2003년 초 참여정부 대통령직인수위원회 시절 일화다. 한 기자가 재정경제부(현 기획재정부) 고위관료에게 은근한 말투로 물었다. '개혁 성향의 노무현 정부가 들어섰으니 이제 (관료들) 좋은 시절도 다 지나간 것 같은데……'. 하지만 다음 순간 돌아온 답변에 기자는 말문이 막힐 수밖에 없었다. '걱정 말어. 우리는 민주노동당이 집권해도 다 적응할 수 있으니. 아마 6개월 뒤에는 우리 세상이 돼 있을걸.' 실제 그의 말대로 6개월은 아니지만, 2년 정도 지나자 참여정부의 주도권은 다시 관료들에게 넘어갔다. '이정우 청와대 정책실장, 이동걸 금융감독위 부위원장 같은 개혁 주도 세력들이 2004~2005년에 차례로 물러나면서 참여정부 집권 후반기는 다시 그들의 세상이 된 거죠.' 노무현 정부 시절 청와대에서 일한 전직 고위 인사의 회고다. 이명박 정부에서도 금융관료들의 시대가 다시 열렸다. 즉 모피아의 부활이다. 2009년 1월 19일 개각에서 이명박 정부 2기 경제팀의 세 축을 윤증현 기획재정부 장관-진동수 금융위원장-윤진식 청와대 경제수석 등 모피아들이었음은 두말 할 나위도 없다(오재록, 2009).

그런데 이는 당시 재정경제부와 모피아 집단이 자신들의 전신인 옛 재정경제원이 저지른 중대한 과오와 정책 실패에 대해 응분의 책임을 실질적으로 지지 않은 채, 권력과 영예를 슬그머니 되찾은 것이라는 데서 문제의 심각성이 있다. 더구나 2001년 1월에는 별다른 저항이나 문제 제기도 없이 재정경제부는 슬그머니 부총리 기관으로 다시 환원되기까지 했다(오재록, 2007).

사태가 여기에 이른 것은 지난 시기 행정개혁 거버넌스 패러다임이 결정적인 오류로 가득했기 때문일 수도 있다. 특정 부처에 권력이 집중됨으로써 나타나는 제반 문제는 영미식 행정개혁 거버넌스로는 결코 치유될 수 없는 것임에도 불구하고, 오로지 경제적 효율성만을 지상 과제로 삼는 신자유주의적 행정개혁 거버넌스를 고집함으로써, 환골탈태를 거듭해야 할 재정경제부에게 반성과 치유는커녕 오히려 이전의 권력과 영예를 되찾는 데 매달릴 유인을 주었던 것이 아닌가 생각된다. 이로 인해 당시 재정경제부는 그 전신인 옛 재정경제원에 버금갈 정도의 권력을 고스란히 보유할 수 있었으며, 이는 오재록(2007)의 중앙행정기관 권력지수 산출 결과에서 여실히 드러난 바 있다.

그렇다면, 이명박 정부 들어 단행된 조직개편은 기획재정부와 모피아의 정치 권력 기초와 그 행사 방식에 어떠한 변화를 초래했을까? 이에 대해 오재록(2009)은 흥미있는 분석을 내놓은 바 있는데, 여기서 그 요지를 인용한다.

기획재정부는 노무현 정부의 기획예산처(재정전략 기능)와 재정경제부(경제정책 및 정책조정 기능), 그리고 국무조정실의 일부 기능(경제정책 조정 기능)이 통합되어 설치된 조직이다. 여기에는 예산 운용, 성과관리, 세제, 국고 기능의 통합을 통한 재정 기능의 일원화, 그리고 경제 분야의 기획·조정창구의 통합을 꾀할 목적이 깔려 있다. 과거 정책기획 및 조정 기

이 모두 독식한 것이다. 정권 출범 이후 불과 1년 만이다. 관료들을 질타하고 불신했던 이명박 대통령이, 오히려 관료들을 신뢰하고 지지했던 노 대통령보다 더 빨리 모피아의 품에 안긴 것은 아이러니다."

능이 제각기 수행됨으로써 예산, 국고, 조세 등 재정 기능의 정책 통일성을 유지하기가 어려웠고 재정건전성에 대한 통제도 취약했다고 본 것이다(대통령직인수위원회, 2008). 이명박 정부의 대통령직인수위원회(2008)는 "기획재정부의 권한이 지나치게 커져 머지않아 독주를 부를 것"이라는 우려가 제기되자 이를 '기우'일 뿐이라며 일축한 바 있다. 금융 기능이 금융위원회로 이관되는 등[7] 과거 재정경제원과 기획재정부는 근본적으로 다르고, 예산과 세제 등 재정정책 수단을 통한 독주 문제도 청와대와 국무총리실을 통해 적절히 견제될 수 있다는 이유에서다(오재록, 2009).

(1) 권력 원천의 강화

대통령제 국가에서 관료적 권력의 원천(sources)으로 가장 중요한 것 가운데 하나는 대통령의 지지(presidential support)다(Meier, 1993: 57-68). 이 점에서 기획재정부의 권력 원천은 옛 재정경제부에 비해 한층 강화된 것으로 평가된다. 기획재정부의 역할에 대한 이명박 대통령의 관심과 지지는 평소 행태에서도 곧잘 드러나지만, 원천적으로 대통령의 지지를 전폭적으로 받을 수밖에 없는 구조라는 점이 더 중요하다. 기획재정부는 이명박 대통령이 '국정의 조타수' 또는 '경제의 컨트롤 타워'로 삼기 위해 재벌그룹의 '옛 구조조정본부'에 비견되는 조직, 즉 핵심 중의 핵심 부처로 애당초 설계되었다. 국정 방향 및 장기·거시적 관점의 기획·조정 역할을 맡는 국정기획수석비서관을 매개로 대통령을 효과적으로 뒷받침하는 역할을 담당하는 기구로 그 역할이 설정된 만큼(대통령직인수위원회, 2008), 대통령의 남다른 관심을 받지 않을 수 없다(오재록, 2009).

(2) 금융위원회에 대한 인적 지배 및 정책 지배

금융위원회는 관치금융을 청산하고 글로벌 금융 선진국으로 가기 위한 디딤돌을 놓기 위한 취지에서 기획재정부와는 별개의 조직으로 따로 설립

7) 옛 기획예산처의 양극화 민생 대책 기능은 보건복지가족부로, 재정경제부의 금융정책 기능 및 금융정보분석원은 금융위원회, 소비자정책은 공정거래위원회로, 경제자유구역기획과 지역특화기획은 지역경제 활성화 기획으로 통합해 지식경제부로 각각 이관되었다(오재록, 2009).

되었다(대통령직인수위원회, 2008). 하지만, 민간기구가 아닌 관료조직인 금융위원회로서는 기획재정부에 정책적으로나 인물적으로 예속될 수밖에 없는 처지에 놓여 있다. 앞에서 살펴보았듯이, 옛 재정경제부(금융정책국)와 금융감독위원회가 순환보직과 인사 교류를 통해 '두 지붕, 한 가족'처럼 지내면서 금융감독원을 인적·정책적으로 지배했던 것처럼, 금융위원회에 대한 기획재정부의 '인적 지배'와 '정책 지배'의 방식은 크게 변화하기가 어렵다. 실제로 초대 금융위원 9명 모두가 기획재정부의 영향권 내에 있는 인물이라는 점은 이를 단적으로 뒷받침한다.[8] 게다가 금융위원회와 기획재정부 사이에는 계급제적 인사 운영 원리에 따른 상호 인사 교류와 순환보직이 여전히 이뤄지고 있다. 구조적으로 옛 재정경제부의 권력 행사 방식 그대로 유지될 수밖에 없는 상황이다. '내수 진작 기조의 유지'와 '경제정책 우선'의 논리 역시 변함없이 계속된다(오재록, 2009).[9]

기획재정부는 금융 부문을 직접 관장할 의도까지 가지고 있는 것으로 평가된다. 기획재정부는 거시경제와 예산·세제를 쥐고 있으면서도 외국환거래 건전성 감독을 제외한 국제금융 기능을 금융위원회로 이관하지 않았다. 오히려 이 기능을 뒷받침하기 위해 국내 금융정책까지 직접 관여할 수 있는 자금시장과를 경제정책국 산하에 설치했다. 자금시장과는 과거 금융정책국처럼 법령 제·개정권을 쥐고 금융시장에 직접 관여하는 형태는 아니지만, 시장 동향을 모니터하는 것은 물론 전체 거시경제 운용에서 금융

8) 전광우 위원장(경제학 박사)은 재경부 장관 특보와 재경부 위원을 역임한 '친모피아'이고, 이창용 부위원장(서울대 교수)도 재경부 위원을 지낸 '친모피아', 김용환 상임위원은 '모피아'(재무부, 재경원, 재경부, 금감위), 이종구 상임위원(변호사)은 재경부 위원을 지낸 '친모피아', 채희율 비상임위원(경기대 교수)은 한국금융연구원 출신으로 '친모피아'로 분류될 수 있으며, 당연직 위원 4명(기획재정부 차관, 한국은행 부총재, 예금보험공사 사장, 금융감독원 원장)도 '모피아' 내지는 '친모피아'로 볼 여지가 많다(오재록, 2009).

9) 대통령은 2008년 4월 8일 국무회의에서 "내수가 너무 위축되는 게 아닌가 하는 생각이 든다"고 발언했고, 3일 후 기획재정부 장관은 "대통령이 현재 경기에 대해 우려를 표명한 만큼 내수 진작책을 조속히 추진해 달라"고 주문하면서, "18대 총선 결과는 대선에서 제시한 정책(성장 드라이브)을 차질 없이 시행해 달라는 국민의 뜻으로 받아들여야" 하므로 "대선과 대통령직인수위 시절에 제시한 새 정부의 국정 과제(747 공약)를 각 부처는 속도감 있게 처리해 달라"라고 말했다(세계일보, 2008). '내수 진작 기조의 유지'와 '경제정책 우선'의 논리가 앞세워진 사례다(오재록, 2009).

부문의 조정 역할을 수행하고 금융위원회나 한국은행 등과의 정책 조율을 위한 창구로도 기능하며, 중앙은행제도 및 화폐제도에 관한 사항도 담당하는 역할을 맡는다. 이는 한국은행의 설립과 운영의 근거인 한국은행법의 운용과 정부의 대(對)한은 정책 협의 등 과거 재정경제부 금융정책국 금융정책과가 수행하던 업무를 금융위원회로 넘기지 않겠다는 뜻으로 해석된다. 게다가 기존 금융정책국이 관장하던 국부 펀드인 한국투자공사 업무와 금융 허브 구축 지원 업무도 존속시켰다. 이러한 모든 조치는 차관이 금융위원회 위원으로 참여하도록 되어 있는 상황에서 어떤 형태로든 금융 쪽도 직접 관여하겠다는 의지의 표명으로 평가된다(연합뉴스, 2008a; 오재록, 2009).[10)]

(3) 한국은행에 대한 정책 지배와 인적 지배

한국은행법에 따르면, 기획재정부 차관은 금융통화위원회 회의에 참석해 발언할 수 있고(열석발언권), 기획재정부 장관은 금융통화위원회의 의결이 정부의 경제정책과 상충된다고 판단되면 재의를 요구할 수 있도록 되어 있다(재의요구권). 그러나 전통적으로 재의요구권이 행사된 사례는 없었고, 열석발언권도 1998년 도입된 후 단 4차례만 행사되었을 뿐, 1999년 6월 이후 한 차례도 행사된 적이 없다(연합뉴스, 2008b). 그런데 기획재정부는 이명박 정부 초반 이러한 권한을 무리하게 행사할 수 있다는 엄포를 놓으면서까지 중앙은행에 대한 '정책 지배'를 관철하려는 뜻을 분명히 했다. 중앙은행에 대한 재무 당국의 정책 지배는 김대중·노무현 정부 시절 이미 사라져 버렸던 과거 권위주의 정부 시절의 유산이다. 김대중·노무현 정부 10년 동안 중앙은행의 독립성과 자율성은 그 이전의 어떤 시기보다도 더 크게 신장되었으며, 이것은 한국은행 내부에서도 매우 긍정적으로 평가받는 대목이다. 그런데도 기획재정부는 각종 무리수를 두면서까지 권위주의 정

10) 2008년 3월 28일과 4월 11일에 열린 금융위원회 1, 2차 회의에 기획재정부 제1차관이 모두 참석한 것을 두고 뒷말이 많다. 당연직 위원이 회의에 참석하는 것이 일견 당연하게 보이지만 과거 사례에 비춰 보면 이례적이다. 금융감독위원회 시절 재정경제부 제1차관은 당연직 금감위원이었지만 금감위 회의에 거의 참석하지 않았다(연합뉴스, 2008a; 오재록, 2009).

부 시절에나 통용될 만한 정책 지배를 부활시키려고 애썼다. 이것이 그 의도대로 실현되었는지 여부를 현재로선 평가하기가 어렵지만, 이러한 일련의 과정 자체는 중앙은행의 독립성과 자율성을 충분히 위축시키는 동시에 기획재정부와 모피아의 권력을 신장시키는 쪽으로 기능할 것이라는 점만은 분명해 보인다(오재록, 2009).

중앙은행에 대한 '인적 지배' 역시 거론하지 않을 수 없는 부분이다. 2009년 4월을 기준으로 해서 볼 때, 당시 금융통화위원 7명(이성태, 이주열, 심훈, 박봉흠, 김대식, 최도성, 강명헌) 가운데 3~4명은 기획재정부 내지 모피아의 영향권 안에 들어 있었던 인물이다. 박봉흠 위원은 전형적인 모피아(경제기획원→재정경제원→기획예산처)였고, 기획재정부 장관 추천 몫의 강명헌 위원(단국대 교수)은 KDI 초빙연구원을 지낸 친모피아 성향의 인사였으며, 금융위원장 추천 몫의 최도성 위원(서울대 교수) 역시 증권선물위원을 지낸 친모피아 성향의 인사였다. 김대식 위원(중앙대 교수)은 한국은행 총재 추천 몫이었기는 하나, 재무부 세제발전심의위원(1993~1996) 및 예금보험공사 예금보험위원(2004~2007) 등의 경력에 비춰 친모피아 성향의 인물로 볼 여지가 많았다.[11] 이러한 인적 구조에서 중앙은행의 독립성과 자율성이 온전히 보장되기란 결코 쉬운 일이 아니다(오재록, 2009).

(4) 기획예산처 흡수에 따른 영향력 확대

옛 기획예산처는 제2장에서 제시한 박천오(2005)[12]와 별도의 『시사저널』(2006)[13] 조사에서 모두 영향력 2위를 차지했을 정도로 막강한 권력을 지

---

11) 당시 의장이었던 이성태 총재, 이주열 위원(부총재), 심훈 위원(전 부총재)은 한국은행 출신이었다(오재록, 2009).

12) 박천오(2005: 18-19)에 따르면, 22개 부처를 대상으로 한 2005년 조사에서 재정경제부와 기획예산처는 정치 권력이 상대적으로 강한 1위와 2위 기관으로 각각 나타났으며, 이 두 기관이 분리되기 전인 1995년 조사에서는 재정경제원이 정치 권력이 가장 강력한 기관으로 나타났다(오재록, 2009).

13) 경제부처 10곳(기획예산처, 건설교통부, 과학기술부, 농림부, 산업자원부, 재정경제부, 정보통신부, 해양수산부, 금융감독위원회, 공정거래위원회)을 대상으로 한 『시사저널』(2006)의 조사 결과에 따르면, 재정경제부(1위)와 기획예산처(2위)가 영향력이 가장 큰 부처인 것으로 나타났다(오재록, 2009).

닌 기관이었다. “기획예산처가 정부 예산을 배정하는 권한을 갖다 보니 일부 정부부처는 재정경제부보다 기획예산처 눈치를 더 본다”는 『시사저널』(2006)의 당시 보도 내용은 이를 실감케 한다. 또 오재록(2007)의 조사에서도 기획예산처는 상위권(45개 기관 중 16위)을 차지한 바 있다(오재록, 2009).

이 정도로 권력이 막강했던 기획예산처를, 당시 최고 파워를 자랑했던 재정경제부(기획재정부)가 흡수한 것이나 다름없다. 이미 최고의 권력기관으로 등극해 있는 부처에 엄청난 권력을 추가로 덧붙여 준 셈이다. 이를 의식해서인지 대통령직인수위원회(2008)는 옛 재정경제부가 기획예산처를 흡수한 것이 아니라 “기획예산처가 재정경제부의 주요 기능을 통합”한 것이라고 애써 강변한 바 있다. 하지만, 그 말을 액면 그대로 믿을 사람이 얼마나 될지 의문이다(오재록, 2009).

그렇다면, 옛 재정경제부가 기획예산처를 흡수·통합한 효과는 기획재정부 편제 하에서 어떻게 나타날까? 크게 두 가지만 정리해 보자.

첫째, 중앙예산기관을 고스란히 흡수하게 된 점은 주목할 만한 변화다. 중앙예산기관으로서 기획예산처의 가장 중요한 권력원은 예산배분권에 있었다. 기획재정부가 이를 통째로 흡수하게 된 것은 괄목할 만한 영향력 확대 요인임이 분명하다. 적어도 이런 점에서 기획재정부는 과거 재정경제원과 동일한 위상을 지니게 되었다고 말할 수 있다.

둘째, ‘경제정책 당국’이라는 기준으로 볼 때 기획재정부는 옛 재정경제부에 비해 조직 규모를 비약적으로 늘렸다. 노무현 정부 당시인 2006년 4월 6일 현재 재정경제부의 조직은 1차관보, 2실, 9국, 49과, 10담당관 체제였다(행정자치부, 2006). 하지만 이명박 정부로 들어선 2008년 6월 30일 현재, 기획재정부의 조직은 1차관보, 4실, 7국(20고위공무원단), 88과 체제로 바뀌었다(행정안전부 정부조직관리정보시스템). 단순히 말해 종래 59과 체제이던 것이 88과 체제로 늘어난 셈이다. 조직 규모(bureau size)는 권력의 지표이자 원천이다(오재록, 2008). 실(室), 국(局), 부(部), 과(課), 팀 등 내부 부서가 많을수록, 그리고 이들 부서의 규모가 클수록, 권력의 크기는 비례적으로 늘어나기 때문에, 기획재정부의 조직 규모 증대는 영향력 확대를 불러올 중요한 요인 가운데 하나라고 할 수 있다(오재록, 2009).

이상과 같은 분석을 종합해 볼 때, 기획재정부는 김영삼 정부 당시 '공룡부처'로 평가되었던 재정경제원의 부활에 다름아니라고 할 만하다. 1997년 당시 재정경제원은 세제, 금융, 예산, 정책 조정 등 이른바 '경제 4권'을 쥐고 여타 중앙행정기관 위에 군림했다. 다른 경제부처들은 재정경제원의 협조 없이 정책을 추진하기가 어려울 정도였다. 고위 간부들은 퇴직 후 금융과 관련된 국책기관의 장(長) 자리를 모조리 독식하는 것이 다반사였다. 재정경제원은 정보를 독점하고 왜곡하기까지 했다. 이렇듯, 김영삼 정부 당시 재정경제원은 한마디로 무소불위(無所不爲)의 권력기관 그 자체였던 것이다(오재록, 2007/2009).

이명박 정부의 기획재정부는 그런 옛 재정경제원을 쏙 빼닮았다. 세제, 예산, 정책 조정 등 '경제 3권'을 제도적으로 보장받았을 뿐만 아니라, 나머지 1권(금융)도 인적 지배와 정책 지배를 통해 사실상 장악한 것이나 다름없기 때문이다. 다른 경제부처들이 기획재정부의 협조 없이 정책을 추진하기가 어려운 환경이 이명박 정부 들어 다시 조성된 것이다. 이들을 견제해야 할 금융위원회 관료들은 한솥밥을 먹던 동료들이거나 언제든 인사 교류가 가능한 호환 관계이기 때문에 기획재정부에 예속될 수밖에 구조다. 바야흐로 관료제 권력구조 안에서 견제와 균형이 상실된 독점구조가 또다시 출현한 것이다(오재록, 2009).

이명박 정부 초기 이와 관련된 징후들은 곳곳에서 감지되었다. 기획재정부가 매머드급 경제부처로 거듭나면서 다른 부처와 시장(market)에 군림하는 일이 잦아졌다는 경향신문(2008)의 기획 보도는 그 증후를 보여 주는 대표적인 사례다. 이 보도에 따르면, 이명박 정부 들어 기획재정부에 예산권과 경제정책조정권이 쏠리면서 다른 부처들의 발언권이 대폭 축소되었으며, 과거 재정경제원처럼 기획재정부가 시장에 직접 개입하는 일이 벌어지면서 '관치경제' 논란까지 불거졌다. 2008년의 경우 기획재정부가 외환시장에 구두 개입하는 일이 빈번했으며, 이른바 '고환율정책'의 부작용으로 물가가 폭등하자 인위적 환율 하락을 목표로 외환시장에서 여러 차례 매도 개입을 직접 단행하기까지 했다. 이렇게 정부가 직접 개입하자 시장 혼란이 가중되었고, 그 개입 수준이 높아 사실상 '관치경제'가 부활했다는 평가가 나왔다. 원칙적으로 금융 분야는 금융위원회가 전담해야 하지만 기획재정부는 관련 권한을 금융위원회에 온전히 다 넘겨주지 않았기 때문에, 금융위원회는 금융 규제 완화에만 주력하는 소극적 입장에 머무를 수밖에 없었고, 그 대신 기획재정부가 활개를 쳤던 것이다.

물론 이 같은 보도를 가지고 관련 논지를 뒷받침하는 결정적 증거가 발견되었다고 단정하기는 어렵다. 하지만, 제1장에서 밝혔듯이 관료제 권력의 행사가 성격상 비공개적으로 이뤄지거나 은폐되는 데다 무대 전면에 나서지 않은 채로 이뤄진다는 점을 감안할 때, 이와 같은 기획 보도는 중요한 증후 가운데 하나라고 할 만하다(오재록, 2009).

이 지점에서 우리는 2008년 초반 정부조직 개편안을 심의했던 국회 행정자치위원회(2008)의 검토 보고를 떠올리지 않을 수 없다. "부총리제가 폐지되었음에도 불구하고, 기획재정부가 경제정책 총괄 조정 및 예산편성 기능을 갖게 됨에 따라 실질적으로 [다른 부처들을 압도하는] '수석 부처'로서의 역할을 유지할 가능성이 높아 과거 재정경제원과 같은 거대 부처에서 발생한 문제점이 재발할 가능성이 있"으며([ ]안은 저자 첨기), "경제 정책의 기획·조정과 집행을 통합하는 것이 일정 부분 효율성을 제고할 수는 있겠으나, 상호 견제가 되지 않을 경우 내부통제 및 리스크 관리에 차질이 발생하여 국가재정에 상당한 위기가 올 수 있음을 과거 외환 위기 과정에서 이미 경험한 바 있다"는 지적이 그것이다(오재록, 2009).

이것은 관료제 권력구조에서 권력이 특정 부처에 지나치게 편중되어 권력 집중 현상이 나타났을 때, 그것이 얼마나 위험한 결과를 초래할 수 있는지를 말해 주는 것이다. 그런데 우리 국회는 중요한 문제를 이렇게 스스로 적절하게 지적해 놓고서도 결과적으로 이를 막지 못했다. 이는 국회의 무능을 보여 주거나 관료제 권력의 상대적 우위를 보여 주는 반증이라고 할 수 있다. 어쨌든 우리 사회는 이와 같은 문제의 심각성에 대해 경각심을 갖고 그 대책을 마련하는 데 더 많은 노력을 기울여야 할 필요가 있다. 이는 검찰의 경우에도 마찬가지다. 이를 보면 우리 사회가 왜 그러한 노력을 더 기울여야 하는지 더욱 분명해질 것이다.

3 검찰청의 과도한 권력

검찰청은 세계적으로 유례가 없을 정도로 막강한 권한을 보유함으로써 형사사법 분야 전반에서 권력을 극도로 집중시켜 왔다. 검찰청은 수사권, 수사지휘권, 독점적 공소권, 기소재량권 등을 보유하고 있으며, 특히 진행 중인 형사재판까지 중단시킬 수 있는 공소취소권, 즉 사법 처리의 대상과 범위, 그리고 기소 여부 등을 독자적·독점적으로 결정할 수 있는 막강한 권한까지 손에 쥐고 있다(오재록, 2007).

또한 권력형 비리사건, 기업 비리사건, 부정선거·노동 등 공안사건, 마약사건, 강력사건 등에 집중되어 있는 검찰 수사로 인해 검찰 자체가 이미 자신의 정책적 판단에 따라 정치권 및 사회의 흐름에 중대한 영향을 미칠 수 있는 거대한 권력집단으로 자리매김하고 있다. 이를 두고 '검찰 공화국' 혹은 '검찰 파쇼'라는 말이 거론되는 것이나 정치권이 집요하게 검찰을 장악하려고 하는 것은 당연한 귀결이다. 특히, 노무현 정부 때는 검찰이 정치권의 손을 떠나면서 최대의 권력기관으로 자리잡았던 것으로 평가된다(서보학, 2004; 오재록, 2007).

검찰의 주된 기능은 수사, 수사 지휘, 기소 그리고 공소 유지에 있다. 일반적으로 영미법계의 검찰은 대체로 수사에는 관여하지 않고 기소와 공소 유지에 치중하는 반면, 대륙법계의 검찰은 기소와 아울러 수사에도 직접 관여한다. 양 법계의 차이에도 불구하고 검찰제도는 근대 형사소송의 탄핵주의 원칙과 국가소추주의가 결합하여 탄생한 제도이기 때문에 그 본질적 기능은 기소와 공소 유지에 있다(서보학, 2004: 211). 그런데 대한민국 검찰은 공소 유지 임무에는 소홀한 채 세계적으로 유례가 없을[14] 정도로 수

14) 영국과 미국은 경찰이 수사의 주체이고 검찰은 소추기관으로서 양 기관이 서로 대등한 협력 관계를 유지하고 있다. 프랑스는 법원 소속의 수사판사가 수사를 주재하고 있고 검사는 주로 소추를 담당하며 경찰도 수사 개시·진행권을 보유하고 있다. 독일의 경우에는 검사가 수사의 주재자이나 경찰도 수사 개시·진행권을 보유하고 있으며 실제 수

사에 전력을 투구하고 있다. 검찰은 경찰 수사 인력의 3분의 1에 달하는 4,500여 명의 독자 수사 인력을 보유함으로써 소추기관 및 수사지휘기관을 넘어 수사기관의 기능까지도 겸하고 있는 셈이다. 게다가 유독 대한민국만 검사가 수사권과 수사지휘권 모두를 독점적으로 보유하고 있어 수사구조에서 견제와 균형이 실종되고 말았다(김학배, 2004; 오재록, 2007).

검찰이 이렇게 과도하게 직접 수사에 매달리다 보니 경찰 수사에 대한 지휘나 사후 감독을 부실하게 할 뿐만 아니라, 법정에서의 공소 유지에는 소홀한 현상이 나타나고 있다.[15] 물론 형사재판의 형해화(形骸化)에 대해서는 상당 부분 법원의 재판 운용 방식에도 책임이 있다고 하겠으나[16] 그에 못지않게 공소 유지 임무를 소홀히 한 검찰의 책임도 크다. 실체적 진실이 법정에서 치열한 공방에 의해 밝혀지지 않고 검찰조서에 의해 사실상 결정되는 비정상적인 상황은 결국 피고인이 충실한 재판을 받을 권리와 방어권을 침해하는 결과를 낳는다(서보학, 2004; 오재록, 2007).

또한 수사권과 소추권이 기능적·조직적으로 통합되어 있어 권한 남용의 소지가 크다. 검사에 의해 기소유예로 처분되는 사건이 형사 절차에서 상당한 비중을 차지하고 있고,[17] 검사의 기소권이 독단적으로 행사될 경우에 대비한 견제 장치가 구비되어 있지 않을 뿐만 아니라, 검사가 소추권을

사는 경찰이 수행하고 있다. 그리고 일본은 경찰이 1차 수사기관으로서 수사를 주도하고 검찰은 보완적인 2차 수사기관이자 소추기관으로서 양 기관이 대등한 협력 관계를 유지하고 있다(오재록, 2007).

15) 형사부 검사는 경찰에서 송치되어 온 사건을 꼼꼼하게 검토하기보다는 지게로 법정에 퍼넘기기 바빠 '지게 검사'라는 별명이 붙어 있고, 사건을 직접 수사하지 않은 공판검사가 사건에 대한 충분한 지식 없이 공판에 임하다 보니 형사재판은 법정 공방이 사라진 채 조서로 피고인의 혐의를 확인하는 서류재판으로 진행되고 있는 것이 현실이다(오재록, 2007).

16) 최근 법원은 그동안의 형식적 재판을 반성하고 구두변론주의에 입각한 공판중심주의 재판 관행이 정착되도록 하기 위해 관련 제도를 개선하는 데 힘쓰고 있다. 배심제나 참심제의 도입 방안은 공판정에서의 형사재판을 정상화시키기 위한 노력의 일환 가운데 하나다(오재록, 2007).

17) 검찰의 전체 형사사건 처리 통계에 의하면, 기소유예의 비율은 2002년도의 경우 16.3%(기소유예 262,223건, 기소 1,342,482건), 2001년도의 경우 19.8%(기소유예 324,533건, 기소 1,314,275건)에 이르렀다(김학배, 2004; 오재록, 2007).

남용하여 악의적·차별적으로 공소를 제기하거나 부당한 불기소 처분을 내렸을 경우에 대한 사후적인 구제책도 구비되어 있지 않다는 점에서 더욱 그렇다. 물론 검사의 불기소 처분에 대한 통제 장치로서 검찰 항고·재항고, 재정신청, 헌법소원 등의 제도가 마련되어 있기는 하다. 하지만 이것들은 대상 범죄의 제한성이나 기소 강제 효과의 결여 등으로 인해 그 실효성이 떨어진다(김학배, 2004; 오재록, 2007).

검찰 권력이 과잉화된 데는 법원의 독특한 취약성도 한몫을 한다. 이에 대해 안경환[18]은 이렇게 지적한다. "우리나라 형사사법의 특성 중에 가장 두드러진 특성은 법원과 검찰의 지위가 동등하다는 것이다. 판·검사의 자격 요건도 동등할 뿐만 아니라 국가공무원으로서의 대우도 동격이다. 각급 법원과 검찰청 건물도 엇비슷한 규모다. 형사사법의 본질적 기능상 검찰은 변호인과 함께 법원의 판단에 자료를 제공하는 보조자에 불과하다. 그러기에 대부분의 나라에서는 판사의 자격 요건을 검사보다 훨씬 높게 요구한다……. 우리나라 검찰이 유난히도 강한 것은 이러한 법원의 취약성과 무관하지 않다"(한겨레신문, 2005. 6. 14).

또한 검찰은 중앙집권화된 조직을 유지하면서도 검사 동일체의 원칙을 적용받고 있어 다른 국가들의 분권화된 검찰에 비해 그 권력이 더 한층 강화되어 있다. 검사의 수사권 및 수사지휘권이 상대적으로 강하게 보장되어 있는 독일의 경우, 제2차 세계대전 이후 주(州) 단위의 경찰제도를 채택하면서 검찰조직도 과거의 국가검찰 체제에서 연방검찰과 주(州) 단위의 지방검찰로 분리시켰다는 점에 주목할 필요가 있다. 그리고 1971년 독일 연방헌법재판소는 검사의 급여 문제로 촉발된 검사 지위와 관련한 판결에서 "검사는 공무원에 속하고 결코 법관이 아니다"라고 판시했으며, 2001년에는 "검찰은 행정기관에 속하므로 검찰의 행위는 결코 사법행위가 될 수가 없다"고 결정한 바 있다(김학배, 2004). 검찰 기능은 사법 영역이 아니라 행정 영역인 것이다(오재록, 2007).

---

18) 서울대학교 법학전문대학원 교수로 2006년 후반 국가인권위원장에 임명된 바 있다(오재록, 2007).

검찰은 이렇게 본질적으로 행정기관일 뿐만 아니라 정부조직법상으로도 대통령과 법무부 장관에 소속된 중앙행정기관임에도 불구하고 그 권력이 과도하다. 검찰이 정치권으로부터 독립되는 것은 바람직하지만, 그렇다고 해서 검찰 권력을 견제할 제도적 장치가 결여되어 검찰 권력의 독주를 제어할 수 없게 해서는 안 된다. 견제받지 않는 권력은 필연적으로 부패하기 마련이라는 역사적 교훈을 생각할 때, 검찰의 정치적 독립성을 보장하면서도 검찰 권력의 독주와 남용을 방지할 수 있는 시스템을 정착시키는 것은 시대적 과제다(서보학, 2004; 오재록, 2007).[19]

4 관료제 권력구조 거버넌스의 강화 필요성

이명박 정부의 정부부처 권력구조는 기획재정부를 정점으로 검찰청, 국방부, 국토해양부 등 특정 부처들을 중심으로 권력이 편중되어 있는 측면이 있는 것으로 나타났다. 이는 자칫 권력 집중을 불러일으켜 우리 사회를 조금씩 위험에 빠뜨릴 위험이 있으므로 권력지수가 월등히 높은 부처들에 대해서는 그 권력을 효과적으로 견제 또는 통제할 수 있는 제도적인 장치를 마련할 필요가 있다. 그런데 관료제 권력을 통제한다는 것, 특히 이를 민주적이며 정당한 방법으로 통제한다는 것은 결코 쉬운 일은 아니기 때문에, 우리는 이를 감안하여 그 효과적인 통제 방안, 즉 관료제 권력구조 거버넌스 방안을 다음과 같은 점들을 고려하면서 슬기롭게 찾아볼 필요가 있다.

---

19) 검찰에 집중된 형사사법 권력을 분산하고 검찰 권력의 독주를 견제하기 위해서는 견제와 균형(check and balance)의 체제를 갖춰야 한다. 지난 50년간 수사권과 기소권이 한 기관에 독점되어 있음으로 인해 나타날 수 있는 폐해는 이미 충분히 경험한 바 있다. '편파 수사·축소 수사·은폐 수사' 등 과거 검찰 수사에 따라 붙었던 수식어들은 검찰이 수사권과 기소재량권의 독점적 지위를 이용하여 실체적 진실을 은폐하고 사법 정의의 실현을 방해했던 과거를 말해 주는 것이다. 비록 검찰이 그동안의 노력으로 어느 정도 명예를 회복했다 할지라도 검찰에 권력이 집중되어 있는 한 이러한 폐단은 언제든지 다시 등장할 수 있다. 따라서 검찰 수사 및 공소권 행사의 정치적 중립성을 담보하면서도 그 남용과 독주를 막을 수 있는 제도적 장치의 마련이 시급하다(서보학, 2004; 오재록, 2007).

1) 관료제 권력 통제의 현실적 난관

민주주의 국가에서 행정은 국민에게 책임을 져야 하는 동시에 국민의 대표로 구성되는 입법부에 대해 정치적으로 책임을 져야 한다. 그 책임성을 확보하지 못하면 관료의 권한이 남용될 수 있고, 남용된 행정권은 헌법으로부터 수임(受任)받은 정부 기능의 수행 과정에서 국민의 권익과 재산에 해를 끼칠 수 있다. 그러나 일찍이 민중의 힘으로 성장한 의회제도[20]는 19세기 후반에 이르러 민주주의의 도덕률[21]이 자본주의의 모순과 함께 흔들리기 시작하면서 기술적 전문성과 정보 확보로 앞서 간 관료제에 20세기를 내주고 말았다.[22] 관료제는 실질적으로 정치 권력화되어 민주주의의 권력적 특성인 권력 분립 원칙을 크게 위협하는 수준에 이르렀다(오재록, 1998: 2-3). 이에 따라 관료제 권력을 효과적으로 통제하는 것[23]은 현대 민주국가에게 중요한 과제가 되었다(오재록, 2007).

관료제 권력에 대한 통제는 원칙적으로 선거에 의해 선출된 대통령 및 대의기구에 의해 이뤄지도록 되어 있다. 대통령과 의회 및 사법부에 의한 제도적 통제, 선거·언론을 통한 민중통제, 그리고 옴부즈만(Ombudsman)

---

20) 고대 사회 또는 르네상스 시대 이탈리아의 도시국가에서 발흥되었던 민주주의와는 대조적으로 오늘날 소위 의회에 해당하는, 회의체의 소집을 통한 이른바 대의정치가 영국에서 처음으로 발전되었다. 1215년의 대헌장(Magna Carta), 1628년의 권리청원(Petition of Right), 그리고 1689년의 권리장전(The Bill of Rights)에 이르기까지 의회제도는 민중의 힘으로 성장했다. 영국의 진정한 의회 정치의 발원점은 1295년이다. 이 시기에 국왕 에드워드 1세는 '모범 의회(the Model Parliament)'로 알려진 회의를 소집했다. 여기에서 처음으로 의회에 대표를 출석시킬 수 있는 모든 계층의 권리가 항구적으로 확립되었다. 그리고 1688~89년까지의 명예혁명은 의회를 대영제국의 실질적인 주권자로 올려놓았으며 의회의 최고성은 영국 헌법에서 영원히 정착되었다. 의회 주권은 1701년 왕위계승법에 의해 공식적으로 확립되었다. 이 법은 왕위 계승에 관한 결정권을 의회에 부여했던 것이다(McClellan, 1989: 39-46; 오재록, 1998/2007).

21) 민주주의의 도덕률은 개인의 정치적 자유와 권리의 보장을 말하는 것이다(오재록, 1998/2007).

22) 이에 따라 슈미트(Carl Schmitt)가 지적한 의회주의의 본질인 "정치적 의견의 공개 토론과 반박을 통한 이성적 일반의사의 발견"은 점차 그 의미를 상실해갔고, 입법 기능은 다만 법률안을 통과시키는 '통법부(通法府)'로 그 지위가 전락되고 말았다(오재록, 1998/2007).

23) 이것을 가리켜 '행정통제'라고 일컫는다(오재록, 2007).

과 같은 시민 참여를 비롯해 이익집단 및 시민단체에 의한 비공식적 통제 등이 모두 여기에 속한다. 그러나 이러한 외부통제는 실제로는 대단히 제한적인 역할에 그칠 뿐이다(오재록, 2007).

우선 관료제를 다루는 대통령의 권력부터가 상당히 제한적이다. 전문주의의 증가, 관료 활동의 팽창, 공무원의 신분 보장, 그리고 '철의 삼각(iron-triangle)' 등이 관료제에 대한 대통령의 통제 능력을 제한하고 있다. 그렇다고 해서 대통령의 통제 역할을 전면 부인할 수는 없겠지만, 대통령의 효과적인 통제는 환상에 불과할 정도로 그 실효성이 떨어진다(오재록, 2007).

의회의 행정통제는 대통령중심제와 의원내각제의 정부 형태에 따라 그 기능이 각기 다르게 나타난다. 대통령중심제 국가에서는 다소 엄격한 권력분립을 채택하고 있어 견제나 비판에 그치는 반면, 의원내각제 국가에서는 의회가 행정부의 존폐까지 좌우하므로 의회의 통제가 상대적으로 강하다. 그러나 지난 한 세기 동안 전개된 행정국가화 현상으로 인해 의회의 권능은 이미 심각하게 약화되었고, 이제는 다만 법률안을 통과시키는 '통법부(通法府)'로 전락해 있는 형국이다(오재록, 2007).

사법부에 의한 통제는 관료제가 위법·부당하게 국민의 권리나 권익을 침해한 경우 행정재판이나 법령심판을 통해 사후적으로 이를 구제해 주는 방법이므로 소극적인 통제 수단에 그칠 수밖에 없다. 그리고 선거나 언론 등을 통한 민중통제 역시 결정적인 수단은 못 되거니와 시민 참여를 비롯한 비공식적 통제 또한 그 한계가 뚜렷하다(오재록, 2007).

요컨대, 현대 민주국가에서 관료제 권력을 효과적으로 통제할 방법을 관료제 외부에서 찾기란 사실상 불가능하다고 할 수 있다(오재록, 2007).

2) 정부부처 권력의 효과적인 통제 방안

관료제 권력에 대한 외부 통제 방안의 실효성이 이렇게 떨어진다면 결국 관료제 내부에서 그 방안을 찾는 것이 타당하다. 그러나 그렇다고 해서 관료제 기관 스스로 자제력을 키워야 한다거나 행정윤리를 강화해야 한다는 식의 논리를 여기서 펼치고자 하는 것은 아니다. 여기서 말하는 효과적인 통제 방안이란 시스템 혹은 제도와 관련된 것이다(오재록, 2007).

[그림 5-2] 권력에 대한 통제의 방법

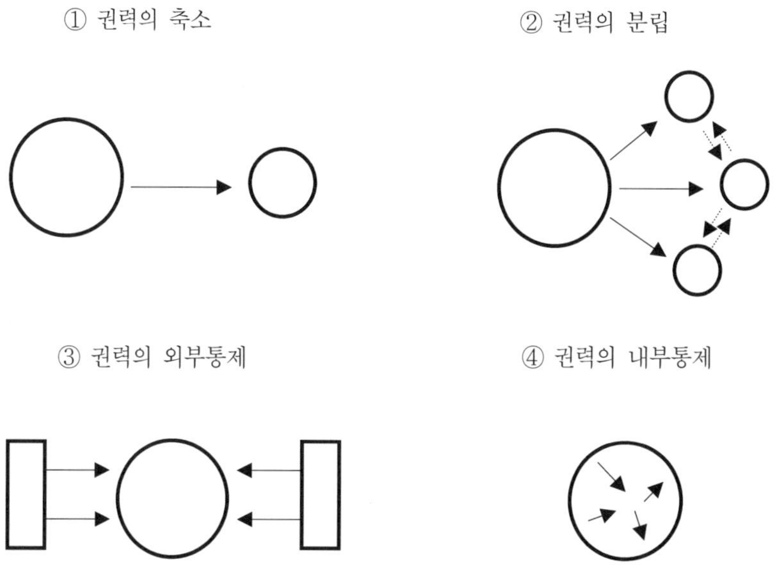

※ 출처: 이명웅(1987), 오재록(1998/2007).

일반적으로 권력을 통제 또는 억제하는 방법은 [그림 5-2]와 같이 네 가지로 나눠 볼 수 있다. 가장 손쉽게 생각할 수 있는 방법은 ①과 같이 권력 자체를 축소시키는 방법이다. 그런데 국가의 정치 권력 및 관료제 권력은 오로지 그 통제만을 목적으로 간단히 축소해 버릴 수도, 또 함부로 축소시켜서도 안 되는 특성을 지녔다. 그런 점에서 ①의 방법은 매우 주의 깊고 신중하게 다뤄져야 한다(오재록, 2007).

두 번째 방법은 권력 보유 주체를 ②와 같이 여러 기관으로 나눠 놓는 방법이다. 권력의 분립을 말한다. 미국 연방헌법의 입법 취지를 담고 있는 『*The Federalist*』에서는 "인간을 지배하는 인간에 의해 운영되는 정부를 형성하는 데 가장 어려운 점은 먼저 정부가 피치자들을 통제할 수 있게 해 주어야 하고 다음으로 스스로를 통제할 수 있게 해야만 한다는 데 있다. 의심할 나위 없이 국민으로의 종속이 정부에 대한 첫째 가는 통제다. 그러나

인류는 경험을 통해 '보조적인 예방 조치'의 필요성을 배워 왔다. 그와 같은 보조적인 장치가 정부의 권력 남용을 방지하기 위해 필요하다는 것은 인간성의 반영일 수 있다 ……. 만약 천사들이 인간을 다스린다면 정부에 대한 외적·내적 통제는 필요 없을 것"[24]이라고 밝히고 있다. 여기서 '보조적인 예방 조치' 가운데 가장 강력한 것이 권력 분립이며, 정부를 통제하기 위해 수립해 온 모든 이론 중에서 가장 유력하고 성공적인 것이다 (McClellan, 1989; 오재록, 2007).

세 번째 방법은 ③과 같이 권력을 견제하거나 통제하는 장치를 다양하게 만들어 놓는 방법이다. 그러나 그러한 장치들 간에 평등한 균형 상태가 유지되기란 현실적으로 어렵다. 따라서 분리된 장치들이 단절되지 않고 적절하게 분업하고 협동할 수 있도록 설계하는 것이 무엇보다 중요하다. 이러한 의미에서 견제와 균형의 원리가 효과적으로 자리잡게 하는 것이 관건이 된다. 그런데 견제와 균형의 원리와 권력 분립의 관계는 시장(market)에서의 가격 원리와 유사하다. "스미스(Adam Smith)가 제시한 '보이지 않는 손(invisible hand)'이 시장에서의 수요와 공급을 자동적으로 조절해 주고 균형가격을 형성케 한다면, 견제와 균형의 원리는 분립된 권력에 대한 자동적 조절 장치라고 할 수 있으며 이것이 '가격기구'의 역할을 수행한다" (이명웅, 1987: 38-39). 바로 이 점을 고려하여 관료제 권력을 견제하거나 통제하는 장치를 주의 깊게 설계해야 한다 (오재록, 2007).

네 번째 방법은 ④의 경우로서 자기통제의 방법이라 할 수 있다. 이는 권력 주체 스스로가 올바르게 권력을 행사하는 방법으로 관료제 기관 스스로 자제하거나 행정윤리를 강화해야 한다는 식의 논리와 같은 것이다. 이와 같은 내부통제의 방법은 플라톤(Platon)의 철인정치론(哲人政治論), 마키아벨리(Niccolo Machiavelli)의 군주론(君主論), 그리고 동양의 유교정치이론과도 맥락을 같이 하는 바, 여기서는 논외로 한다 (오재록, 2007).

이렇게 볼 때, 시스템 혹은 제도의 문제와 관련하여 관료제 권력을 효과적으로 통제할 수 있는 방안은 [그림 5-2]의 ①, ②, ③의 방법을 적절하게

---

24) *The Federalist*, No. 51.

안배하는 데서 찾을 수 있을 것이다. 우선 기획재정부, 검찰청, 국방부, 국토해양부 등과 같이 권력이 상대적으로 매우 강한 부처들의 경우에는 필수 불가결한 권한 및 기능이 무엇인지 정밀하게 검토한 후, 다소 과도하거나 그 필요성이 덜한 부분은 ①과 같은 방법으로 축소하거나 다른 부처로 과감하게 그 기능을 이관하는 방안을 추진할 필요가 있다. 또한 반드시 독점 또는 과점할 필요가 없는 권한이나 기능은 권력 분립 차원에서 ②와 같이 나누는 방안도 동시에 추진할 필요가 있다. 그리고 분립된 권한 및 기능이 ③과 같이 서로 견제하게 하되 그것들이 단절되지 않고 적절하게 협동할 수 있도록 주의 깊게 설계하고 운영할 수 있는 방안을 마련하는 조치가 뒤따르는 것이 바람직하다(오재록, 2007).

5 행정개혁의 보완 방향: 관료제 권력구조 거버넌스의 강화

이 연구의 부차적인 목적은 관료제 권력을 정량적으로 간단명료하게 파악함으로써 정부부처들의 기능 및 권한 재배분과 관련된 행정개혁 거버넌스의 방향을 제시하는 데 있다(오재록, 2007).

행정개혁은 해방 이후 정권 변동과 함께 50여 차례의 조직개편을 포함한 다양한 형태로 이뤄져 왔다. 주로 정권 초기에 단행된 행정개혁의 내용은 대개 조직개편과 공무원 감축 등을 뼈대로 한 것이었는데, 그러한 조치들이 정권 초기에 권력 기반을 강화하는 대(對)국민적 명분으로서 가장 큰 상징적 효과를 가졌기 때문이다. “박정희가 5·16 군사정변 이후 최고 지도자의 뜻이 하부까지 전달되고 수행될 수 있도록 관료제를 정비한 것은 본질적으로 권력을 관리적 차원에서 강화하려는 노력의 일환”(이병량 외, 2003: 300-301)이었을 뿐, 국정 운영의 합리화가 본질은 아니었다. 물론 그 과정에서 ‘행운의 부산물’로 배태된 한국 관료제의 효율성과 합리성은 그보다 더 중요한 민주성을 심각하게 저해했기에 민주주의의 도덕률인 개인의 정치적 자유와 권리를 보장해 줄 수 있는 것과는 거리가 멀었다(오재록, 2007).[25]

박정희 정권 이래 "발전주의 국가의 행정개혁은 미국식 행정제도나 관리기술을 모방하거나 군사정권의 요구에 따라 정치 권력을 강화시키는 데 초점을 두는 개혁으로 일관했다.[26] 여기서 발전 추진 능력·발전적 가치관·효율적 관리 기술 등은 주로 경제 성장에 기여하고 권위주의 정치 권력을 유지하는 데 기여하는 한에서만 정당화되고 강화되었다. 국민들의 행정 수요나 민주적 가치는 무시되고 오로지 경제지상주의에 입각한 효율성 중심의 행정개혁이 이뤄졌던 것이다"(정승건, 2000: 45). 그 뒤를 이은 전두환 정권과 노태우 정권도 이와 유사한 행정개혁을 추구했으며, 행정개혁은 정치적 정통성이 취약한 군사정권이 정권 유지를 위해 자주 활용한 수단에 불과했다(오재록, 2007).

민주화 이후 한국 사회는 "신고전학파 경제학의 이론으로 무장한 정부실패론에 압도되어"(정승건, 2000: 41) 신자유주의적 행정개혁을 추진했다. 김영삼 정부 들어 단행된 행정개혁은 발전주의 국가의 행정개혁에 신공공관리(New Public Management: NPM)에 입각한 행정개혁이 덧입혀진 것이었고, 김대중 정부 역시 관리주의(managerialism)에 입각한 행정개혁을 강화했다.[27] 그러나 김영삼·김대중 정부의 행정개혁은 애당초 제시했던

---

25) 한국 관료제가 정상적인 절차를 밟아 형성되고 발전될 수 있는 기회, 그리고 전문가들이 중지(衆智)를 모아 관료제를 합리적으로 발전시킬 수 있는 기회를 송두리째 박탈했다는 점에서 박정희의 역할과 고도의 경제 발전 성과는 쉽게 용인될 수 없는 근원적인 한계가 드러난다. 특히 이석제의 다음과 같은 고백, 즉 "육군 중령이 신문 보도와 도서관에서 수집한 짧은 지식을 바탕으로 혁명정부의 국정 운영 전략과 계획을 수립했으니 그 수준이 어느 정도였는지 짐작이 갈 것이다. 아이디어가 빈곤하고 지식이 짧다고 다른 사람에게 조언을 구할 형편도 못 되었다"(이병량 외, 2003: 315)라는 고백은 박정희에 의한 한국 관료제의 형성이 왜 문제일 수 있는지 단적으로 보여 준다(오재록, 2007).

26) 발전주의 국가의 행정개혁은 영미의 발전된 사회가 성취했던 행정 능력을 제3세계에 그대로 전수할 수 있다는 확신에 기초하고 있었으며, 기관 형성, 관리술 개선, 발전 지향적 관료 행태, 행정의 산출 지향성 등에서 미국식 행정모형으로 바꾸는 것을 행정개혁의 목표로 삼았다(오재록, 2007).

27) "김대중 정부 당시 성과주의를 앞세워 도입된 각종 개혁 조치들로는 개방형 직위제, 성과급제, 책임운영기관화, 목표관리제, 행정서비스 헌장제 등을 들 수 있다. '작지만 봉사하는 효율적인 정부'를 비전으로 제시하면서 '효율적인 정부' 구현을 위해 경쟁 원리를 도입하고 성과를 중시하는 인사·재정·관리제도 등 운영 시스템의 개혁에 박차를 가했다"(양재진, 2003: 268-280).

'작은 정부'라는 목표에 부합할 정도의 성과를 거두지도 못했을 뿐만 아니라, 한국의 행정 현실을 근본적으로 개선시키지도 못했다 (오재록, 2007).[28]

근원적으로 영미의 행정국가와 달리 한국의 행정국가란 사실상 권위주의 국가에 다름 아니다. 지난 시기 행정개혁은 "행정부 주도의 파행적 자본주의 형성 과정에서 한국적 행정국가가 등장했고 이 과정에서 행정부의 기능과 권한이 증대했을 뿐"(정승건, 2000: 50)이라는 점을 간과했다. 그런데도 김영삼·김대중 정부는 영미 국가의 행정과 한국의 행정 간의 근본적 차이점을 간과한 채, 무분별하게 수량적 규모에만 집착했다 (오재록, 2007).

신고전학파 경제학에 뿌리를 둔 영미식의 행정개혁은 "개혁의 일차적 대상이 되는 관료제의 실상을 주어진 것으로 가정"(정승건, 2000: 53)하는 오류를 내포하고 있다. 관료제는 행정개혁의 중요한 대상인 동시에 정치 권력의 의도와는 관계 없이 독자적으로 작동되는 구조를 지닌 실체임을 과소평가해서는 안 된다. 따라서 "행정개혁의 원대한 방향을 제시하기 전에 먼저 행정개혁의 일차적 대상인 관료제의 특성을 파악해 두는 일이 중요"(정승건, 2000: 53)하다 (오재록, 2007).

물론 효율성을 추구하는 행정개혁 자체가 그릇된 것은 아니다. 효율성 극대화가 다른 사회적 가치들(societal values)－민주성, 형평성, 합법성, 공익성, 효과성, 자유, 평등, 정의, 인권 등－을 과도하게 침해하지 않는다면 문제될 것이 전혀 없다. 그렇다면, 효율성 극대화를 추구하면서 다른 사회적 가치들도 동반하여 제고할 수 있는 방법은 무엇일까? 이는 다른 무엇보다도 행정 체제 또는 관료제를 민주주의의 도덕률인 개인의 정치적 자유와 권리를 보장하고 신장시킬 수 있는 형태로 실질적으로 재정비하려는 노력에서 찾을 수 있다. 관료제 권력에 영향을 미치는 기능 및 권한을 면밀히 검토해 합리적이고 장기적인 차원에서 이를 재배분하는 방향으로 행정개혁

28) 예컨대 "김대중 정부의 경우 과거 재정경제원이 갖던 예산과 금융 기능을 기획예산처와 금융감독위원회 등으로 옮기는 등의 행정개혁을 단행했지만, 정부부처 간 수평적 권한 및 기능의 이전만 이뤄졌을 뿐, 정부 개입의 축소 혹은 시장의 자율적 기능의 확대로 연결되지 못했으며"(강원택, 2001: 6), 시장에 대한 정부 개입의 질을 한 차원 끌어올리지도 못했다 (오재록, 2007).

을 추진하는 것은 비록 늦은 감은 있으나 우리 사회가 한 번쯤은 꼭 짚고 넘어가야 할 대목이다(오재록, 2007).

이와 관련하여 검찰과 경찰의 수사권 조정 문제는 시사하는 바가 크다. 수사권 조정 문제는 검찰이 독점하고 있는 수사권을 실질적으로 분산함으로써 검찰의 권력 남용 소지를 줄이는 차원으로 이해될 수 있다. 다만, 경찰 역시 세계적으로 유례가 없는 강력한 중앙집권적 조직과 권한을 가지고 있어[29] 검사의 수사 지휘가 배제될 경우 통제 불능의 '초권력(超權力)'이 출현할 우려가 있으므로(김회재, 2004) 자치경찰제를 본래적 의미 그대로 병행 실시함으로써 경찰 권력도 동시에 분산시키는 조치가 반드시 수반되어야 한다.[30] 그렇게 해야만 민주주의의 도덕률인 개인의 정치적 자유와 권리가 충분히 보장되는 체제가 가능해질 것이다.

그리고 외환위기 당시 세제, 금융, 예산, 정책 조정 등 '경제 4권'을 쥐고 있다가 국가를 파탄지경으로 끌고 갔던 책임에서 여전히 자유로울 수 없는 재정경제부의 맥을 잇고 있는 기획재정부의 경우에도, 김대중·노무현 정부 때와 마찬가지로 재무 당국과 중앙예산기관로 다시 분리해야 한다. 금융위원회와의 인사 교류를 폐지하는 등 금융위원회에 대한 기획재정부의

---

29) 대한민국 경찰은 강력한 중앙집권적 국가경찰 조직을 형성하고 있는 데다, 구속영장 신청권, 10일 간 독자 구속권, 피의자 신문권, 대질수사권 등 강력한 직권적 수사 권한을 비롯해 15만여 명의 평시 무장 인력과 장비 그리고 막강한 정보력 등을 보유하고 있어 작전·방범·정보·보안·교통·통신·경비 등 광범위한 분야에서 치안 공권력을 독보적으로 행사하고 있다. 또한 전국 15만 경찰조직이 경찰청장을 정점으로 일사불란한 상명하복의 체계를 이루고 있고 시·도·구·군·읍·면 단위로까지 연결된 경찰조직은 국민의 일상생활에 직접 관여하며, 경찰청장은 인사권과 예산권을 독점적으로 행사하고 있다. 2004년 현재 의무경찰을 제외한 경찰 인력 92,395명은 범죄 예방·치안을 담당하는 일선 지구대에 41,540명(44.6%)이 배치되어 있고, 교통경찰이 8,864명(9.6%), 정보·보안 인력이 6,399명(6.8%)에 이른다. 또한 전국 경찰서 단위까지 연결된 종합정보 시스템과 사이버 경찰청 등을 통해 방대한 정보력을 사실상 독점하고 있으며, 일반·방범·과학 수사·전산통신 등의 분야에서 2,187종 310만여 개의 장비를 보유하고 있다(김회재, 2004; 오재록, 2007).

30) 또한 수사권 조정으로 인한 경찰 권력의 비대화를 방지하기 위해서는 정보 분야에서는 국가정보원, 작전 분야에서는 군(軍), 수사 분야에서는 검찰의 견제가 유효 적절하게 이뤄질 수 있도록 경찰의 권한 및 기능도 분산하는 조치가 반드시 선행되어야 할 것이다(김회재, 2004; 오재록, 2007).

인적 지배와 정책 지배를 확실하게 차단하는 실질적인 조치도 취해야 할 것이다. 그뿐만 아니라 아직도 금융위원회로 이관하지 않은 금융 관련 기능들을 완전히 이관해야 하며, 한국은행에 대한 인적 지배와 정책 지배의 고리도 끊어야 한다. 아울러 경제 부처 안에서 유효 적절한 경쟁 체제-견제와 균형의 원리-가 작동될 수 있도록 관련 부처들을 주의 깊게 재편하는 조치도 병행 추진해야 할 것이다. 이렇게 할 때 힘이 센 특정 부처의 논리에 의해 국정이 운영될 위험이 미연에 방지될 수 있을 것이며, 정책실패도 최대한 예방할 수 있을 것이다(오재록, 2007).

그런데 이러한 조치들은 지난 시기 채택했던 영미권 국가식의 행정개혁 거버넌스 패러다임을 그대로 답습하는 한 추진하기가 어려울 것이다. 따라서 우선은 지난 시기 한국 사회를 풍미했던 신자유주의적 행정개혁 거버넌스를 다소간 수정할 필요가 있다고 본다. 즉, 관료제 권력구조를 조정하거나 권력기관을 효과적으로 통제할 수 있는 방향으로 행정개혁 거버넌스의 무게 중심을 어느 정도 이동시키는 노력을 병행 추진해야 하는 것이다. 이는 정부부처들의 기능 및 권한을 장기적이고 권력적인 관점에서 재배분하는 것을 의미하며, 정부 성과의 효율성만을 지나치게 강조하는 행정개혁 거버넌스의 한계를 보완하는 차원에서 작동될 수 있도록 추진하는 것이 바람직할 것이다.

Chapter

06 맺음말

제1절 연구의 요약

이 연구는 복합적이고 추상적인 권력 개념을 효율·효과적으로 이해할 수 있도록 다른 사회과학적 개념들과 마찬가지로 정량적으로 이를 간결하게 나타낼 수 있는 권력지수를 산출하는 방법을 한국의 고유한 상황에 맞게 개발하는 데 일차적인 목적을 두었다. 특히, 저자의 기존 측정모형(오재록, 2007)에서 드러난 결함들을 보완하고 이론적 완성도를 끌어올려 향후 이 개념과 관련된 실증연구의 기틀을 마련하는 데 초점을 맞추면서, 이명박 정부의 41개 정부부처들을 대상으로 측정모형을 실제로 적용해 보았다(오재록, 2011a).

측정 결과, 권력지수가 상대적으로 가장 높은 부처는 기획재정부(76.02)였고, 가장 낮은 부처는 농촌진흥청(6.19)이었다. 검찰청(65.82), 국방부(65.23), 국토해양부(64.37) 등도 상대적으로 높은 권력지수를 기록한 반면, 국가인권위원회(7.60), 기상청(7.88), 병무청(8.09) 등은 상대적으로 낮은 권력지수를 나타내 보였다. 대체적으로 부(部) 단위 기관들의 권력지수가 상대적으로 높았고 청(廳) 단위 기관들의 권력지수가 상대적으로 낮았지만, 더러는 그 예외적인 현상도 관찰되었다.

사실 이러한 이유 때문에 이 연구의 연구 대상기관은 부 단위 기관과 청 단위 기관 구별 없이 전체를 함께 아우르는 방식을 취하게 되었던 것이다. 특히, 세칭 '4대 권력기관'이라고 불리는 검찰청, 경찰청, 국세청, 국가정보원을 제외한 채, 부 단위 기관들만을 대상으로 정부부처 권력의 크기를 비교하고 측정하는 것은 그 의미가 퇴색될 수밖에 없다고 보았다. 더구나 이들 4개 기관은 그 권력의 크기를 다른 부처들과 견줘 비교·검증하지도 않은 채, 손쉽게 '4대(big 4)'라는 말로 불린 측면이 있어 이를 실증적으로 규명해 보고 싶은 욕심도 있었다. 실제로 김대중 정부 시절 장관 인사청문회를 처음 도입할 당시, 이들 4개 기관이 통상 '권력기관'으로 불린다는 이유로 뚜렷한 근거도 없이 가장 먼저 '인사청문 대상기관'으로 지정되는 해프닝도 벌어진 적이 있고, 국회나 언론에서도 아무런 근거 없이 이들을 '권력기관'으로 손쉽게 간주하여 논의를 펼치는 일이 잦다는 점에서 이에 대한 합리적인 근거를 제공해 주려는 취지도 있었다(오재록, 2011a).

어쨌든 이 연구의 핵심은 기본적으로 관료제 권력을 하나의 복합 지수로 얼마나 잘 나타낼 수 있는가에 있으므로 그 측정모형의 타당성과 이론적 정당화(justification) 작업이 뒷받침되어야 한다. 그러나 측정모형의 타당성 논의를 펼치기에는 관련 연구 성과가 아직 미흡하거니와, 수렴타당도(convergent validity) 검증에 필요한 '별도의 연구를 통해 완전히 다른 방법으로 도출한 측정치'가 현재 존재하지 않아 후속 연구에서 다루고자 한다(오재록, 2011a).[1)]

권력과 같이 추상적·복합적인 사회과학적 개념을 간결하고 효율적으로 이해하는 데 도움이 되도록 정량화할 필요가 있다고 할 때, 현실적으로 어느 수준까지 계량화하는 것이 적정한지에 대해서는 앞으로 더 많은 논의가 필요해 보인다. 적어도 정부부처 권력의 크기를 정량화하는 작업이 탐색적으로 이뤄지고 있는 지금, 그 수준을 어느 정도로 설정하는 것이 현실적으로 적정할 것인지에 대한 논의가 우리 학계에서 깊이 있게 다뤄질 수 있기

1) 이에 대하여는 현재 저자가 한국연구재단의 연구 과제로 별도 과제를 수행하고 있다. 그 결과가 도출되는 대로 후속 연구를 통해 별도로 제시하도록 하겠다.

를 희망한다. 그리고 이와 같은 연구가 실무적으로도 조직 권력, 권력과 갈등, 권력 관리 등에 관한 이해를 증진시키고 또 건전한 차원에서 합리적·효과적으로 권력을 활용하고 관리할 수 있는 수준에 이르기를 기대한다(오재록, 2011a).

제 2 절 정책적 제언

이 연구의 부차적인 목적은 관료제 권력을 정량적으로 간단하고 명확하게 파악함으로써 정부부처들의 기능 및 권한 재배분과 관련된 행정개혁 거버넌스의 방향을 제시하는 데 있다(오재록, 2007). 실증분석 결과, 이명박 정부의 관료제 권력구조는 기획재정부를 정점으로 검찰청, 국방부, 국토해양부 등 특정 부처들을 중심으로 권력이 강하게 편중되어 있는 측면이 있는 것으로 밝혀졌다. 이는 자칫 권력 집중을 불러일으켜 우리 사회를 조금씩 위험에 빠뜨릴 수 있으므로, 권력지수가 월등히 높은 부처들에 대해서는 그 권력을 효과적으로 견제 또는 통제할 수 있는 제도적인 노력이 수반될 필요가 있다.

그런데 관료제 권력에 대한 외부통제(대통령, 의회, 사법부, 선거, 언론, 시민 참여)는 실제로는 대단히 제한적인 역할에 그칠 뿐이다. 따라서 관료제 권력에 대한 통제 방안은 결국 관료제 내부의 견제와 균형 시스템에서 찾는 것이 더욱 효과적이다. 예컨대, 기획재정부와 검찰청 등 권력지수가 월등히 높은 기관의 경우 필수불가결한 기능 이외에 다소 과도하거나 비교적 그 필요성이 덜한 기능을 과감하게 축소하거나 다른 기관으로 이관하는 방안을 우선 추진할 필요가 있다. 그리고 반드시 독점할 필요가 없는 권한 및 기능은 권력 분립 차원에서 될수록 분산시키도록 하며, 분립된 권한 및 기능들이 서로 견제하면서도 단절되지 않고 적절하게 협동할 수 있도록 정부조직을 주의 깊게 재편할 필요가 있다(오재록, 2007).

이러한 조치들은 지난 시기 채택했던 영미권 국가식의 행정개혁 거버넌스 패러다임을 그대로 답습하는 한 추진하기가 어려운 성질의 것이다. 따라서 우선은 행정개혁의 거버넌스의 방향을 재고할 필요가 있으며, 이제라도 기본적인 권력구조를 조정하는 방향의 행정개혁 거버넌스에도 무게 중심을 두어 정부 성과의 효율성만을 지나치게 강조하는 거버넌스의 문제점을 보완해야 할 것이다(오재록, 2007).

부록

AHP 전문가 조사 설문지

관료제 권력구조 연구: 이명박 정부의 41개 부처 실증연구

안녕하십니까? 저는 전주대학교 행정학과 오재록 교수입니다.

설문에 응해 주셔서 대단히 감사드립니다. 이 설문은 학술연구 과제를 수행하는 데 필요한 설문입니다.

이 연구에서는 41개 중앙행정기관(2원, 2처, 15부, 17청, 5위원회)의 수평적 권력분포를 실증적으로 규명하기 위해 관료제 권력의 개념을 5가지 구성 개념으로 나누고 28가지 지표를 개발하여 실제로 측정을 실행한 후 이를 가중 합산하여 종합적인 '권력 지수(power index)'를 산출하고자 하며, 어떤 지표에 얼마만큼의 가중치를 부여할 것인지에 대해 국장급 이상 고위관료 분들의 고견을 받들어 산출하고자 합니다.

이와같이 다수의 측정지표들에 대한 상대적 중요도를 파악하기 위해 전문가들의 의견을 수렴하는 조사 기법을 AHP(Analytic Hierarchy Process)라고 하는데, 그 응답 요령은 따로 설명드리도록 하겠습니다.

이 설문에서 얻은 자료는 오로지 학문적 목적으로만 활용할 뿐 다른 목적으로는 사용하지 않을 것을 약속드립니다.

2010년 4월

연구책임자: 오재록 (전주대학교 행정학과 조교수)

〈연구 대상 41개 부처〉

△ 2원 2처: 감사원, 국가정보원, 법제처, 국가보훈처

△ 15부: 기획재정부, 교육과학기술부, 통일부, 외교통상부, 법무부, 국방부, 행정안전부, 문화체육관광부, 농림수산식품부, 지식경제부, 보건복지부, 환경부, 노동부, 여성가족부, 국토해양부

△ 17청: 국세청, 관세청, 조달청, 통계청, 기상청, 검찰청, 병무청, 방위사업청, 경찰청, 소방방재청, 문화재청, 농촌진흥청, 산림청, 중소기업청, 특허청, 식품의약품안전청, 해양경찰청

△ 5위원회: 공정거래위원회, 금융위원회, 국민권익위원회, 국가인권위원회, 방송통신위원회

연구자가 개발 · 활용하려는 관료제 권력의 구성 개념과 측정지표는 다음과 같습니다.

<table>
<tr><th>구성 개념</th><th>측정변수</th><th>측정지표</th></tr>
<tr><td rowspan="7">자원</td><td rowspan="3">인적 자원</td><td>총 정원 수</td></tr>
<tr><td>고위직(5급 이상 계급별 가중 합산) 지표</td></tr>
<tr><td>최고위직(장 · 차관급 가중 합산) 지표</td></tr>
<tr><td>물적 자원</td><td>일반회계, 특별회계, 기금의 합계액</td></tr>
<tr><td>조직 자원</td><td>조직의 규모 및 수준</td></tr>
<tr><td rowspan="2">법적 자원</td><td>소관 법률의 수</td></tr>
<tr><td>소관 법률 1개당 쪽수(『대한민국 현행 법령집』)</td></tr>
<tr><td rowspan="7">자율성</td><td rowspan="3">정치적 자율성</td><td>대통령과의 거리(회의 · 면담 · 접촉 횟수)</td></tr>
<tr><td>국회와의 거리(상임위 출석 일수 대비 국감 일수)</td></tr>
<tr><td>정책 자율성의 정도</td></tr>
<tr><td rowspan="2">재정적 자율성</td><td>세출예산 대비 이용 · 전용액의 비율</td></tr>
<tr><td>특수활동비 합계액(2008~2010년)</td></tr>
<tr><td rowspan="2">입법적 자율성</td><td>시행령 · 시행규칙의 제 · 개정 빈도</td></tr>
<tr><td>소관 법률 쪽수 대비 하위 법령 쪽수의 비율</td></tr>
<tr><td rowspan="4">네트워크</td><td rowspan="2">수직적 연계성</td><td>소속기관의 규모 및 수준</td></tr>
<tr><td>산하기관의 규모 및 수준</td></tr>
<tr><td rowspan="2">수평적 연계성</td><td>내향 연결 정도 중심성 지수</td></tr>
<tr><td>사이 중심성 지수</td></tr>
<tr><td rowspan="7">잉여력</td><td rowspan="4">외부 잉여력</td><td>언론의 관심도(중앙일간지 1면 기사 게재 비중)</td></tr>
<tr><td>입법 능력(소관 법률의 제 · 개정 빈도)</td></tr>
<tr><td>국정감사 수감 일수(2008~2009년)</td></tr>
<tr><td>퇴직 관료의 재취업 비율</td></tr>
<tr><td rowspan="3">내부 잉여력</td><td>장 · 차관(급) 배출자 수</td></tr>
<tr><td>대통령실 및 그 소속 위원회 파견자(계급 차등) 수</td></tr>
<tr><td>주재관(계급별 가중 합산)의 수</td></tr>
<tr><td rowspan="3">잠재력</td><td rowspan="3">공식적 권한</td><td>특별 권한(공소권, 수사권, 조사권 등)의 정도</td></tr>
<tr><td>소관 법률의 총 쪽수(『대한민국 현행 법령집』)</td></tr>
<tr><td>등록 규제의 수</td></tr>
</table>

〈상대적 중요도 체크 요령〉

문항	구성 개념	중요 ← 동등 → 중요	구성 개념
1	자원	9 8 7 6 5 4 3 2 1 2 3 4 5 6 7 8 9	자율성

(1: 동등하게 중요, 3: 약간 중요, 5: 강하게 중요, 7: 명백하게 중요, 9: 극단적으로 중요)

※ (1) 자원이 자율성보다 중요하다고 할 경우, 극단적으로 중요하면 왼쪽 9, 명백하게 중요하면 왼쪽 7, 약간 중요하면 왼쪽 3 순으로 체크하시면 됩니다.
(2) 양자의 중요성이 동등하다고 판단할 경우, 1에 체크하시면 됩니다.

이제부터 본격적으로 체크하여 주시기 바랍니다. 응답의 일관성 유지가 생명입니다.
응답의 일관성이란 만일 A가 B보다 중요하고 B가 C보다 중요하다고 체크하셨을 경우, 당연히 A는 C보다 중요하다고 체크하셔야 함을 의미합니다.

1. 구성 개념들(constructs) 간의 상대적 중요도

문항	구성 개념	중요 ← 동등 → 중요	구성 개념
①	자원	9 8 7 6 5 4 3 2 1 2 3 4 5 6 7 8 9	자율성
②	자원	9 8 7 6 5 4 3 2 1 2 3 4 5 6 7 8 9	네트워크
③	자원	9 8 7 6 5 4 3 2 1 2 3 4 5 6 7 8 9	잉여력
④	자원	9 8 7 6 5 4 3 2 1 2 3 4 5 6 7 8 9	잠재력
⑤	자율성	9 8 7 6 5 4 3 2 1 2 3 4 5 6 7 8 9	네트워크
⑥	자율성	9 8 7 6 5 4 3 2 1 2 3 4 5 6 7 8 9	잉여력
⑦	자율성	9 8 7 6 5 4 3 2 1 2 3 4 5 6 7 8 9	잠재력
⑧	네트워크	9 8 7 6 5 4 3 2 1 2 3 4 5 6 7 8 9	잉여력
⑨	네트워크	9 8 7 6 5 4 3 2 1 2 3 4 5 6 7 8 9	잠재력
⑩	잉여력	9 8 7 6 5 4 3 2 1 2 3 4 5 6 7 8 9	잠재력

2. 자원(resources) 변수들 간의 상대적 중요도

문항	측정변수	중요 ← 동등 → 중요	측정변수
1	인적 자원	9 8 7 6 5 4 3 2 1 2 3 4 5 6 7 8 9	물적 자원
2	인적 자원	9 8 7 6 5 4 3 2 1 2 3 4 5 6 7 8 9	조직 자원
3	인적 자원	9 8 7 6 5 4 3 2 1 2 3 4 5 6 7 8 9	법적 자원
4	물적 자원	9 8 7 6 5 4 3 2 1 2 3 4 5 6 7 8 9	조직 자원
5	물적 자원	9 8 7 6 5 4 3 2 1 2 3 4 5 6 7 8 9	법적 자원
6	조직 자원	9 8 7 6 5 4 3 2 1 2 3 4 5 6 7 8 9	법적 자원

- 측정지표들 간의 상대적 중요도

문항	측정지표	중요 ← 동등 → 중요	측정지표
(1)	총 정원 수	9 8 7 6 5 4 3 2 1 2 3 4 5 6 7 8 9	5급 이상 차등합산
(2)	총 정원 수	9 8 7 6 5 4 3 2 1 2 3 4 5 6 7 8 9	장·차관 차등합산
(3)	5급 이상 차등 합산	9 8 7 6 5 4 3 2 1 2 3 4 5 6 7 8 9	장·차관 차등합산
(4)	소관 법률의 수	9 8 7 6 5 4 3 2 1 2 3 4 5 6 7 8 9	법률 1개당 쪽수

3. 자율성(autonomy) 변수들 간의 상대적 중요도

문항	구성 개념	중요 ← 동등 → 중요	구성 개념
①	정치적 자율성	9 8 7 6 5 4 3 2 1 2 3 4 5 6 7 8 9	재정적 자율성
②	정치적 자율성	9 8 7 6 5 4 3 2 1 2 3 4 5 6 7 8 9	입법적 자율성
③	재정적 자율성	9 8 7 6 5 4 3 2 1 2 3 4 5 6 7 8 9	입법적 자율성

- 측정지표들 간의 상대적 중요도

문항	측정지표	중요 ← 동등 → 중요	측정지표
(1)	대통령과의 거리	9 8 7 6 5 4 3 2 1 2 3 4 5 6 7 8 9	국회와의 거리
(2)	대통령과의 거리	9 8 7 6 5 4 3 2 1 2 3 4 5 6 7 8 9	정책 자율성
(3)	국회와의 거리	9 8 7 6 5 4 3 2 1 2 3 4 5 6 7 8 9	정책 자율성
(4)	이용·전용액 비율	9 8 7 6 5 4 3 2 1 2 3 4 5 6 7 8 9	특수활동비 3년치
(5)	하위 법령 제·개정 빈도	9 8 7 6 5 4 3 2 1 2 3 4 5 6 7 8 9	법률 대비 법령 재량

4. 네트워크(network) 변수들 간의 상대적 중요도

문항	측정변수	중요 ← 동등 → 중요	측정변수
1	수직적 연계성	9 8 7 6 5 4 3 2 1 2 3 4 5 6 7 8 9	수평적 연계성

- 측정지표들 간의 상대적 중요도

문항	측정지표	중요 ← 동등 → 중요	측정지표
(1)	소속기관 규모	9 8 7 6 5 4 3 2 1 2 3 4 5 6 7 8 9	산하기관 규모
(2)	내향 연결 정도 중심성	9 8 7 6 5 4 3 2 1 2 3 4 5 6 7 8 9	사이 중심성

5. 잉여력(surplus power) 변수들 간의 상대적 중요도

문항	측정변수	중요 ← 동등 → 중요	측정변수
1	외부 잉여력	9 8 7 6 5 4 3 2 1 2 3 4 5 6 7 8 9	내부 잉여력

- 측정지표들 간의 상대적 중요도

문항	측정지표	중요 ← 동등 → 중요	측정지표
(1)	언론의 관심도	9 8 7 6 5 4 3 2 1 2 3 4 5 6 7 8 9	입법 능력
(2)	언론의 관심도	9 8 7 6 5 4 3 2 1 2 3 4 5 6 7 8 9	국감 일수
(3)	언론의 관심도	9 8 7 6 5 4 3 2 1 2 3 4 5 6 7 8 9	재취업 비율
(4)	입법 능력	9 8 7 6 5 4 3 2 1 2 3 4 5 6 7 8 9	국감 일수
(5)	입법 능력	9 8 7 6 5 4 3 2 1 2 3 4 5 6 7 8 9	재취업 비율
(6)	국감 일수	9 8 7 6 5 4 3 2 1 2 3 4 5 6 7 8 9	재취업 비율
(7)	장·차관 배출자	9 8 7 6 5 4 3 2 1 2 3 4 5 6 7 8 9	청와대 파견자
(8)	장·차관 배출자	9 8 7 6 5 4 3 2 1 2 3 4 5 6 7 8 9	주재관 규모
(9)	청와대 파견자	9 8 7 6 5 4 3 2 1 2 3 4 5 6 7 8 9	주재관 규모

6. 잠재력(potential) 측정지표들 간의 상대적 중요도

문항	구성 개념	중요 ← 동등 → 중요	구성 개념
①	공소·수사권 등	9 8 7 6 5 4 3 2 1 2 3 4 5 6 7 8 9	소관 법률 쪽수
②	공소·수사권 등	9 8 7 6 5 4 3 2 1 2 3 4 5 6 7 8 9	등록 규제의 수
③	소관 법률 쪽수	9 8 7 6 5 4 3 2 1 2 3 4 5 6 7 8 9	등록 규제의 수

※ 권한 점수의 할당

각 부처들의 특별 권한을 상대화하기 위해 편의상 공소권을 1,000점이라고 가정한 상태입니다. 이에 견주어 (1) 공소권 이외의 여타 권한들에 부여할 점수를 먼저 기입하시고, (2) 그 점수를 배분받을 기관들의 할당 점수들을 차례차례 기입해 주시면 됩니다.

권한별	상대 점수	기관별 상대 점수 배분
공소권	1,000	검찰청( ), 국방부( ), 공정거래위원회( )
수사권		검찰청( ), 경찰청( ), 국가정보원( ), 해양경찰청( ), 국방부( ), 기타( )
인신구속권		검찰청( ), 경찰청( ), 국가정보원( ), 법무부( ), 해양경찰경( ), 국방부( ), 기타( )
조사권		금융위원회( ), 국세청( ), 공정거래위원회( ), 식품의약품안전청( ), 관세청( ), 법무부( ), 국가인권위원회( ), 산림청( ), 기타( )
준사법권		공정거래위원회( ), 국세청( ), 감사원( ), 금융위원회( ), 행정안전부( ), 특허청( ), 법무부( ), 교육과학기술부( ), 기타( )
정보권		국가정보원( ), 경찰청( ), 국방부( ), 외교통상부( ), 통일부( ), 기타( )
계엄권		국방부( ), 기타( )
정책조정권		기획재정부( ), 행정안전부( ), 기타( )
자원배분권		기획재정부( ), 행정안전부( ), 기타( )
감사권		감사원( ), 행정안전부( ), 국세청( ), 소방방재청( ), 문화재청( ), 기타( )
회계검사권		감사원( ), 기타( )
재정신청권		국민권익위원회( ), 기타( )
기타 권한		

※ 정책 자율성 측정

'정책 자율성(policy autonomy)'이란 정책의 산출에 대한 결정을 내릴 수 있는 능력을 말합니다. 정책 자율성이 매우 높은 기관은 정책목표와 정책 수단을 직접 결정할 수 있고, 조금 높은 기관은 정책 수단을 결정할 수 있는 반면, 정책 자율성이 낮은 기관은 하부 절차만을 결정할 수 있습니다.

【질문1】 아래 41개의 기관들 중, 정책목표와 정책 수단 모두를 자율적으로 수립·결정할 수 있다고 생각되는 기관 5곳을 순서대로 적어 주시기 바랍니다. (자율성이 큰 기관 순)

1. ______________________
2. ______________________
3. ______________________
4. ______________________
5. ______________________ (아래의 일련번호 기입)

【질문2】 아래 41개의 기관들 중, 정책목표와 정책 수단을 자율적으로 수립·결정할 수는 없고 오로지 그 하부 절차를 수립하는 데만 재량권을 갖는다고 생각되는 기관을 5곳만 순서대로 적어 주시기 바랍니다. (자율성이 작은 기관 순)

1. ______________________
2. ______________________
3. ______________________
4. ______________________
5. ______________________ (아래의 일련번호 기입)

△ 15부: (1) 기획재정부, (2) 교육과학기술부, (3) 통일부, (4) 외교통상부, (5) 법무부, (6) 국방부, (7) 행정안전부, (8) 문화체육관광부, (9) 농림수산식품부, (10) 지식경제부, (11) 보건복지부, (12) 환경부, (13) 노동부, (14) 여성가족부, (15) 국토해양부

△ 9기관: (16) 감사원, (17) 국가정보원, (18) 법제처, (19) 국가보훈처, (20) 국민권익위원회, (21) 국가인권위원회, (22) 공정거래위원회, (23) 금융위원회, (24) 방송통신위원회

△ 17청: (25) 국세청, (26) 관세청, (27) 조달청, (28) 통계청, (29) 기상청, (30) 검찰청, (31) 병무청, (32) 방위사업청, (33) 경찰청, (34) 소방방재청, (35) 문화재청, (36) 해양경찰청, (37) 농촌진흥청, (38) 산림청, (39) 중소기업청, (40) 특허청, (41) 식품의약품안전청

□설문에 응해 주셔서 대단히 감사합니다(응답자 직위 또는 직급).

참고 문헌

국내 문헌

■ 단행본

김경동 · 이온죽(1994). 사회조사연구방법: 사회연구의 논리와 기법, 서울: 박영사.

김병섭 · 박광국 · 조경호(2003). 조직의 이해와 관리, 서울: 대영문화사.

김호섭 외(2002). 조직행태의 이해, 서울: 대영문화사.

남궁근(2003). 행정조사방법론(제3판), 서울: 법문사.

노무현재단(2010). 노무현 자서전: 운명이다, 서울: 돌베개.

박재희(2004). 중앙부처의 갈등관리, KIPA 연구보고서.

박천오 · 박경효(2001). 한국 관료제의 이해, 서울: 법문사.

손동원(2002). 사회 네트워크 분석, 서울: 경문사.

송 복(2003). 조직과 권력, 파주: 한국학술정보(주).

오재록(2007). 한국의 관료제 권력구조: 진단과 처방, 파주: 한국학술정보(주).

이성우 외(2009). 세계평화지수 연구, 서울: 오름.

정우일(1997). 행정통제론, 서울: 박영사.

조근태 · 조용곤 · 강현수(2003). 앞서가는 리더들의 계층분석적 의사결정, 서울: 동현출판사.

채서일(2003). 사회과학조사방법론(3판), 서울: 학현사.

한국직업능력개발원(2005). 제2차 국가인적자원 개발 수립 추진 연구: 인적자원정책 추진 전략보고서, 서울: 한국직업능력개발원.

■ 논문

김근세(2005a). "김대중 정부의 정부 규모에 관한 실증 분석," 행정논총, 제43권 제2호.

———(2005b). "영국 국가행정구조의 재형성," 한국행정연구, 제14권 제1호.

김근세 · 권순정(2001). "한국 중앙행정기관의 조직구조와 맥락의 정합성 분석: 던

리비의 기관 유형을 중심으로," 한국행정학보, 제35권 제1호.
김근세 · 김대건 · 최도림(1996). "공공조직의 규모와 관리자 비율 간의 인과관계 분석: 정부출연연구기관을 중심으로," 한국정부학회, 한국행정논집, 제8권 제3호.
김근세 · 오수길 · 정용일(1998). "한국 중앙행정기구 변화의 정치경제," 한국행정학보, 제32권 제3호.
김동원(2005). "자원봉사 지원 네트워크에 대한 참여 동기," 한국행정학보, 제39권 제2호.
김명환(2006). "효과적인 네트워크 구조의 탐색: 국제 수준에서의 IF를 대상으로," 한국행정연구, 제15권 제2호.
김영평 · 신신우(1991). "한국관료제의 기관갈등과 정책조정," 한국행정학보, 제25권 제1호.
김우식(1996). "한국 정부조직의 팽창 요인에 관한 연구: 상공부와 건설부를 사례로," 한국행정학보, 제30권 제3호.
김종호(1993). "환경정책에서의 관료적 권력의 고찰," 한국행정학회, 한국 행정학의 비전 제2회의.
김태일(2003). "행정학 분야의 추상적 개념에 대한 실증연구에서 측정오차의 문제," 한국행정학보, 제37권 제1호.
김홍범(2001). "한국의 금융감독기구: 비판적 검토," 금융연구, 15(별책).
———(2004). "금융 안정을 위한 공공기관 간 협력 및 견제," 경제분석, 10(2).
———(2005). "한국의 관료조직과 금융감독," 한국경제의 분석, 11(3).
———(2007). "금융 규제감독의 경과와 개선 과제," 금융연구, 21(별책).
남상화(1990). "조직관리자의 권력원에 관한 연구," 서울대학교 박사학위 논문.
노병만(1997). "현대 한국사회의 관료지배적 권력구조와 그 형성 요인 분석," 한국과 국제정치, 제27권.
박기창 · 최진한(1998). "공식집단의 권력 크기 분석을 위한 사례 연구," 인하대학교 산업경제연구소, 경상논집, 제12권 제1호.
박영미(1994). "계층분석절차에 의한 행정정보시스템 통제 요소의 중요도평가에 관한 연구," 서울대학교 박사학위 논문.
박재현(2004). "분석적 계층과정(AHP)을 이용한 관광지 입지 선정에 관한 탐색적 연구: H 지역을 중심으로," 호텔관광연구, 제6권 제1호.
박재희(2000). "부처간 갈등과 정책조정력 강화 방안," 한국행정연구, 제9권 제4호.
박천오(2005). "한국 정책과정에서의 부처간 권력 관계에 관한 실증연구," 행정논총, 제43권 제3호.
배응환(2001). "정책네트워크모형의 행정학연구에 적용 탐색," 한국행정연구, 제10

권 제3호.

———(2002). "지역거버넌스 네트워크, 사회자본 그리고 지역정책," 정부학연구, 제8권 제2호.

———(2003). "거버넌스의 실험: 네트워크조직의 이론과 실제," 한국행정학보, 제37권 제3호.

백주현 · 정성봉 · 송기한 · 김동선(2005). "AHP 기법을 활용한 추가 역사 설치 타당성 평가모형 개발," 대한토목학회논문집, 제25권 제3D호.

서규원(2010). "기업의 기술혁신 역량지수 개발 및 적용: IT 사례를 중심으로," 한국과학기술기획평가원.

오재록(1998). "국회 예산결산특별위원회와 그 보좌 기능의 강화 방안 연구: 미국의회와의 비교연구를 통하여," 연세대학교 석사학위 논문.

———(2006). "관료제 권력: 개념화, 조작화 그리고 측정모형," 한국행정학보, 제40권 제4호.

———(2007). "정부조직의 네트워크 실증연구: 43개 중앙행정기관의 수평적 · 수직적 네트워크 측정," 한국행정연구, 제15권 제4호.

———(2008). "관료제 권력의 영향요인에 관한 연구: Meier 모형의 재구성," 한국행정연구, 제17권 제1호.

———(2009). "정부 조직개편에 따른 기획재정부의 권력 관계 변화 분석," 행정논총, 제47권 제2호.

———(2011a). "정부부처의 권력 크기 분석," 한국행정연구, 제20권 제1호.

———(2011b). "정부부처의 네트워크: 이명박 정부 41개 중앙행정기관 실증연구,“ 한국조직학회보, 제8권 제1호.

오재록 · 박치성 · 이영범(2010). "관료적 자율성의 영향 요인에 관한 연구: 45개 중앙행정기관을 중심으로," 한국행정연구, 제18권 제4호.

오재록 · 유인영(2009). "노무현 · 이명박 정부의 중앙행정기관 인적 자원 비교분석," 한국인사행정학회보, 제8권 제1호.

오재록 · 전영한(2007). "관료적 자율성과 조직성과: 한국 40개 중앙행정기관 실증분석," 한국행정학회 · 한국정책학회 하계공동학술대회 발표 논문.

유재원 · 소순창(2005). "정부인가 거버넌스인가? 계층제인가 네트워크인가?," 한국행정학보, 제39권 제1호.

이광현(2007). "교육 격차지수 개발 연구: 방법론 검토를 중심으로," 교육행정학연구, 제25권 제1호.

이성우(1993). "한국의 정책조정 체계: 평가와 대안," 한국행정연구, 제2권 제4호.

이은국(1995). "공무원 인력 규모의 팽창 유형에 관한 비교연구," 한국정책학회보, 제4권 제1호.

이창길(2006). "우리나라 중앙부처 정책조정 네트워크의 구조 분석," 한국행정학회 추계학술대회 발표논문집, 제7권.
이청수(1986). "조직 내의 권력 현상에 관한 연구: 한국의 공·사 조직을 통한 실증적 연구," 연세대학교 박사학위 논문.
전영한(2004). "공공조직의 목표모호성: 개념, 측정 그리고 타당화," 한국행정학보, 제38권 제5호.
정종남(2006). "김&장과 모피아: 신자유주의 정책의 한국적 어댑터," 노동사회, 7·8월.
정홍익(1983). "조직권력론 연구," 행정논총, 제21권 제2호.
조경호·김호섭·박통희(2002). "권력구조의 진단," 한국행정학회 조직학연구회, 정부조직진단, 서울: 대영문화사.
조성한(2007). "정부조직구조의 영향 요인," 한국조직학회보, 제4권 제2호.
———(2008). "정부조직구조의 영향 요인," 한국행정학회 기획세미나 발표논문집.
지충남·유병선(2005). "'연결망 분석'을 통한 정책집행 과정의 엘리트 연구: 순천시 사례를 중심으로," 한국정책학회보, 제14권 제1호.
최해진(2002). "조직 내의 권력과 갈등의 관계," 인적자원관리연구, 제4집.
하연섭(2001). "국방예산 과목구조 개편과 국방예산 개혁," 한국행정학보, 제35권 제3호.

■ 국회·정부간행물 및 법령

감사원. 특수활동비 계산증명지침.
경찰청(2009). 「2009 경찰백서」. 서울: 경찰청.
국방부(2009). 「국방백서」. 서울: 대한민국 국방부.
국회 행정자치위원회(2008). 정부조직법 전부개정법률안(안상수 의원 대표 발의) 검토보고서. 국회 행정자치위원회 수석전문위원.
기획재정부(2009). 2009년도 공공기관 지정 현황, 보도자료.
———(2010a). 2008년도 세출결산 현황, 장제원의원 요구자료.
———(2010b). 2008~2010년도 특수활동비 현황. 장제원의원 요구자료.
———(2010c). 2010 나라살림.
———(2010d). 2010년도 예산개요 참고자료.
———(2010e). "장제원 위원 요구자료," 국회 제출 자료.
대한민국정부(2010). 2010년도 기금운용계획.
대통령직인수위원회(2008). 정부기능과 조직개편. 인수위 발표자료.
법제처·법제연구원, 대한민국 현행 법령집.
행정안전부(2010a). 정부기구도표.

———(2010b). 영문 정부조직편람.
———(2010c). 중앙행정기관 간 전자문서 유통 현황, 내부자료.
검사정원법시행령.
공군본부직제.
공무원보수규정.
공무원보수업무 등 처리지침, 행정안전부 예규.
공무원수당 등에 관한 규정.
국가공무원총정원령.
국립의 각급 학교에 두는 공무원의 정원에 관한 규정.
국립학교설치령.
군무원인사법 및 시행령.
군인보수법.
육군본부 직제.
외교통상부와 그 소속기관 직제.
정부조직법.
재외공관주재관 및 주재무관의 대외직명에 관한 규정.
재외공관주재관 임용령.
정부산하기관관리기본법.
한국은행(2008). 역대 금융통화위원 명단. 내부자료.
합동참모본부직제.
해군본부직제.
해병대사령부직제.

■ 신문 및 기타 간행물

경향신문(2008). 조직개편 6개월, 정책 혼선 · 관치 부활…위기 대응도 '무기력', 9.8; 인터넷판.
세계일보(2008). 강만수 재정 "내수 진작 조속 추진". 4.12; 인터넷판.
시사저널(2006a). 예산 편성권, 역시 세네: 영향력 2위 꼽혀. 855호(3.3); 인터넷판.
———(2006b). 누가 경제 정책을 움직이는가. 855호(3.3); 인터넷판.
———(2006c). "명성 · 힘 식지 않은 '경제 사령탑,' 제855호: 22-8.
연합뉴스(2008a). 기획재정부, 금융서 손 안 뗀다. 2.28. 인터넷판.
———(2008b). 재정차관, 금융 · 금통위 참석하나?. 4.13. 인터넷판.
중앙일보(2008~2009년도). 1면 기사.
참여연대(2009). "퇴직 후 취업제한제도 운영실태보고서," 누리집 게시 자료.
한겨레(2008~2009년도). 1면 기사.

한겨레(2006a). 한국경제 쥐락펴락 '모피아'의 마법. 6. 28; 인터넷판.
———(2006b). "모피아의 화려한 역사", 6. 29: 14.
———(2009). MB, 모피아에 투항? … 기막힌 짝짜꿍!. 1.30(15).

국외 문헌

■ Books

Aberbach, Joel D., Robert D. Putnam, & Bert A. Rockman(1981). *Bureaucrats and Politicians in Western Democracies*. Massachusetts: Harvard Univ. Press.

Albow, Martin(1970). *Bureaucracy*, London: Macmillan.

Babbie, Earl R.(2002). *The Practice of Social Research*(9th ed.). 고성호 외 9인 공역(2002), 사회조사방법론, 서울: 도서출판 그린.

Barnard, Chester I.(1938, 1968). *The Functions of the Executive*. Cambridge: Harvard Univ. Press.

Binkley, Wilfred E.(1962). *President and Congress*. New York: Random House, Inc.

Blau, Peter M.(1964). *Exchange of Power in Social Life*, New York: Wiley.

Blau, Peter M. & Marshall W. Meyer(1987). *Bureaucracy in Modern Society* (3rd ed.). New York: McGraw-Hill, Inc.

Carpenter, D. P.(2001). *The Forging of Democratic Autonomy: Reputations, Networks, and Policy Innovation in Executive Agencies, 1862-1928*. Princeton: Princeton University Press.

Crozier, Michel(1964). *The Bureaucratic Phenomenon*, London: Tavistock.

Dahl, Robert A.(1961). *Who Governs?: Democracy and Power in an American City*. New Haven and London: Yale Univ. Press.

———(1970). *Modern Political Analysis*, Englewood Cliffs, N. J.: Prentice-Hall.

Dahl, Robert A. & Bruce Steinbrickner(2003). *Modern Political Analysis* (6th ed.). New Jersey: Prentice Hall

Downs, Anthony(1967). *Inside Bureaucracy*. Boston: Little, Brown.

Easton, David(1965). *A Systems Analysis of Political Life*, New York: John Wiley.

Elffers, Joost & Robert Greene(1998). *The 48 Laws of Powers*, New York: Joost Elffers Books.

Engelstad, Fredrik & Oyvind Osterud(ed.)(2004). *Power and Democracy: Critical Interventions*. Burlington: Ashgate Publishing Ltd.

Etzioni, Amitai(1961). *A Comparative Analysis of Complex Organizations*, New York: The Free Press.

Etzioni-Halevy, Eva(1985). *Bureaucracy and Democracy: A Political Dilemma*, London: Routledge & Kegan Paul.

Field, G. Lowell & John Higley(1980). *Elitism*, London: Routledge & Kegan Paul.

Frederickson, H. George & Kevin B. Smith(1997). *The Public Administration Theory Primer*. Boulder, Colorado: Westview Press.

French, John & Bertram H. Raven(1959). The bases of social power, in D. Cartwright (ed.). *Studies in Social Power*: Ann Arbor, MI: Research Center for Group Dynamics, Institute for Social Researches, Univ. of Michigan: 150-65.

Fried, Robert C.(1976). *Performance in America Bureaucracy*, Boston: Little, Brown and Co.

Garston, Neil(ed.)(1993). *Bureaucracy: Three Paradigms*. Boston: Kluwer Academic Publishers.

Goodin, Robert E. (ed), *The Oxford Handbook of Public Policy*. New York: Oxford Univ. Press.

Goodnow, Frank(1900). *Politics and Administration: A Study in Government*. New York: Macmillan.

Goodsell, Charles(1983). *The Case for Bureaucracy: A Public Administration Polemic. Chatham*, N. J.: Chatham House.

Gordon, Judith R.(1987). *A Diagnostic Approach to Organizational Behavior*(2nd ed.), Boston: Allyn and Bacon.

Hall, Richard H.(1982). *Organizations: Structure and Process*, Englewood Cliffs. N. J.: Prentice-Hall.

Hansen, John M.(1991). *Gaining Access: Congress and the Farm Lobby, 1919-1981*. Chicago: University of Chicago Press.

Harrison, Michael I.(1987). *Diagnosing Organizations: Methods, Models and Process*. Beverly Hills, CA: Sage.

Herring, Edward P.(1936). *Public Administration and the Public Interest.*

New York: McGraw-Hill.

Hyneman, Charles(1950). *Bureaucracy in a Democracy*. New York: Harper.

Kamenka, Eugene(1989). *Bureaucracy*. Massachusetts: Basil Blackwell Inc.

Kanter, Rosabeth M.(1977). *Men and Women of the Corporations*, New York: Basic Books.

Kaplan, Abraham(1964). *The Conduct of Inquiry*, Scranton, PA: Chandler Publishing Co.

Katz, Daniel & Robert L. Kahn(1966). *The Social Psychology of Organizations*, John Wiley & Sons.

Keller, Suzanne(1963). *Beyond the Ruling Class*, New York: Random House.

Krause, George A. & Kenneth J. Meier(2003). *Politics, Policy, and Organizations: Frontiers in the Scientific Study of Bureaucracy*. Ann Arbor: University of Michigan Press.

Lewis, David E.(2003). *Presidents and the Politics of Agency Design: Political Insulation in the United States Government Bureaucracy, 1946~1997*. Stanford: Stanford Univ. Press.

Lowi, Theodore J.(1969). *The End of Liberalism*. New York: Norton.

———(1979). *The End of Liberalism*. New York: W. W. Norton & Company.

Luthans, Fred(1981). *Organizational Behavior*, New York: McGraw Hill Book Co.

Martin, Roderick(1977). *The Sociology of Power*, London: Routledge & Kegan Paul.

McCaffery, Jerry L. & L. R. Jones(2001). *Budgeting and Financial Management in the Federal Government*. Greenwich: IAP.

Meier, Kenneth J.(1993). *Politics and the Bureaucracy: Policymaking in the Fourth Branch of Government*(3rd ed.), Belmont, California: Wadsworth, Inc.

Michels, Robert(1915). *Political Parties* (tr. E. and C. Paul), London: Jarrold & Sons.

Mills, Charles W.(1959). *The Power Elite*, New York: Oxford University Press.

Mosca, Gaetano(1939). *The Ruling Class* (tr. H. D. Kahn), New York: McGraw Hill.

Niskanen, William A., Jr.(1971). *Bureaucracy and Representative Government*. Chicago: Aldine Atherton.

——(1973). *Bureaucracy: Servant or Master*. London: Institute of Economic Affairs.

Perrow, Charles(1972). *Complex Organizations*. Glenview, IL: Scott, Foresman.

Peters, B. Guy(1995). *The Politics of Bureaucracy*. N. Y.: Longman.

Pfeffer, Jeffrey(1981). *Power in Organizations*, Boston: Pitman.

——(1992). *Managing with Power: Politics and Influence in Organizations*, 배현 역(1998), 권력의 경영: 탁월한 경영자가 되려면 먼저 유능한 정치가가 되라, 서울: 지식노마드.

Pfeffer, Jeffrey & Gerald R. Salancik(1978). *The External Control of Organizations: A Resource Dependence Perspective*. New York, NY, Harper and Row.

Rainey, Hal G.(1991). *Understanding and Managing Public Organizations*. San Francisco: Jossey-Bass.

Read, James H.(2000). *Power versus Liberty: Madison, Hamilton, Wilson, and Jefferson*. Charlottesville and London: Univ. Press of Virginia.

Ripley, Rendal B. & Grace A. Franklin(1986). *Policy Implementation and Bureaucracy*. Chicago: Dorsey Press.

Robbins, Stephen, P.(1983). *Organization Theory: The Structure and Design of Organizations*, N. J.: Prentice-Hall.

Rohr, John A.(1986). *To Run A Constitution: The Legitimacy of the Administrative State*. Kansas: Univ. Press of Kansas.

Rourke, Francis E.(1984). *Bureaucracy, Politics, and Public Policy*. Boston: Little, Brown

——(ed.)(1965). *Bureaucratic Power in National Politics*. Boston: Little, Brown and Co.

Russell, Bertrand(1938). *Power: A New Social Analysis*. 안정효 역(2003), 권력, 서울: 주식회사 열린책들.

Saaty, Thomas L.(1980). *The Analytic Hierarchy Process*. New York: McGraw-Hill.

Simon, Herbert A.(1947, 1997). *Administrative Behavior: A Study of Decision-Making Processes in Administrative Organizations*. New York: The Free Press.

Smith, Brian C.(1988). *Bureaucracy and Political Power*. New York: St. Martin's Press.

Szillagyi, Andrew D. & Marc J. Wallace, Jr.(1983). *Organizational Behavior*,

Glen view, Illinois: Scott, Foresman and Co.

Tannenbaum. Arnold S.(1968). *Control in Organizations*, New York: McGraw -Hill.

Taylor, Frederick W.(1919). *The Principles of Scientific Management*. New York: Harper.

Waldo, Dwight(1946, 1984). *The Administrative State*. New York: Holmes and Meier.

Weber, Max(1947). *The Theory of Social and Economic Organization*, translated and edited by A. M. Henderson and T. Parsons, New York: Oxford Univ. Press.

Wilson, James Q.(1980). *The Politics of Regulation*. New York: Basic Books, Inc., Publishers.

Wrong, Dennis H.(1979). *Power: Its Forms, Bases and Uses*, New York: Harper & Row.

■ Articles

Astley, W. Graham & Doramijit S. Sachdeva(1984). Structural Sources of Intraorganizational Power: A Theoretical Synthesis, *Academy of Management Review*, Vol. 9. No. 1.

Berry, Frances S., Ralph S. Brower, Sang Ok Choi, Wendy Xinfang Goa, HeeSung Jang, Myungjung Kwon & Jessica Word(2004). Three Traditions of Network Research: What the Public Management Research Agenda Can Learn from Other Research Communities, *Public Administration Review*, Vol. 64, No. 5.

Bierstedt, Robert(1950). An Analysis of Social Power, *American Sociological Review*, 15.

———(1970). An Analysis of Social Power, in Marvin E. Olsen(ed.), *Power in Societies*, New York: Macmillan Publishing Co.

Caughey, Devin, Sara Chatfield, & Adam Cohon(2009). Defining, Measuring, and Modeling Bureaucratic Autonomy. Paper presented at the annual meeting of the Midwest Political Science Association 67th Annual National Conference, The Palmer House Hilton, Chicago, IL, Apr 02, 2009. Online available at http://www.allacademic.com/meta/ p361642_ index.html. Accessed at September 18 2009.

Christensen, Jorgen(2001). Bureaucratic Autonomy as a Political Asset, in B.

Guy Peters & Jon Pierre(ed.). *Politicians, Bureaucrats and Administrative reform.* 119-131.

Christensen, Thomas(2006). Smart Policy?, in Michael Moran, Martin Rein, & Robert E. Goodin (ed), *The Oxford Handbook of Public Policy.* New York: Oxford Univ. Press.

Christensen, Thomas & Per Lægreid(2003). Coping with Complex Leadership Roles: the Problematic Redefinition of Government-owned Enterprises. *Public Administration,* Vol. 81, No 4: 803-31.

Chun, Young Han(2003). Goal Ambiguity in Public Organizations: Dimensions, Antecedents, and Consequences, Unpublished Ph.D. Dissertation, University of Georgia.

Chun, Young Han & Hal G. Rainey(2005). Goal Ambiguity in U.S. Federal Agencies, *Journal of Public Administration Research and Theory,* Vol. 15, no. 1.

Conlan, Tim(2006). From Cooperative to Opportunistic Federalism: Reflections on the Half-Century Anniversary of the Commission on Intergovernmental Relations. *Public Administration Review.* 66(4): 663-670.

Cotton, Chester(1976). Measurement of power-balancing styles and some of their correlates. *Administrative Science,* Q. 21: 307-15.

Cukierman, Alex., Steven Webb, & Bilin Neyapti(1992). Measuring the Independence of Central Banks and Its Effect on Policy Outcomes. *The World Bank Economic Review.* Vol. 6, No 3.

Dahl, Robert A.(1957). The Concept of Power, *Behavioral Science,* 2.

Dunleavy, Patrick(1982). Socio-political Theories, in George. Jones(ed.), *New Approaches to the Study of Central-local Government Relations.* London: Gower.

Egeberg, Morten(1998). Causes of Bureaucratic Autonomy: The Impact of Organizational and Cultural Factors. ARENA Working Papers. Online available at Fayole, Henri. 1949. *General and Industrial Management.* New York: Pitman. http://www.arena.uio.no/publications/wp98_15.htm Accessed at September 18 2009.

Gandz, Jeffrey & Victor V. Murray(1980). The Experience of Workplace Politics, *Academy of Management Journal,* Vol. 23.

Gilardi, Fabrizio(2002). Policy Credibility and Delegation to Independent Regulatory Agencies: a Comparative Empirical Analysis. *Journal of*

European Public Policy. 9(6).873-893.

———(2005). *The Formal Independence of Regulators: A Comparison of 17 Countries and 7 Sectors. Swiss Political Science Review*. 11(4): 139-167.

Hammond, Thomas H. & Jack H. Knott(1996). Who Controls the Bureaucracy?: Presidential Power, Congressional Dominance, Legal Constraints and Bureaucratic Autonomy in a Model of Multi-Institutional Policy- Making. *Journal of Law, Economics and Organization*, 12(1).

———(1999). Political Institutions, Public Management and Policy Choice. *Journal of Public Administration Research and Theory*, 9: 33-86.

Hickson, David J., Christopher R. Hinings, Charles A. Lee, Rod E. Schneck & Johannes M. Pennings (1971). A Strategic Contingencies' Theory of Intraorganizational Power, *Administrative Science Quarterly*, Vol. 16.

Hinnings, Christopher R., David J. Hickson, Charles A. Lee, Rod E. Schneck & Johannes. M. Pennings (1974). Structural Conditions of Intraorganizational Power, *Administrative Science Quarterly*, Vol. 19. 22-24.

Keast, Robyn & Myrna P. Mandell(2004). Networks Structures: Working Differently and Changing Expectations, *PAR*, Vol. 64, No. 3.

Kettl, Donald(1993). Public Administration: The State of the Field, in Ada Finfter (ed), *Political Science: The State of the Discipline*. Washington DC.: The American Political Science Association.

Key, V. O.(1959). Legislative Control, in Fritz Morstein Marx (ed), *Elements of Public Administration*, 312-36. Englewood Cliffs, NJ: Prentice-Hall.

Kim, Doo-Rae(2008). Political Control and Bureaucratic Autonomy Revisited: A Multi-Institutional Analysis of OSHA Enforcement. *Journal of Public Administration Research and Theory*, 18(1): 33-55.

Kim, Junki(2006). Networks, Network Governance, and Networked Networks, *International Review of Public Administration*, Vol. 11, No. 1.

Landsberger, Henry A.(1961). The horizontal dimension in bureaucracy. *Administrative Science Quarterly*. 6: 299-332.

Lawrence, Paul R. & Jay W. Lorsch(1967). Differentiation and Integration in Complex Organizations, *Administrative Science Quarterly*, Vol. 12.

Lowi, Theodore J.(1972). Four Systems of Policy, Politics and Choice. *Public*

Administration Review, 32(July/August): 298-309.

Lukes, Steven(1978). Power and Authority, in Bottomore & R. Nisbet(eds.), *A History of Sociological Analysis*, London: Heinemann.

McCubbins, M. D., & Schwartz, T.(1984). Congressional Oversight Overlooked: Police Patrols versus Fire Alarms. *American Journal of Political Science*, 28(February): 165-79.

McGuire, Michael(2002). Managing Networks: Propositions on What Managers Do and Why They Do It, *PAR*, Vol. 62, No. 5.

Mechanic, David(1962). Sources of Power of Lower Participants in Complex Organizations, *Administrative Science Quarterly*, 7.

Meier, Kenneth J.(1980). Measuring Organizational Power: Resources and Autonomy of Government Agencies, *Administration & Society*, Vol. 12, No. 3.

Meier, Kenneth J. & Laurence J. O'Toole, Jr.(2003). Public Management and Educational Performance: The Impact of Managerial Networking, *Public Administration Review*, Vol. 63, No. 6.

O'Toole, Jr., Laurence J. & Kenneth J. Meier(2004). Desperately Seeking Selznick: Cooptation and the Dark Side of Public Management in Networks, *Public Administration Review*, Vol. 64, No. 6.

Patchen, Madin(1974). The Locus and Basis of Influence in Organizational Decisions, *Organizational Behavior and Human Performance*, Vol 11. 195-221.

Park, Senng Ho(1996). Managing an Interorganizational Network, *Organizational Science*, Vol. 17, No. 5.

Parsons, Talcott(1966). The Political Aspect of Social Structure, in David Easton(ed.). *Varieties of Political Theory*. Englewood Cliffs, NJ: Prentice-Hall.

Perrow, Charles(1970). Departmental Power and Perspectives in Industrial Finns in Mayer N. Zald(ed.). *Power in Organizations*, Nashville, TN: Vanderbilt University Press.

Pfeffer, Jeffrey & Gerald R. Salancik(1974). Organizational Decision Making as a Political Process: The Case of a University Budget, *Administrative Science Quarterly*, Vol. 19.

Provan, Keith G., Janice M. Beyer, & Carlos Kruytbosch(1980). Environmental Linkage and Power in Resource Dependence Relations between

Organizations, *Administrative Science Quarterly*, Vol. 25, No. 2.

Provan, Keith G. & H. Brinton Milward(2001). Do Networks Really Work? A Framework of Evaluating Public-Sector Organizational Networks, *PAR*, Vol. 61, No. 4.

Raven, Bertram H.(1974). A Comparative Analysis of Power and Power Preference, in J. T. Eddeschi(ed.). *Perspective on Social Power*. Chicago: Aldine.

Riker, Willian H.(1959). A test of the adequacy of the power index. *Behavioral Science*. 4: 120-131.

———(1964). Some ambiguities in the notion of power. *American Political Science Review*. 58: 341-349.

Stahlberg, Krister(1987). The Politicization of Public Administration: Notes on the Concept, Causes and Consequences of Politicization, *International Review of Administrative Sciences* 53.

Verhoest, Koen, B. Guy Peters, Geert Bouckaert, & Bram Vershcuere(2004). The Study of Organizational Autonomy: A Conceptual Review. *Public Administration and Development*, 24: 101-118.

Yesilkagit, Kutsal & Sandra van Thiel(2008). Political Influence and Bureaucratic Autonomy. *Public Organiz Rev*, 8: 137-153.

Zald, Mayer N.(1970). Political Economy: A Framework for Comparative Analysis, in M. N. Zald, *Power in Organizations*(ed.), Nashville, Tenn: Vanderbilt University Press.

찾아보기

ㄱ

ㄷ

ㄹ

ㅁ

ㅂ

ㅈ

저자 소개

오재록(吳再祿, Jaerok Oh)

- 전주대학교 행정학과 조교수. 연세대학교를 졸업하고 동 대학원을 마친 뒤, 국회사무처와 정부부처에서 5급 공무원으로 일하며 실무 경험을 쌓다 학계로 복귀하여 행정학 박사학위(2006)를 받았다. 이후 '관료제 권력'을 중심으로 연구 성과를 축적하고 있으며, 최근 4년간 한국연구재단 연구과제 공모에 6건(단독 4, 공동 2)이 선정되어 관련 연구 성과를 꾸준히 확대하고 있다.

- 저서로는 「한국의 관료제 권력구조: 진단과 처방」(2007)이 있고, 논문으로는 "정부 부처의 권력크기 분석"(2011), "정부조직 개편에 따른 기획재정부의 권력관계 변화분석"(2009), "관료제 권력의 영향 요인에 관한 연구"(2008), "관료제 권력: 개념화, 조작화 그리고 측정모형"(2006) 등이 있다.

관료제 권력구조

-이명박 정부의 41개 정부부처 실증연구-

펴낸날 / 제1판 제1쇄 2012년 1월 5일
지은이 / 오재록
펴낸이 / 임춘환
펴낸곳 / 도서출판 대영문화사
주소 / 서울 용산구 청파동 1가 178-2 ㊄ 140-869
등록 / 1975년 12월 26일 제3-16호
전화 / (02)716-3883, (02)714-3062
팩시밀리 / (02)703-3839
우체국 온라인 / 011353-02-009106

ISBN 978-89-7644-378-6

〔값 15,000원〕

* 잘못된 책은 바꾸어 드립니다.